땅에 임한
하늘

신우인의 하늘 이야기 4
땅에 임한 하늘
글 신우인

1판 1쇄 발행 2009. 10. 28 | **1판 4쇄 발행** 2018. 12. 10 | **발행처** 포이에마 | **발행인** 고세규 | **등록번호** 제300-2006-190호 | **등록일자** 2006. 10. 16 | 서울특별시 종로구 북촌로 63-3 우편번호 03052 | 마케팅부 02)3668-3260, 편집부 02)730-8648, 팩시밀리 02)745-4827

저작권자 ⓒ 2009, 신우인 | 이 책의 저작권은 저자에게 있습니다. 저자와 출판사의 허락 없이 내용의 일부를 인용하거나 발췌하는 것을 금합니다. | Copyright ⓒ 2009 by Wooin Shin. All rights reserved including the rights of reproduction in whole or in part in any form. Printed in KOREA.

값은 뒤표지에 있습니다. ISBN 978-89-93474-19-0 03230, 978-89-93474-05-3(세트) | 독자의견 전화 02)730-8648 | 이메일 masterpiece@poiema.co.kr | 좋은 독자가 좋은 책을 만듭니다. | 포이에마는 독자 여러분의 의견에 항상 귀를 기울이고 있습니다.

신우인의 하늘 이야기 4 — 출애굽기 下

THE STORY OF HEAVEN

신우인 지음

성소, 거기서 내가 너를 만나리라!

땅에 임한 하늘

포이에마

신우인의 하늘 이야기 4 | 출애굽기 下

목차

신우인의 하늘 이야기 • 6

1. 영적 교과서: 하늘 편

1강 누구나 쉽게 지킬 수 있는 계명(출 20:3) • 16
2강 나 외에는 다른 신들을 네게 두지 말라(출 20:2-3) • 37
3강 예수님은 어떻게 생기셨을까?(출 20:4) • 52
4강 아, 그 양반 내가 잘 알지(출 20:7) • 68
5강 살리는 날, 살아나는 날(출 20:8) • 81

2. 영적 교과서: 세상 편

6강 불효자는 웁니다(출 20:12) • 100
7강 바보라고 해서도 안 된다고요?(출 20:13) • 118
8강 생명은 노리개가 아닙니다(출 20:14) • 133
9강 도적질하지 말라(출 20:15) • 147
10강 비록 사실일지라도(출 20:16) • 164
11강 세상을 다 가져도(출 20:17) • 178

3. 하늘나라 모델하우스

12강 하늘나라 성소의 모델하우스(출 25:1-9) • 196
13강 하나님의 법궤(출 25:??) • 211
14강 이 몸이라도 받으시겠습니까?(출 25:30) • 224
15강 불꽃을 피우리라(출 25:31-32) • 236
16강 네 죄를 속하라(출 27:1-8) • 248
17강 매일 드리는 기도(출 30:7-8) • 264
18강 한 번 더 씻어라(출 30:20) • 278

4. 아직도 가야 할 길

19강 에봇이 뭐예요?(출 28:4) • 294
20강 한심하기 짝이 없는 리더(출 32:8) • 309
21강 구름기둥, 불기둥(출 40:37-38) • 322

맺는 말 • 336

신우인의 하늘 이야기

어느 날 밤 한 유대인이 예수님을 찾아옵니다. 그와의 문답 중에 예수님이 이런 말씀을 하셨습니다. "내가 땅의 일을 말하여도 너희가 믿지 아니하거든 하물며 하늘 일을 말하면 어떻게 믿겠느냐" (요 3:12).

그의 이름은 니고데모입니다. 니고데모는 율법을 열심히 지키는 바리새인입니다. 바리새인은 율법 준수를 통하여 하나님의 복을 받겠다는 사람들입니다. 율법의 기본은 십계명입니다. 그런데 이들은 열 개의 조항을 2,134개로 확대해놓았습니다. 그 이유는 여러 가지가 있겠지만, 십계명을 누구보다도 잘 지켜 하나님의 복을 누구보다도 많이 받아보겠다는 것입니다. 그런 바리새인들과 예수님은 언제나 충돌하였고, 예수님은 이들을 가장 신랄하게 비판하셨습니다. 급기야 이들은 예수님을 십자가에 못 박아버립니다.

  종교는 땅의 존재가 하늘의 존재를 만나기 위한 행위의 총체라고 정의할 수 있습니다. 그 행위는 치성, 예배, 헌금, 헌신, 수양, 계율 준수, 고행, 선행 등등 종교마다 각각 다릅니다. 그 행위를 통하여 섬기는 신을 만나고 그 신으로부터 복을 받고, 종래는 그 신의 세계(천국, 극락, 무릉도원 등)로 들어가겠다는 것입니다.

  '천기누설天機漏洩'이라는 말이 있습니다. 하늘의 뜻, 신의 뜻을 깨달은 사람이 그것을 사람들에게 알려준다는 것입니다. 주로 고매한 승려나 무당, 점쟁이, 도사 등과 관련하여 사용하는 말입니다. 그들은 하늘의 존재와 통하는 특별 비밀 수단을 알게 되어 자신들만이 하늘의 존재와 내통하게 되었다고 합니다. 그리고 사람들은 그 천기를 얻어보겠다고 그들에게 존경과 권력과 부와 명예 등 특별한 대우를 합니다. 바리새인들이 만들어놓은 2,134개의 복잡한 율법 조항도 천기누설의 한 통로라고 할 수 있습니다. 바리새인들이 누렸던 특권들도 백성들이 제공한 것입니다.

  하나님의 아들인 예수님은 직접 이 땅에 오셨는데도, 대접도 제대로 받지 못하셨고, 고생 고생하다가 십자가에서 처참하게 돌아가셨습니다. 그러자 따르는 무리들도 모두 뿔뿔이 흩어졌고 예수님의 부활 승천 후에도 마가의 다락방에 모인 무리의 수는 고작 120명 정도였습니다. 만약 예수님이 부활하시지 않았다면 이나마도 모이지 않았을 것입니다.

이 모든 것이, 예수님의 종교관과 사람들의 종교관이 다르기 때문에 생긴 일들입니다.

무병장수·부귀영화·만사형통이 기독교의 목적이라면 예수님은 굳이 이 땅에 오지 않으셨어도 됩니다. 다른 종교가 이미 누구보다도 잘 하고 있기 때문입니다. 그런데 예수님이 오셨습니다. 그리고 바리새인들과 날카로운 각을 세우셨습니다. 한마디로 "너희들이 틀렸다"는 것입니다. 하나님의 뜻을 바리새인들이 오해했다는 것입니다.

지금은 어떨까요?

기독교인들은 하나님의 뜻과 예수님의 마음을 올바로 이해하고 있을까요?

혹시 목사는 천기를 깨달은 특별한 사람으로 사람들 위에 군림하고, 사람들은 무작정 추종하는 것이 아닐까요?

추종하는 이유는 무병장수·부귀영화·만사형통을 위해서가 아닐까요?

예수님이 다시 오신다면 우리더러 잘하고 있다고 하실까요?

아니면 우리는 예수님을 못 알아보고 다시 각을 세우고 어떻게 해서든지 그분의 입을 봉하려고 할까요?

'누설'이란 어떻게 해서든지 막아보려는 의도가 좌절되었다는 뜻입니다. 프로메테우스는 신들만 사용하는 불을 훔쳐서 인간에게 나눠주었습니다(불을 누설했습니다). 그런 그에게 형벌을 주는 것이 다른 신들의 뜻입니다. 그러나 하나님은 전혀 다릅니다. 모든 사람들이 하나님의 뜻을 알기를 간절히 바라십니다. 그래서 하나님의 아들이 이 땅에 오신 것입니다. 성경은 바로 그 하나님의 뜻을 고스란히, 명확하게, 밝히 드러낸 하늘의 책이요 하나님의 말씀입니다.

밝히 드러내신 하나님의 뜻을 사람들은 계속 왜곡시켜 자신의 방식대로 해석·적용하며 살았습니다. 예언자들을 보내어 다시 가르쳤지만 사람들은 그들을 박해하고 죽였습니다. 듣지 않겠다는 것입니다. 급기야 하나님의 아들이 친히 오셨습니다. 그리고 말씀하십니다.

"내가 땅의 일을 말하여도 너희가 믿지 아니하거든."
"하물며 하늘 일을 말하면 어떻게 믿겠느냐?"

온 천지만물, 우리가 딛고 사는 땅도 하나님이 만드셨습니다. 하나님의 선물입니다. 그런데 하나님의 마음을 제대로 읽지 못한 사람들이 이 귀한 선물을 엉망진창으로 만들어버렸습니다. 그러고는 그 진창에서 아우성을 칩니다. 나만은 잘 살아보겠다고 그 비결을 찾아 헤맵니다.

사람들은 열심히 성경을 뒤지며 복 받는 비결과 공식을 찾고 만들어냅니다. 그러나 이것은 하늘 이야기를 열심히 땅의 이야기로 환원시키는 것입니다.

예수님은 니고데모에게 이런 말씀도 하셨습니다. "물과 성령으로 나지 아니하면 하나님 나라에 들어갈 수 없느니라"(요 3:5).

그러자 사람들은 즉시 이 말씀을 생각합니다. 그리고 천국 가는 공식을 만들어냅니다. "아, 물로 거듭나는 것은 '물세례', 가만 있자, 그러면 성령으로 거듭나는 것은… 옳지, 성령을 받은 가장 두드러진 증거는 '방언'이지." 그래서 '물세례+방언=천국'이라는 공식을 만들어 사람들에게 시행합니다.

물세례를 받고 방언하는 사람에게는 천국이 보장되었다는 것입니다. 과연 예수님의 의도가 그런 것일까요? (물세례와 방언을 평가절하하는 것이 절대 아닙니다.)

니고데모는 신실한 사람입니다. 율법 준수와 십일조는 물론 열심히 선행을 행하는 사람이었습니다. 바리새인이었음에도, 귀족이었음에도, 진정한 구원을 찾아 청년 목수 예수님을 찾은 겸손한 사람입니다. 그런데도 예수님은 칭찬은커녕, 니고데모의 존재 근거 자체를 부정하셨습니다.

우리가 가장 중시하는 예배와 기도와 말씀은 땅의 존재인 우리가 하늘의 존재인 하나님을 내 뜻에 맞게 움직여보기 위한 수단이 절대로 아닙니다. 예배와 기도와 말씀은 하나님의 마음 읽기입니다. 하나님의 시각에서 아래에 있는 땅을 내려다보라는 것입니다.

뒷동산에만 올라도, 내가 코 박고 울며불며 전전긍긍하던 삶이 내려다보입니다. 그래서 불황기에 산을 찾는 사람들이 많아집니다.

성령께서 풀어주신 하늘 이야기인 성경을 땅의 이야기로 환원하는 일을 저라도 그만두려고 합니다. 어찌 온 우주를 품는 하나님의 뜻을 먼지만도 못한 제가 알겠습니까?

하지만 가도 가도 여전히 거기에 있는 수평선처럼 하나님도 멀리 계시지만, 제가 알아들을 수 있는 언어로 적어주신 하늘 이야기의 파편이 뱃전에 부서져 얼굴을 간질이는 물방울처럼 제 온몸을 적십니다.

숨 쉬며 사는 것 자체가 은혜인 것을…. 땅의 뜻을 하늘에서 이루어달라는 몸부림을 멈추고, 하늘의 뜻을 이 땅에서 이루는 일에 작은 힘을 보태려고 합니다. 그래서 '하늘 이야기'란 제목을 달았습니다.

책을 만드는 과정 중에 가장 기쁜 일은 김도완 대표와의 만남과 대화입니다. 그래도 제 시야가 조금씩 넓어져 가는 것은 그의 독서지도 덕분입니다. 글을 쓸 수 있도록 배려해주신 포이에마예수교회 강병오 목사님과 모든 교우들에게도, 또 새로 편집 팀에 합류하여 읽을 수 있는 글이 되도록 도와준 박진희 씨에게도 감사의 뜻을 전합니다.

2009년 10월
북한산 자락에서

"내가 애굽 사람에게 어떻게 행하였음과
내가 어떻게 독수리 날개로 너희를 업어 내게로 인도하였음을
너희가 보았느니라. 세계가 다 내게 속하였나니 너희가 내 말을 잘 듣고
내 언약을 지키면 너희는 모든 민족 중에서 내 소유가 되겠고
너희가 내게 대하여 제사장 나라가 되며 거룩한 백성이 되리라."

출 19:4-6

The Story of Heaven

1

영적 교과서 : 하늘 편

네 마음을 다하고 목숨을 다하고 뜻을 다하여
주 너의 하나님을 사랑하라 하셨으니
이것이 크고 첫째 되는 계명이요(마 22:37-38).

1강 | 출애굽기 20:3

Exodus

누구나 쉽게 지킬 수 있는 계명

십계명의 순서는 무엇이 더 중요한지 삶의 우선순위를 가르쳐줍니다.
앞의 네 계명은 '하나님을 사랑함으로',
뒤의 여섯 계명은 '이웃을 사랑함으로' 지킬 수 있는 것들입니다.

출애굽기 1강

하나님이 이 땅의 소원을 딱 두 가지 들어주시겠다면 무슨 소원을 빌겠습니까?

　사이좋게 늙어가는 노부부에게 천사가 나타나서 두 가지 소원을 들어주겠다고 했습니다. 그러자 할머니는 더 늙기 전에 할아버지와 세계 일주나 한번 해보고 싶다고 말했습니다. 천사는 두 사람이 세계 일주를 편안하게 할 수 있도록 넉넉한 경비를 주었습니다. 그 돈을 본 할아버지는 슬그머니 욕심이 생겼습니다. 늙은 마누라보다는 젊은 여자와 여행을 가고 싶었습니다.

　그래서 눈을 질끈 감고 "나보다 서른 살 정도 젊은 여자와 함께 여행을 가고 싶습니다"라고 말했습니다. 그러자 60대이던 할아버지가 한순간에 90대 노인이 되어버렸습니다.

그저 웃자고 하는 이야기가 아닙니다. 구해도 제대로 구해야 합니다. 사람들은 욕심대로 소원을 구하는데, 욕심 부리는 것도 보면 그저 눈에 보이는 것들입니다.

잘 생각해보십시오. 믿거나 말거나 하나님이 세상을 만드셨고 운행하고 계시다면, 그리고 인간을 가장 사랑하신다면, 그분이 주시는 것이 세상에서 가장 필요하고 가장 좋은 게 아닐까요?

하나님은 사람들에게 각기 다른 모습과 성품과 재능을 주셨습니다. 사람들이 욕심부리지 않고 그 재능을 열심히 살린다면 이 세상이 바로 하나님나라가 될 것이라는 공상을 가끔 해봅니다.

여행을 떠나는 자녀에게 부모들은 할 수 있는 대로 최상의 준비를 해줍니다. 세상 사는 일이 여행이라면 하나님도 우리를 세상에 보내실 때 이 세상에서 충분히 잘 살 수 있도록 준비시켜주셨을 것입니다. 의사나 변호사가 돈을 잘 번다니까 공부 좀 한다는 사람들은 모두들 의사나 변호사가 되려고 혈안이 되어 경쟁합니다. 그 와중에 화가나 음악가가 될 사람은 미처 싹도 틔우기 전에 생명을 소모하고 간신히 얻은 직업을 가지고 끌탕하며 살다가 사라지는 것이 아닐까요?

콜카타의 성녀 마더 테레사 수녀는 알바니아의 가난한 농촌 출신입니다. 공부도 제대로 하지 못했습니다. 몸도 왜소하고 못 생겼습니다. 다른 많은 사람들에 비하면, 하나님은 그녀에게 제대로 여행 준비를 못해준 것처럼 보입니다. 그저 남을 불쌍히 여기는 마음과 그 마음에 따라 살아가는 단순하기 그지없는 성품을 받았을 뿐입니다. 그녀는 훗날 사랑이 무엇이냐는 질문을 받을 때마다 "행동"이라고 답했습니다. 그저 그렇게 살았을 뿐입니다. 우리들의 생각과 계산이 너무 많은 것은 아닐까요?

그렇다면 태어날 때부터 장애를 가진 사람은 무엇이냐고 묻고 싶을 것입니다.

특수한 예라고 할 수 있겠지만, 송명희 시인은 철이 들면서부터 이 세상을 살고 싶지 않았다고 합니다. 그러나 스스로 목숨을 끊을 힘조차 없었고 몸이 말을 듣지 않았습니다. 그녀는 하나님을 끝없이 원망했습니다. 그러다가 '공평하신 하나님'에 대한 생각이 몇 날 며칠이고 머리에서 떠나지 않았습니다. 처음엔 "나를 잃게 만든 하나님이 뭐가 공평해!"라고 악을 썼을 것입니다. 그러나 마침내 공평하신 하나님 앞에 굴복했습니다. 그리고 나온 시가 "나 가진 재물 없으나, 나 남이 가진 지식 없으나, 나 남에게 있는 건강 있지 않으나, 나 남이 없는 것 있으니… 공평하신 하나님이 나 남이 없는 것 갖게 하셨네"입니다. 그녀는 남다른 시적 재능을 지닌 천재였을까요? 사실 그녀가 사용하는 시어들은 평범하기 그지없습니다. 그러나 그 시는 사람들이 가보지 못한 하나님나라의 지평을 계속 넓히고 있습니다.

제자들이 눈먼 사람을 보자 누구의 죄로 인해 저 사람의 눈이 먼 것이냐고 예수님께 물어봅니다. 그 질문에 예수님은 "그에게서 하나님이 하시는 일을 나타내고자 하심이라"(요 9:3)고 대답하십니다. 시각장애보다는 송명희 시인의 지체장애 정도가 더 심하지 않을까요?

하나님이 나를 통해 이루고 싶어 하시는 일이 무엇일까 생각해 본 적이 있습니까?

예수님은 수제자 베드로에게 일갈하십니다. "사탄아 내 뒤로 물러가라. 네가 하나님의 일을 생각하지 아니하고 도리어 사람의 일을 생각하는도다"(막 8:33). 예루살렘에서 받을 예수님의 고난과 죽음을 어떻게 해서든지 막겠다는 갸륵한 생각이 '사람의 일'이었고, 그 일이 예수님의 수제자 베드로를 사탄의 하수로 만들었습니다. 사탄은 파괴의 영입니다. 우리는 지금 그냥 '사람의 일'도 아닌 오직 '내 배 채우는 일'에 골몰하여 하나님이 주신 시간과 재능과 생명을 스스로 파괴하고 있지는 않습니까?

　하나님이 원래 계획하셨던 세상, 제가 꿈꾸는 세상은 아직도 유효하다고 굳게 믿습니다. 하나님이 노예 이스라엘에게 가지셨던 계획 자체가 그 증거입니다.

　제사장은 가장 신분이 높은 사람입니다. 지금은 좀 달라졌지만 어느 사회에서나 제사장 그룹이 가장 높은 상위층을 차지했습니다. 인도의 카스트 제도가 좋은 예입니다. 두 번째 상위 그룹 '크샤트리아'는 귀족 등의 통치 계급이고, 그 위가 '브라만' 입니다. 브라만은 카스트 제도의 최상위로서 제사장 그룹을 말합니다. 노예는 가장 낮은 계층입니다. 그런데 하나님이 430년이나 노예로 있던 이스라엘 백성들을 지극히 높은 그분의 제사장으로 선택하셨습니다. 엄청난 신분 상승입니다. 당시 한번 노예는 영원한 노예였습니다. 인간이라면 상상조차 할 수 없는 일, 살면서 절대로 일어날 수 없는 일입니다. 그런데 그 일을 하나님이 시행하셨습니다.

　현재 우리들은 모든 면에서 당시와는 비교도 할 수 없이 더 좋은 세상에서 삽니다. 영원한 노예 이스라엘과 알바니아 시골 처녀와 제 몸 하나 제대로 못 가누는 여자가 하나님이 원하시는 삶을 살았다면 우리도 그렇게 살아야 하는 것은 너무나 당연합니다.

　끌탕과 원망을 조용히 뒤에 밀어놓고, 하나님이 내게 주신 것이 무엇인지 곰곰이 생각해봅시다. 그리고 하나님이 이스라엘 백성을 데리고 하신 일을 차근차근 따라가 봅시다. 자신에게 적용해봅시다. 인생이 확 풀릴지 누가 압니까? 그때 가서 하나님께 감사하십시오. 그리고 목에 힘주는 일 따위는 절대로 하지 마십시오.

다시 성경으로 돌아갑니다.

시내 산 기슭에 모여 이틀 동안 옷을 빨고 성결한 모습을 갖춘 이스라엘 백성에게 하나님이 강림하셨습니다. 그리고 사람 취급도 받지 못했던 노예들을 제사장 나라로 택했노라고 말씀하셨습니다.

가장 비천한 계급에서 가장 높은 계급으로 지위가 상승되는 조건은 단 하나입니다. '하나님의 명령 준행' 입니다. 이것이 시내 산 계약의 골자입니다. 시내 산 계약을 통하여 하나님은 이스라엘 백성에게 가장 소중한 두 가지, 바로 '십계명' 과 '성막' 을 주십니다. 할머니는 세계 일주, 할아버지는 30년 젊은 여자와 동행하기를 원했지만, 하나님은 십계명과 성막이 가장 중요하고 필요한 것이라고 생각하셨습니다. 하나님의 생각에 일단 동의해야 출애굽의 여정에서 내가 제대로 살 길을 찾을 수 있습니다.

결론부터 말하자면, 성막은 '영적 학교' 이고 십계명은 '영적 교과서' 입니다. 오늘날로 치면, 성막은 '교회' 이고 십계명은 '성경'

이라고 할 수 있습니다.

'십계명' 하면 무슨 생각이 듭니까? 억압하고 제한하는 것, 준엄하고 딱딱한 것. 너무 낡아 현대에는 전혀 소용없는 옛 계율이라는 생각이 먼저 들 것입니다. 하지만 하나님의 말씀이 진리라면 시대와 문화를 초월하여 통해야 합니다. 진리란 그런 것이니까요. 십계명은 현대에도 유효하다는 동의가 여기서도 필요합니다. 한번 동의하고 따라오시기 바랍니다.

몸에 좋은 약은 쓰기 마련입니다. 세상에 '공짜 점심'은 없습니다. 부자가 삼대를 못가는 이유도 훈련이 없기 때문입니다. 하물며 노예가 가장 존귀한 제사장이 되는 데 지침과 훈련이 없을 수 없습니다.

마음에 새겨야 할 것이 있습니다. 세상은 출신 성분, 개인의 능력과 외모, 학벌 등을 따지지만 하나님은 그것을 묻지도 따지지도 않으십니다. 430년 동안 노예근성에 찌든 이스라엘 백성들도 하나님의 제사장이 되는 마당에 우리들은 훨씬 더 빛나는 제사장이 될 수 있습니다. 게다가 지켜야 할 사항이 열 개밖에 되지 않습니다. 해볼 만하지 않습니까?

게다가 하나님은 최고의 '족집게 선생'입니다. 가장 중요하면서 핵심을 찌르는 계명만 주셨습니다. 세상의 족집게 선생들은 시험에 나올 문제들을 뽑아주지만, 그 문제들은 시험이 끝나고 나면 별 쓸모가 없어집니다. 그래도 과외비로 수백, 수천만 원을 챙깁니다. 그러나 하나님은 차원이 전혀 다른 족집게 선생입니다. 세상의 모든 뒤틀린 것들을 바로잡으십니다. 더욱이 그 계명들을 지키다보면 자신도 모르게 훌륭한 사람이 되고 만복이 굴러들어 옵니다.

무엇보다 십계명은 공짜입니다. 마음만 먹으면 얼마든지 지킬 수 있는 것들입니다. 하나님이 나를 '이 모양' 으로 만들어놓고 지킬 수 없는 것을 지키라고 하신다면, 그것은 전적으로 하나님 책임입니다.

십계명에는 몇 가지 용도가 있습니다.

첫째, 우리의 적나라한 현재 모습을 보여주는 '거울' 입니다. 그 거울을 통하여 나의 문제가 무엇인지 제대로 알 수 있습니다.

우리는 수많은 문제를 안고 살아갑니다. 불화, 가난, 질병, 무기력, 절망, 혼돈, 권태, 증오심 등 이루 헤아릴 수 없는 문제에 둘러싸여 하루하루를 살아갑니다. 저마다 문제의 원인과 대책을 분석하고 해결을 모색하지만 난마처럼 풀리지 않습니다.

저명한 심리학자 융은 아흔두 살의 생애를 마감하며 "모든 문제의 뿌리는 병든 영혼이다"라는 말을 남겼습니다. 하나님을 섬기지 않고 돈과 권력과 쾌락의 신을 섬길 때 영혼은 병들 수밖에 없습니다. 모든 문제는 거기서 파생됩니다. 그러나 사람들은 그 사실을 잘 알지 못합니다.

"주님의 말씀을 볼 때마다 저절로 고개가 숙여집니다."

한때 온 나라를 엄청난 소동으로 몰아갔던 탈주범 신창원 씨가 한 말입니다. 그는 사람들의 뇌리에서 점점 사라지고 있지만, 하나님은 그를 잊지 않고 계십니다. 그는 독실한 크리스천으로 거듭났습니다. 한편 그와 대조를 이루는 사람이 있습니다. 바로 대도 조세형 씨입니다. 조세형 씨는 수감생활 중에 크리스천이 되었다가 출소한 후 다시 절도 행각을 벌여 또 수감되었습니다.

신창원 씨는 조세형 씨가 그렇게 된 것은 증오심 때문이라고 진단하면서 "사람을 미워하는 마음이 많으면 몸과 마음이 병듭니다. 증오심에 싸여 있을 때는 한시도 마음 편할 날이 없었으나 이제는 미움을 버리니 말로 표현할 수 없을 만큼 마음이 편합니다"라고 고백합니다. 이어서 "누군가를 미워하며 괴로워하고 있다면, 잘잘못을 떠나 먼저 상대방에게 사과하고 마음의 평안을 찾으시길 바랍니다"라고 권면합니다.

"주여, 당신의 나라에 임하실 때 저를 기억하옵소서." 주님과 함께 십자가에 못 박혔을 때 회개한 강도처럼 그 역시 구원을 받았습니다. 사람이 어떻게 그토록 완전히 변할 수 있을까요? 그는 '유전무죄, 무전유죄'를 외쳤던 사람입니다. 죄를 저질러놓고도 다만 돈이 없어서, 재수가 없어서 자신이 그렇게 되었다고 생각했던 사람입니다.

그러던 그가 하나님의 말씀 앞에 섰을 때, 그동안 보지 못했던 자신을 적나라하게 보았습니다. 증오심으로 가득 찬 자신을 바라보며 그동안 살아온 생애가 너무나 잘못되었음을 절감했습니다. 그리고 주님 앞에 무릎을 꿇었습니다. 비록 감옥에서 남은 평생을 보내야 하지만 그는 거기서도 하늘의 기쁨을 느끼고 주님과 동행하며 살 것입니다.

문제를 정확히 진단해야 해결할 수 있습니다. 십계명은 문제의 핵심을 보여주는 거울입니다.

둘째, 십계명은 하나님의 '처방문'입니다.

명의는 환자를 진맥하고 가장 적절한 약을 처방합니다. 명의가 지어준 약에는 많이 처방하여 부작용이 생긴다든가, 이 약 저 약 혼합하면 그 중 어느 하나가 효력을 내겠지 하는 요행수가 없습니다. 명의는 병을 치유하기 위해 가장 적정한 약을 정확한 양만큼 처방합니다.

하나님은 사람과 천하 만물을 만드신 창조주입니다. 그러므로 가장 정확하게 그 문제점을 파악하고 계십니다. 무엇이 잘못되었는지, 무슨 병에 걸렸는지 가장 정확하게 알고 계십니다. 그리고 그 문제를 해결할 처방을 내려주십니다.

십계명이 있기 전에 사람들은 저마다의 신들을 형상으로 만들어 절하고 섬겼습니다. 이상하게 생긴 나무나 바위를 신으로 생각하고 그 앞에서 절을 했습니다. 그것은 당연한 일이었고, 그래야 복 받는다고 믿었습니다.

그런데 두 번째 계명, "너를 위하여 새긴 우상을 만들지 말고 또 위로 하늘에 있는 것이나 아래로 땅에 있는 것이나 땅 아래 물속에 있는 것의 어떤 형상도 만들지 말며 그것들에게 절하지 말며 그것들을 섬기지 말라"(출 20:4-5)는 말씀을 듣고 그동안 어리석게도 엉터리 처방에 의존했던 자신을 발견하게 됩니다. 그래서 그 말씀을 성실히 지키는 가운데 일그러진 삶이 제자리로 돌아오고 회복되기 시작합니다.

셋째, 십계명은 삶의 '이정표'입니다.

산다는 것은 수많은 선택의 과정입니다. 잘못된 선택을 하는 두 가지 경우가 있습니다. 첫 번째, 잘못된 줄 뻔히 알면서도 더 즐겁기 위해, 더 편하기 위해, 더 이익을 보기 위해 악한 선택을 하는 경우입니다. 도박에 빠지면 안 됩니다. 뇌물을 받아서는 안 됩니다. 거짓말해서는 안 됩니다. 술에 인이 박히면 안 됩니다. 우리는 그 사실을 알면서도 그런 일들을 반복합니다.

두 번째, 몰라서 잘못된 선택을 하는 경우입니다. 바리새인들은 하나님이 무엇을 원하시는지 잘 몰랐기 때문에 율법 지키는 일에 목숨을 걸었고 남에게 강요했습니다. 하나님을 모르기 때문에 점도 보고, 풍수지리도 보고, 사주팔자도 보는 것입니다. 무엇이 더 본질적이고 중요한지 몰라서 그렇습니다.

마리아처럼 말씀을 듣는 것이 더 중요한데, 마르다처럼 밥하는 것이 더 중요하다고 생각해서 수많은 잘못을 저지릅니다. 그런 일들이 차곡차곡 쌓일 때 인생은 어두워지고 악해지며 속박당하다가 마침내 실패로 끝나버립니다. 십계명은 하나님이 무엇을 원하시는지, 어떻게 하면 올바른 선택을 할 수 있는지 그 명확한 기준이 됩니다. 그래서 무엇보다도 중요합니다.

마지막으로, 십계명은 '울타리' 입니다.

'명령' 을 히브리어로 '미쉬메레트 *mishmereth*' 라고 하는데 다름 아니라 '울타리를 치다' 라는 뜻입니다.

사람들은 집안을 일으키고 가문이 자손만대까지 번창하기를 소원하며 재산을 모으고 성벽을 쌓고 권력을 쟁취합니다. 그 위에 자신과 자식들의 이름을 새겨놓습니다. 그런데도 그 많은 재산과 막강한 권력이 삼사 대를 넘지 못합니다. 왜 그럴까요? 가장 정확한 이유를 십계명을 통해서 알 수 있습니다.

"그것들에게 절하지 말며 그것들을 섬기지 말라. 나 네 하나님 여호와는 질투하는 하나님인즉 나를 미워하는 자의 죄를 갚되 아버지로부터 아들에게로 삼사 대까지 이르게 하거니와 나를 사랑하고 내 계명을 지키는 자에게는 천 대까지 은혜를 베푸느니라"(출 20:5-6). 제2계명입니다.

우리 집안을 지켜주는 울타리는 재산과 학벌과 권력이 아니라 하나님을 사랑하고 그 계명을 지키는 것이라는 말씀입니다. 그래서 재산을 모으고 권력을 쟁취하려는 헛된 몸부림을 그만두고, 오직 자녀들에게 하나님의 말씀과 법도와 주의 영광을 위하여 사는 법을 가르치는 데 정성을 기울이라는 것입니다.

하나님의 영광을 위하여 산다는 것은 기독교의 교세 확장이나 교회 성장을 위해서 산다는 뜻이 결코 아닙니다. 하나님을 경외하며 산다는 뜻입니다. 옛말에 "하늘 무서운 줄 알라"는 말이 있습니다. 정말 하늘 무서운 줄 알면 허튼 짓을 절대로 하지 않겠지요. 신뢰할 수 있는 사람이 됩니다. 정말 신뢰할 수 있는 사람이 되면 사람들이 따르게 되고, 없어서는 안 될 사람이 되면 무슨 업종에서 일하든지 잘 살게 됩니다.

세상에서 성공한 사람들의 면면을 살펴보십시오. 두바이 7성급 버드 알 아랍 호텔에서 수석 총괄 주방장으로 일하는 에드워드 권은 신부가 되기 위해 시골에서 올라왔으나 돈이 없어 하루를 버티기가 어려웠습니다. 그래서 먹고살기 위해 동네 중국식당 보조로 양파 다듬는 일을 했습니다. 양파를 열심히 다듬는 그의 모습을 보고 주방장이 한마디 했습니다. "참, 그 놈 남다르네." 이것이 오늘의 그를 있게 한 말입니다.

그의 삶은 누구보다 보람차고 행복해지는 것으로 끝나지 않습니다. 훨씬 신나는 일이 꼬리에 꼬리를 물고 일어납니다. 그로 인하여 수많은 가난한 청년들이 요리에 뜻을 두게 되었고, 많은 한국 요리사들이 버드 알 아랍 호텔에서 일할 수 있게 되었으며, 한국 요리가 세계로 진출하게 되었습니다. 그가 요리의 천재여서 그럴까요? 아닙니다. 그는 그저 하나님이 주신 작은 재능에 모든 것을 걸었을 뿐입니다.

하나님은 복 받는 비결을 가르쳐주기 위해 우리에게 십계명을 주신 것이 아닙니다. 십계명을 잘 지켰다고 해서 무슨 일을 하든

만사형통하리라고 착각해서는 안 됩니다. 십계명을 준수했으니 나는 하나님의 특별보호를 받는 하나님의 군사라는 착각이 십자군전쟁과 같은 무지하고 무모한 일을 서슴지 않게 만듭니다. 십계명 준수는 곧 정도正道를 간다는 뜻입니다.

하나님은 십계명으로 은혜의 울타리를 쳐주셨습니다. 십계명 밖은 위험합니다. 수많은 지뢰가 묻혀 있는 지뢰밭과 같습니다. 그곳을 헤매면 언제 지뢰가 터질지 모릅니다. 하나님의 뜻을 따라 가노라면 하나님의 사랑과 보호와 복을 받습니다. 십계명은 하나님의 복을 보존하는 그릇이며, 그분의 소중한 선물입니다.

"너희가 내 안에 거하고 내 말이 너희 안에 거하면 무엇이든지 원하는 대로 구하라. 그리하면 이루리라. 너희가 열매를 많이 맺으면 내 아버지께서 영광을 받으실 것이요 너희는 내 제자가 되리라"(요 15:7-8).

"내가 아버지의 계명을 지켜 그의 사랑 안에 거하는 것 같이 너희도 내 계명을 지키면 내 사랑 안에 거하리라"(요 15:10).

"내가 이것을 너희에게 이름은 내 기쁨이 너희 안에 있어 너희 기쁨을 충만하게 하려 함이라"(요 15:11).

이 모두 예수님이 고별 설교에서 하신 말씀입니다. 예수님은 십자가 죽음을 앞두고 구구절절 십계명 준수에 대해 가르치셨습니다.

성경을 가르치다보면 심령이 갈급한 사람을 많이 만나게 됩니다. 이른바 '열심히 믿는' 사람들입니다. 그런데 그들과 이야기하면서 가끔씩 '왜 이렇게 갈급해 할까?' 하는 생각이 듭니다.

어느 날 한 부인이 헬라어 단어를 하나 적어 와서는 무슨 뜻이냐고 물었습니다. 헬라어를 알 리 없는 제가 그게 무슨 뜻이냐고 되묻자 "에베소서 4장 3절에 나오는 '힘써 지키라' 는 말씀 중 '힘써' 라고 하더군요. '힘써 지키라' 는 말은 누구나 아는 뜻인데, 왜 이런 질문을 하는 걸까 하는 생각이 문득 스쳤습니다. 혹시 이 말에 다른 무슨 신령한 의미가 있어서, 그것을 알면 천기라도 깨달아 만사가 형통해질 것이라고 여기는 것은 아닐까 하는 의구심마저 들었습니다.

'오래 참음'은 성령의 열매이고, 인내는 인간의 힘으로 참는 것이라고 구별하여 설교하는 목사님도 보았습니다. 과연 그런 걸까요? 소위 '말씀을 기가 막히게 잘 쪼개는 분'이라고 높임을 받는 사람들이 있습니다. 그런 분들이 하는 말씀 중에 귀담아 들을 내용이 없는 것은 아니지만 너무하다 싶은 내용도 많습니다.

한국 교회에 왜 이런 일들이 자꾸 생기는 것일까요?

계룡산에서 십몇 년 동안 수련한 끝에 드디어 도를 깨우쳐 천기를 알게 된 모 도사를 찾아가면 만사형통·부귀영화를 이룰 수 있다는 소문과 맥락을 같이하고 있는 것은 아닐까요? 혹시 그런 마음으로 성경을 대하는 것은 아닐까요?

요즈음 '기도하는 사람들'이 교회 안팎에서 맹활약 중입니다. 그런데 이들에게 물어보는 것은 미아리 점쟁이에게 물어보는 것과 어떤 차이가 있습니까? 전혀 다르지 않습니다. 성경이나 십계명을 복 받는 비결로 착각하고 이제나 저제나 하나님의 복이 임할까 하늘만 쳐다보면 그 심령이 기다림에 지쳐 갈급해질 것입니다. 그러나 그런다고 해서 소원이 이루어지는 게 아닙니다.

《소학》《대학》《논어》《맹자》 등은 사람이 되라는 가르침이지 과거 시험 과목들이 아닙니다. 아무리 통달하여 과거급제를 해도 인격을 제대로 갖추지 못한다면 아무 소용이 없습니다. 십계명도 마찬가지입니다. 하나님의 뜻으로 알고 십계명을 지키려고 애쓸 때, 하나님의 마음을 이해하게 되고, 그토록 갈급했던 하나님의 사랑과 기쁨이 충만해집니다.

그것은 세상이 주는 일시적인 기쁨이 아니라 영원한 하나님나라까지 이어지고 발전하는 기쁨입니다. 그런 기쁨을 누리는 곳이 바로 에덴동산입니다. 동시에 우리의 성품은 자신도 모르는 사이에 예수님을 닮아가고, 잃었던 하나님의 형상을 회복하게 됩니다. 이것이 하나님이 우리에게 십계명을 주신 이유입니다.

십계명은 무엇보다 순서를 눈여겨보아야 합니다. 그 순서는 아무렇게나 정해진 것이 아닙니다. 무엇이 더 중요한지 알려줍니다.

"나 외에는 다른 신들을 네게 두지 말라."

"우상을 만들지 말라."

"여호와의 이름을 망령되게 부르지 말라."

"안식일을 거룩하게 지키라."

위의 네 가지는 하나님과 관련된 계명들입니다.

"네 부모를 공경하라."

"살인하지 말라."

"간음하지 말라."

"도적질하지 말라."

"거짓 증거하지 말라."

"네 이웃의 것을 탐내지 말라."

나머지 여섯 가지는 인간 생활과 관련된 계명들입니다.

십계명은 무엇이 더 중요한지 삶의 우선순위를 가르쳐줍니다. 가장 중요한 계명은 "나 외에는 다른 신들을 네게 두지 말라"입니다. 어르신들은 좀 섭섭하게 들을지 모르겠지만 부모 공경보다는 하나님 섬기는 일이 더욱 중요합니다. 하나님을 잘 섬기면 부모 역시 잘 공경하게 되어 있습니다. 안식일을 거룩하게 지키는 것은 살인이나 간음이나 도적질하지 않는 것보다 더욱 중요합니다. 안식일의 본질을 알고 안식일을 제대로 지키는 사람은 당연히 그런 사악한 일들을 하지 않게 됩니다.

십계명의 기준에 따라 삶의 우선순위를 정하십시오. 그 삶이 살아납니다. 십계명의 기준에 따라 올바른 선택을 하십시오. 그 삶이 자유로워지며 기쁨이 넘칩니다.

"네 마음을 다하고 목숨을 다하고 뜻을 다하여 주 너의 하나님을 사랑하라 하셨으니 이것이 크고 첫째 되는 계명이요 둘째도 그와 같으니 네 이웃을 네 자신같이 사랑하라 하셨으니 이 두 계명이 온 율법과 선지자의 강령이니라"(마 22:37-40).

열 가지가 너무 많다고 투덜대는 우리들을 위해서 마음 착한 예수님은 십계명을 두 가지로 압축해주셨습니다.

십계명의 전반부 네 계명들은 '하나님을 사랑함'으로, 후반부 여섯 계명은 '이웃을 사랑함'으로 힘들이지 않고 지킬 수 있다는 것입니다. 이렇듯 예수님은 우리가 지키기 어려워 쩔쩔매는 십계명에 사랑의 옷을 입혀주셨습니다.

사랑하는 사람의 말은 기꺼이 즐겁게 지키기 마련입니다. 나를 향한 하나님의 사랑을 알고 받아들여 하나님을 사랑하게 되면 그 모든 것들을 기쁜 마음으로 스스로 나서서 지킬 수 있고, 나아가서는 이웃도 그와 같은 마음으로 사랑할 수 있게 됩니다. 이것이 예수님이 주신 가르침의 골자입니다. 십계명의 본질이 하나님의 사랑임을 일깨워주신 것입니다.

"너희는 내가 명하는 대로 행하면 곧 나의 친구라"(요 15:14).

먼지만도 못한 나를 친구라고 부르십니다. 제사장 정도가 아니라 친구라고 부르시는 예수님, 언제나 하나님보다 한 술 더 뜨시는 분입니다.

출애굽기 20:2-3 | **2**강

Exodus

나 외에는 다른 신들을
네게 두지 말라

이 계명이 가장 중요한 이유는 우리 영혼의 뿌리를 알려주기 때문입니다.
하나님과의 관계 속에서 정체성을 확립할 때,
비로소 헝클어진 삶의 문제들이 제자리를 찾고
참된 신앙생활이 시작됩니다.

출애굽기 2강

    심리학자들이 말하는 '절정 체험Peak Experience' 이라는 것이 있습니다. 절정의 경험을 한 사람들은 몸과 마음이 건강해지며 역경도 가볍게 이겨낼 수 있게 됩니다. 무엇보다 절정의 경험에는 통합하는 힘이 있습니다. 갈라졌던 것을 하나 되게 하고 죽어가는 것을 살립니다. 이것은 단순히 성적, 개인적 경험에 국한되지 않습니다. 2002년 월드컵을 생각해보십시오. 우리나라 선수가 골인시킬 때마다 대한민국은 하나가 되었고, 승리를 더해갈수록 그 결속력은 더욱 굳건해졌습니다. 그때처럼 대한민국 전체가 똘똘 뭉쳐 하나가 된 역사는 일찍이 없었습니다.

    이스라엘 백성은 시내 산에서 지금까지 보지 못했던 놀라운 광경을 목도하고, 지금까지 들어보지 못한 하나님의 음성을 친히 듣습니다. 온몸으로 '절정의 경험'을 한 것입니다. 그들은 그 경험을 통하여 하나님과 하나가 되었고, 모든 역경을 이겨내며 하나님이 원하시는 제사장 나라가 되겠다고 결단합니다.

그런데 절정의 경험을 했다고 해서 모든 일이 이루어지는 것은 아닙니다.

신앙생활을 하다보면 심령이 메마르고 피폐해질 때가 있습니다. 그럴 때면 부흥회에 열심히 참석하고, 기도원에 올라가서 며칠 동안 금식하며 기도합니다. 그러면 마음이 충만해집니다. 은혜를 받습니다. 그러나 세상에 내려와서 살다보면 또 심령의 갈증을 느낍니다. 또 다시 열광적인 집회나 기도원을 찾게 됩니다. 왜 이런 일들이 반복될까요?

여기에는 그럴 만한 이유가 있습니다. 그런 일들이 감정에서 시작하여 감정으로 끝나기 때문입니다. 빵빵하던 풍선이 시간이 지나서 바람이 빠지면 다시 바람을 불어넣듯 감정만 충족시키는 것으로 문제를 해결하려고 하기 때문입니다. 이것은 단순한 문제가 아닙니다. 신앙이란 감성적인 면도 있지만 그것을 넘어 영적인 것입니다.

하나님은 시내 산에서 절정의 경험으로 이스라엘 백성들의 마음을 사로잡으셨습니다. 그들을 하나로 묶으셨습니다. 그런 다음 넘어가야 할 단계가 있습니다. 십계명을 주신 것입니다.

십계명을 통해 '감정의 차원'에서 '지식의 차원'으로 넘어가라는 것입니다.

십계명은 하나님이 주신 최초의 문서입니다. 그것은 노예 신분에서 제사장이 되기 위한 영적 교과서라고 앞서 말했습니다. 그 열 가지 계명은 한 시간 정도면 누구나 외울 수 있습니다. 그런데 십계명을 다 외웠다고 끝나는 것일까요? 아닙니다. 가장 중요한 문제, 마지막 과제가 남아 있습니다.

모세는 죽기 직전, 이스라엘 백성들에게 십계명을 가르치면서 다음과 같이 당부합니다.

"그때에 여호와께서 내게 명령하사 너희에게 규례와 법도를 교훈하게 하셨나니 이는 너희가 거기로 건너가 받을 땅에서 행하게 하려 하심이니라"(신 4:14).

이 말씀에서 주목해야 하는 두 단어는 '교훈하다'와 '행하다'입니다. '교훈하다'라는 말은 그 말뜻을 풀어서 이해하고 깨닫도록 하는 것입니다. '행하다'라는 말은 감정과 지식 너머에 있는 '실천' 차원의 것입니다.

데이터가 모여 정보가 되고, 정보가 모여 지식이 됩니다. 그런데 지식이 아무리 많아도 소용이 없습니다. 이것을 적용해야 합니다. 적용한다는 것은 '행하는 것' 입니다. 지식을 행할 때 쌓이는 것이 '지혜' 입니다. '지혜' 만이 힘 있는 진짜 지식입니다.

　기독교처럼 성경공부 프로그램이 많고 다양한 종교도 없을 것입니다. 체계적인 프로그램으로는 벧엘 성경공부가 아마도 효시일 것입니다. 그 후 수많은 성경공부 프로그램이 생겨났습니다. 가장 대표적인 것이 제자훈련입니다. 제자훈련은 결코 쉽지 않은 과정이지만 많은 교회들이 시행하고 있습니다.

　그런데도 기독교에 대한 비난은 높아지고 신뢰도는 내려만 갑니다. 그 이유는 성경공부를 머리로만 하기 때문일 것입니다. 곧 하나님의 말씀이 지식 수준에 머물기 때문입니다. 배운 바를 손과 발로, 몸으로 행하여 지혜로 만들어야 합니다. 지식이 지혜가 될 때 하나님의 능력을 온몸으로 체험할 수 있습니다.

　누가 스스로를 가리켜 가장 중요한 존재라고 말하면 다들 이상하게 볼 것입니다. 전제군주나 독재자 같은 사람들이나 그런 말을 할 테니까요. 그런데 하나님이 그렇게 말씀하십니다.

　"나 외에는 다른 신들을 네게 두지 말라."

　왜 하나님은 "나 외에는 다른 신을 네게 두지 말라"를 가장 중요한 계명으로 정하셨을까요? 독재 군주라서? 절대로 그렇지 않습니다. 하나님은 스스로 존재하시는 분이므로 인간처럼 추종자가 필요하지 않습니다.

몇 년 전 한국을 방문한 필라델피아 지역 흑인 지도자 친선사절단 중에 눈길을 끄는 한 사람이 있었습니다. 그녀는 에스텔 샘슨 하워드 의대 교수였습니다. 명문 조지타운 의대에서 박사 학위를 받은 방사선 의학 분야 최고 전문가로서 1994년 유니온 대학이 학교를 빛낸 동문들에게 수여하는 '이 노트E. Nott' 상을 받을 정도로 성공한 인물입니다. 그런 그녀가 이런 말을 했습니다. "그동안 살아오면서 수없이 제 자신에게 물었던 '나는 누구인가?'에 대한 답을 이번 여행에서 절반 정도 얻은 것 같습니다. 나머지 절반의 답은 어머니를 만나야 찾을 수 있겠죠."

이 말은 그녀의 가슴 아픈 과거에서 비롯되었습니다. 그녀는 자신의 정확한 나이를 알지 못합니다. 흑인 아버지와 한국인 어머니 사이에서 태어나 버려진 뒤 미국인 가정에 입양된 전쟁고아 출신이기 때문입니다.

그녀는 남다른 노력으로 어려운 상황을 견디고 뛰어넘어 사회적으로 성공했지만, 그럼에도 여전히 "나는 누구인가?"라는 정체성 혼란으로 괴로워했습니다. 자신의 뿌리를 전혀 알 수 없어서 항상 깊은 절망감과 막막함을 느꼈습니다. 모든 성공이 무색하게 그녀는 간단없이 공허감에 빠졌습니다. 그래서 더 늦기 전에 뿌리를 찾아 한국에 온 것입니다.

하물며 영혼의 뿌리를 알지 못하면 그 괴로움은 어떻겠습니까?

영혼의 뿌리 찾기 문제가 심각한 이유는 정작 다른 데 있습니다. 그것이 얼마나 중요한지 사람들이 알지 못한다는 점입니다. 자신이 그저 허공에 던져진 존재이고, 육신을 입고 사는 이생의 삶이 전부라고 믿으며 살아갑니다. 그 결과 하나님의 뜻과는 전혀 상관없는 것을 쫓아다니느라 생명을 탕진하고, 삶은 더욱 깊은 혼돈과 공허와 흑암에 빠져듭니다.

그래서 하나님은 "너는 나 외에는 다른 신들을 네게 두지 말라"를 제1계명으로 주셨습니다. 그 계명이 가장 중요한 이유는 우리의 뿌리를 알려주기 때문입니다.

예수님은 "주는 그리스도시요 살아 계신 하나님의 아들"이라는 베드로의 신앙 고백 위에 주님의 교회를 세우셨습니다. 음부의 권세조차 그 교회를 무너뜨리지 못하리라고 약속하셨습니다.

사람이라면 누구나 '자기정체성self-identity'이 있습니다. 한 아내의 남편, 한 남편의 아내라는 정체성이 있습니다. 자녀들의 부모입니다. 부모의 자녀입니다. 장관은 장관으로서, 선생은 선생으로서 자기정체성이 있습니다. 돈 많은 사람은 부자라는 정체성을, 그림 그리는 사람은 화가라는 정체성을 가지고 있습니다.

이 모든 정체성들을 자신이 맺고 있는 '관계'에서 얻습니다. 자기정체성 확립이 중요한 이유는 그 단단한 정도에 따라 삶이 결정되기 때문입니다. 그런데 여기서 반드시 점검해봐야 할 것이 있습니다. 단단한 정도에 앞서서 관계를 맺는 대상의 정당성입니다.

테러리즘이나 나치즘과 같은 잘못된 이념, 마피아나 삼합회와 같은 나쁜 공동체, 이단이나 미신, 사악한 사람과의 관계가 강하면 강할수록 자멸은 촉진됩니다. 이러한 것들은 사탄이 파놓은 함정들입니다. 관계를 맺는 순간부터 수렁에 빠지듯 점점 더 빠져듭니다. 다단계 판매, 약물이나 성형 중독 등 세상이 발전하면 할수록 이러한 함정들은 일상생활 가까이 도처에 널려져 입을 크게 벌리고 먹잇감이 걸려들기를 기다리고 있습니다.

그런데 음부의 권세가 도저히 어쩌지 못하는 것이 있습니다. 바로 하나님입니다. 그래서 하나님은 "나 외에는 다른 신들을 네게 두지 말라"는 명령을 제1계명으로 세우셨습니다. 무엇보다도 하나님과의 관계 속에서 자기정체성을 확립하라는 것입니다. 이 계명은 헝클어진 모든 것을 바로 세우는 가장 중요한 기초입니다.

"새장 같은 공간, 온몸을 짓누르는 압박감, 나약한 의지를 어찌할 수 없는 장벽 앞에서 절망하며 마지막을 준비하고 있을 때 바삐 날아온 사랑이 있었습니다. 이모님은 때론 어머님처럼, 때론 친구처럼 그렇게 저의 공간을 방문하여 손을 내미셨습니다. 지금은 울지 않습니다. 걱정도 하지 않을 것입니다. 해빙이 되고 들에 아지랑이가 피어오르면 밝게 웃으며 풍성한 품으로 절 부르실 것을 알기에 조용히, 조용히 봄을 기다리겠습니다."

한때 세상을 떠들썩하게 했던 탈옥수 신창원 씨가 암 투병 중인 이해인 수녀에게 보낸 편지의 일부입니다. 신창원 씨는 현재 무기수로 수감생활을 하고 있습니다. 온갖 범행을 저질렀던 그가 이해인 수녀를 통해 하나님을 만났습니다. 그리고 감옥조차 흔들 수 없는 굳건한 믿음의 기반을 다졌습니다. 그는 지금 수감자들을 위로하고 도우며 살아가고 있습니다. 감옥에 갇힌 것이 오히려 복음의 진보가 되었다고 좋아하는 사도 바울의 수준에 이른 것 같습니다.

정성을 기울이면 관계가 깊어집니다. 관계가 깊어지면 자연히 그 대상에 대하여 잘 알게 됩니다. 하나님과의 관계도 마찬가지입니다. 하나님은 누구십니까? 창조주이자 현재의 운영자이며, 미래의 심판자입니다. 그분과의 관계가 깊어지면 자연히 세상과 우주와 인간과 나 자신의 본질을 깨닫게 됩니다. 인생이 정돈되고, 하나님의 운행에 따라 물 흐르듯 살아가며, 웬만한 일에는 눈꺼풀조차 요동하지 않게 됩니다.

여호와 하나님 외에 다른 신을 두지 말라는 말씀은 더욱 주의를 기울여야 할 명령입니다. 자칫 잘못하다가는 얼마든지 여호와 하나님 외에 다른 신을 섬길 수 있기 때문입니다. 부처상에 절하지 않는다고 해서 다른 신을 섬기지 않는다고 말할 수 있을까요?

여호와 하나님 외에 다른 신은 누구일까요? 한마디로 말해서, 하나님보다 더 중요하게 여기는 것들이 모두 다른 신들입니다. 건강을 하나님보다 중요하게 여길 수 있고, 자녀나 가족, 출세나 돈, 다이어트나 외모를 얼마든지 하나님보다 더 중요하게 여길 수 있습니다. 이 모든 것이 하나님 외에 다른 신들입니다.

에덴동산에서 하나님이 금하신 명령은 단 하나였습니다. "선악을 알게 하는 나무의 열매는 먹지 말라. 네가 먹는 날에는 반드시 죽으리라"(창 2:17). 모든 것이 허락되었던 에덴동산에서 선악을 알게 하는 나무는 하나님과 인간 사이의 유일한 경계였습니다. 하나님은 언제든지 명령하실 수 있었고, 아담과 이브는 어떠한 경우에도 그 명령을 지켜야 했습니다. 그런데 그들은 그 단 하나의 명령을 온전히 지키지 못하고 선악과를 따먹고 맙니다. 명령을 거역하고 맙니다. 그러자 하나님은 생명나무 둘레에 화염검을 둘러 그들의 접근을 막으셨습니다. 왜 그렇게 하셨을까요?

생명나무를 먹으면 영생합니다. 그것은 하나님의 무한한 사랑과 축복을 상징합니다. 반면에 선악을 알게 하는 나무의 열매는 따먹으면 죽습니다. 그것은 하나님의 무서운 공의와 심판을 상징합니다. 하나님의 공의를 범하자 그분의 사랑과 축복도 함께 사라져버렸습니다. 그뿐 아니라 그들은 에덴동산에서 추방되었습니다. 모든 것을 잃은 것입니다.

우리들의 문제가 무엇입니까? 하나님의 십계명을 범하면서도 그분의 축복을 원한다는 것입니다. 다시 말해서, 하나님의 공의는 무시하고 그분의 사랑만 바란다는 것입니다. 그러나 공의 없이는 사랑도 없습니다. 십계명은 에덴동산과 세상을 경계 짓는 생명의 울타리이며, 제1계명은 그 중앙에 세워진 '선악을 알게 하는 나무'입니다. 이 계명을 준수할 때 비로소 하나님으로부터 다른 모든 것들이 공급되기 시작합니다.

그것을 온몸으로 보여준 사람이 아브라함입니다. 아브라함의 마지막 시험은 100세 때 낳은 아들 이삭을 제물로 바치라는 것이었습니다. 이삭은 아브라함에게 눈에 보이는 것 중 가장 소중한 존재였습니다. 모리아 산으로 가는 사흘 밤낮 동안 아브라함은 이삭이냐, 하나님이냐를 결정해야 했습니다. 아브라함은 하나님을 택했습니다. 그러자 하나님은 '여호와 이레'의 축복을 허락하셨습니다. 여호와 이레란 "여호와의 산에서 모든 것이 준비되리라"는 뜻입니다. 여호와의 산은 에덴동산의 다른 이름입니다.

'아브라함 정도 되니까 그런 결정을 했지'라고 사람들은 생각합니다. 그런데 이러한 결정은 신앙생활의 마지막이 아니라 시작임을 알아야 합니다. 우리가 신앙생활에서 실패를 거듭하는 이유는 하나님보다 소중히 여기는 것이 많기 때문입니다. 하나님을 기껏해야 나의 소원을 들어주는 수호신으로 생각하는 데서 벗어나지 못합니다. 작은 불행이라도 생기면 하나님을 원망하기에 바쁜 우리들입니다.

그러나 그 누구라도 제1계명을 준수할 때 여호와의 산에 오를 수 있으며, 모든 것이 공급되는 에덴동산을 회복할 수 있습니다. 그러므로 제1계명은 에덴동산에 오르는 입구라고 할 수 있습니다.

기독교의 중요 명제 중에 '코람 데오 *Coram Deo*'라는 것이 있습니다. '하나님 앞에서'라는 뜻입니다. 모든 실패는 하나님 앞을 떠날 때 일어났습니다. 동생 아벨을 죽인 가인의 인생을 성경은 단 한마디로 설명합니다. "가인이 여호와 앞을 떠나서 에덴 동쪽 놋 땅에 거주하더니"(창 4:16). 어떤 업적을 쌓았건 하나님 앞을 떠나면 그 인생은 그때부터 의미를 상실합니다.

 아브라함의 조카 롯에게 아브라함과 함께 믿음의 조상이라는 영광스런 칭호를 얻을 수 있는 거룩한 기회가 왔습니다. 그러나 그는 하나님 앞을 떠났습니다. 소돔과 고모라 성이 심판당할 때 간신히 목숨은 부지했지만 연속된 취중의 패륜을 기점으로 그의 이름은 산산이 부서지고 맙니다. 롯은 자기 딸들과의 사이에서 아들을 낳습니다. 그 책임 소재는 전혀 중요하지 않습니다. 성경은 그 이후 롯의 삶과 죽음에 침묵합니다. 언급할 의미도, 가치도 전혀 없기 때문입니다.

 데마라는 젊은 전도자가 있습니다. 그는 복음의 소명에 불타서 바울을 따라 나섰습니다. 하지만 닥쳐오는 시련과 환난을 이겨내지 못했습니다. 바울은 데마에 대하여 이런 말을 남겼습니다. "데마는 이 세상을 사랑하여 나를 버리고 데살로니가로 갔고"(딤후 4:10). 데마 역시 얼마든지 디모데처럼 위대한 청년 사역자가 될 수 있었으나 하나님 앞을 떠나 세상으로 떠나버렸기 때문에 그의 삶은 거기서 끝나고 말았습니다.

 삭개오는 포악하고 파렴치한 세리장이었습니다. 그러나 주님 앞으로 돌아왔을 때 주님으로부터 이 세상에서 가장 아름다운 말씀을 들었습니다. "오늘 구원이 이 집에 이르렀으니 이 사람도 아브라함의 자손임이로다. 인자가 온 것은 잃어버린 자를 찾아 구원하려 함이니라"(눅 19:9-10). 주님 앞에 섰을 때 그는 잃었던 아브라함의 자손과 하나님의 자녀라는 지위를 회복했습니다.

삭개오가 대답합니다. "주여 보시옵소서. 내 소유의 절반을 가난한 자들에게 주겠사오며 만일 누구의 것을 속여 빼앗은 일이 있으면 네 갑절이나 갚겠나이다"(눅 19:8). 하나님 앞으로 돌아오자 삭개오는 평생 섬기던 돈을 기꺼이 내던질 수 있었습니다. 삭개오 앞에서 여호와 외에 다른 신이 사라져버린 것입니다.

다윗은 언제나 하나님 앞에서 살았습니다. 사망의 음침한 골짜기에서도 하나님만 바라보며 섰습니다. 그러자 사망의 위협도 두렵지 않았습니다. 그런 그가 하나님 앞을 떠난 적이 있습니다. 밧세바의 아름다운 자태에 현혹되어버린 것입니다. 자신의 죄를 은폐하기 위해 살인까지 저질렀습니다. 그에게 여호와가 아닌 다른 신이 생긴 것입니다. 그 일로 그는 최대의 위기에 몰립니다. 세상의 눈으로 보면, 한 나라의 임금이 한 여인을 취하고 그 남편인 부하 하나를 죽이는 것쯤이야 대수로운 일이 아닐 수도 있습니다. 그런데 다윗이 그렇게 생각했다면, 그가 인생에서 아무리 대단한 업적을 쌓았더라도 성경은 다윗에 대하여 침묵하고 말았을 것입니다. 그러나 다윗은 다시 하나님의 말씀 앞에 섰고, 다시 하나님 앞으로, '코람 데오'로 돌아왔습니다. 하나님은 그런 다윗의 죄를 사하고 그를 다시 존귀한 자로 세우셨습니다.

주님은 말씀하십니다. "먼저 그의 나라와 그의 의를 구하라. 그리하면 이 모든 것을 너희에게 더하시리라"(마 6:33). 이것은 첫 계명을 달리 한 말씀입니다. 제1계명 "나 외에는 다른 신들을 네게 두지 말라"는 명령을 그 어느 것보다도 우선시 해야 합니다. 그때 비로소 참된 신앙생활이 시작됩니다.

그렇다고 복 받아보겠다는 뜻으로 먼저 하나님나라와 의를 구하지는 마십시오. 그저 하나님의 영광을 위하여 살아가노라면 복은 저절로 굴러 들어옵니다. 또한 하나님의 복은 단순히 물질의 풍요에 있지 않다는 사실도 기억하시기 바랍니다.

3강 | 출애굽기 20:4

예수님은
어떻게 생기셨을까?

인간이 그려낸 하나님의 모습은 무한하신 하나님을 제한하고,
그 제한된 모습에 인간은 스스로 갇히며,
하나님은 피조물 중 하나로 전락하고 맙니다.
대신에 인간이 하나님의 자리까지 올라갑니다.

출
애
굽
기
3
강

 다음 글을 읽으며 그 모습을 한번 상상해보십시오.
 "키가 훤칠하고 용모가 준수하며 온후하고 거룩한 모습이다. 우아하게 굽이치는 고수머리에, 그 색깔은 누구와도 비교할 수 없을 만큼 아름답다. 정수리에서 가르마를 탄 머리칼은 물결이 일 듯 출렁이며 이마에 흘러내린다. 이마는 높고 넓으며 당당하다. 홍조를 띤 양볼은 반점이나 주름 하나 없이 준수하다. 코와 입의 균형미는 완벽하다. 맑고 푸른 두 눈은 고요하다."
 정말 멋진 모습입니다. 누구를 묘사한 것일까요? 바로 예수님입니다. '역시 예수님은 하나님의 아들답게 외모도 출중했구나' 하는 생각이 들겠지만 이 글은 가짜 문서입니다. 1541년 어떤 사람

예수님은 어떻게 생기셨을까?

이 로마 총독 푸블리우스 렌툴루스의 이름을 도용하여 문서를 작성한 것입니다. 유명한 사람의 이름을 도용한 문서는 당시 관례여서 얼마든지 이해할 수 있습니다. 그렇지만 이 사람은 다음과 같은 마지막 문장을 써넣음으로 자신이 가짜임을 스스로 드러내고 말았습니다. "그가 웃는 모습을 본 사람은 아무도 없다."

 예수님이 웃으셨다는 기록은 사복음서 어디에도 없는 게 사실입니다. 그러나 예수님은 마음이 따듯한 분이었습니다. 낮고 천한 신분의 사람들과도 어울려 식사하고 잔치에도 참석하셨습니다. 그런 자리에서 예수님이 엄숙하셨을까요? 절대 그럴 리 없습니다. 신분이 낮은 사람들끼리의 잔치일수록 왁자지껄하기 마련이고, 잘 웃고 따듯한 사람을 좋아하는 것은 동서고금의 구별이 없습니다. 예수님을 그렇게 묘사한 이 사람은 예수님이 어떤 분인지 전혀 알지 못했습니다. 그저 신화에 등장하는 완벽한 남자의 모습을 그렸을 뿐입니다.

 몇 년 전 신문지상에 예수님의 모습이 실린 적이 있었습니다. 《내셔널지오그래픽》 사에서 예수님의 모습을 추정 복원한 것입니다. 그 모습은 위에서 묘사한 것과 딴판이었습니다. 우선 눈은 부리부리하고 코는 뭉툭하며 입술은 두껍습니다. 머리는 길게 늘어진 것이 아니라 곱슬곱슬합니다. 피부는 햇빛에 그을려 거무스름

합니다. 당시 이스라엘 노동자들의 전형적인 모습입니다. 하지만 그 또한 예수님의 진짜 모습은 아닙니다. 예수님의 모습은 아무도 모릅니다. 성경 기자들은 예수님의 모습에 대해 한마디도 남기지 않았습니다.

딱 한 군데에 예수님의 모습을 유추할 수 있는 구절이 있긴 합니다. 이사야서 53장 2절 이하 말씀입니다.

"그는 주 앞에서 자라나기를 연한 순 같고 마른 땅에서 나온 뿌리 같아서 고운 모양도 없고 풍채도 없은즉 우리가 보기에 흠모할 만한 아름다운 것이 없도다. 그는 멸시를 받아 사람들에게 버림 받았으며 간고를 많이 겪었으며 질고를 아는 자라 마치 사람들이 그에게서 얼굴을 가리는 것 같이 멸시를 당하였고 우리도 그를 귀히 여기지 아니하였도다."

이 말씀 역시 예수님의 구체적인 모습을 알려주지는 않습니다. 다만 예수님이 우리에게 익숙한, 잘생긴 금발 청년처럼 흠모할 만한 외모가 아닌, 고생을 많이 한 보잘것없는 모습이었을 것을 짐작케 합니다. 물론 그것은 평소의 모습이 아니라 십자가 고난 중의 모습을 묘사한 것입니다. 아무리 잘생기고 인상이 좋더라도 십자가에 달린다면 얼굴은 고통으로 일그러질 것이고, 사람들은 그 끔찍한 모습을 차마 바라보지 못하고 외면할 것입니다.

성경에 다른 사람의 모습에 대한 묘사가 전혀 없는 것은 아닙니다. 이스라엘의 초대 왕 사울이나 다윗의 셋째 아들 압살롬의 모습이 묘사되어 있습니다. 또 위인들의 전기를 읽어보면 반드시 그 사람에 대한 모습이 그려져 있습니다. 모습은 그 사람을 이해하는 중요한 단서가 됩니다. 그런데도 성경 기자들이 예수님의 모습에 대해 침묵하는 이유는 바빴거나 소홀했기 때문이 아닙니다. 예수님의 마음을 읽었고 그 의도를 올바로 깨달았기 때문입니다. 그들은 예수님의 모습이 우리들의 믿음에 전혀 도움이 되지 않고 오히려 방해가 된다는 것을 알았습니다.

우리에게 각인되어 있는 예수님의 모습은 대다수가 가톨릭교에서 만든 것입니다. 가톨릭교는 우리와 같은 성부 성자 성령 하나님을 믿고 있습니다. 같은 성경을 사용하고 있습니다. 물론 '외경'이라는 다른 책들을 사용하기는 하지만, 정경 66권은 그들이나 우리나 함께 사용하고 있습니다.

그런데도 기독교와 가톨릭교는 꽤 많은 차이를 보입니다. 그중에 가장 큰 차이는, 성당에 예수님 상이나 마리아 상과 같은 것들이 유난히 많다는 것입니다. 그림들도 유난히 많이 걸려 있습니다. 왜 그런 차이를 보이는 것일까요? 그것은 가톨릭의 십계명과 기독교의 십계명이 다르기 때문입니다.

이상하지 않습니까? 가톨릭교와 기독교가 같은 성경을 사용한다면 그 성경에 기록된 십계명도 같아야 하는데 다르다니 납득하기 어렵습니다.

먼저 기독교의 십계명부터 살펴봅시다.

첫째, 나 외에는 다른 신들을 네게 두지 말라.

둘째, 우상을 만들지 말라.

셋째, 여호와의 이름을 망령되게 부르지 말라.

넷째, 안식일을 거룩하게 지키라.

다섯째, 네 부모를 공경하라.

여섯째, 살인하지 말라.

일곱째, 간음하지 말라.

여덟째, 도적질하지 말라.

아홉째, 거짓 증거하지 말라.

열째, 네 이웃의 것을 탐내지 말라.

그런데 가톨릭교의 십계명은 다음과 같습니다.

첫째, 하나이신 천주天主를 흠숭欽崇하라.

둘째, 천주의 이름을 헛되이 부르지 말라.

셋째, 주일을 거룩하게 지키라.
넷째, 부모에게 효도하라.
다섯째, 사람을 죽이지 말라.
여섯째, 간음하지 말라.
일곱째, 도둑질하지 말라.
여덟째, 거짓 증언하지 말라.
아홉째, 남의 아내를 탐내지 말라.
열째, 남의 재물을 탐내지 말라.

차이가 무엇입니까? 기독교의 둘째 계명은 "우상을 만들지 말라"인데, 가톨릭교에는 이 계명이 빠져 있습니다. 대신에 마지막 열 번째 계명이 둘로 나뉘어 있습니다.

열 번째 계명을 자세히 말하면 "네 이웃의 집을 탐내지 말라. 네 이웃의 아내나 그의 남종이나 그의 여종이나 그의 소나 그의 나귀나 무릇 네 이웃의 소유를 탐내지 말라"(출 20:17)인데, 이것을 "남의 아내를 탐내지 말라"와 "남의 재물을 탐내지 말라"는 두 가지 계명으로 쪼개놓은 것입니다.

누가 옳은 것일까요? 기독교가 옳습니다. 옛날에는 여자를 재산이나 소유의 일부로 생각했습니다. 그래서 네 이웃의 것에는 아내나 그 밖의 소유물 모두가 포함됩니다.

어떻게 이런 일이 일어날 수 있는지 반문하는 사람이 있겠지만, 성경을 읽어보면 나름대로 이해되는 일입니다. 십계명은 출애굽기 20장에 기록되어 있는데, 법 조항처럼 순서가 매겨진 것이 아니라 서술형으로 기록되어 있습니다. 그렇다고 구별할 수 없을 정도로 애매하게 되어 있는 것은 아닙니다. 대단히 분명하게 적혀 있다고 할 수 있습니다.

성경을 자세히 보면, "나 외에는 다른 신들을 네게 두지 말라"는 제1계명은 그냥 한 줄로 선포되고 있습니다. 여기에 부연 설명은 없습니다. 그러나 두 번째 계명에는 긴 설명이 붙어 있습니다.

"너를 위하여 새긴 우상을 만들지 말고 또 위로 하늘에 있는 것이나 아래로 땅에 있는 것이나 땅 아래 물속에 있는 것의 어떤 형상도 만들지 말며 그것들에게 절하지 말며 그것들을 섬기지 말라. 나 네 하나님 여호와는 질투하는 하나님인즉 나를 미워하는 자의 죄를 갚되 아버지로부터 아들에게로 삼사 대까지 이르게 하거니와 나를 사랑하고 내 계명을 지키는 자에게는 천 대까지 은혜를 베푸느니라"(출 20:4-6).

열 가지 계명 중에서 가장 구체적인 설명을 가장 길게 하셨습니다. 중요한 것은 자세히 설명하는 것이 인지상정입니다. 그만큼 중요하니 조심하라는 당부입니다.

  그런데 가톨릭교는 그렇게 중요한 두 번째 계명을 없애고 열 번째 계명을 둘로 쪼개놓았습니다. 십계명의 순서는 그 중요성에 따른 것임을 상기하시기 바랍니다. 그러므로 가톨릭교는 아주 중요한 계명은 없앤 대신 덜 중요한 열 번째 계명을 반복한 것입니다.

  우상을 만들지 말라는 두 번째 계명이 없으니 가톨릭교에서 자꾸 예수님 상이나 마리아 상, 성인들의 상을 만들어 교회 마당에 주욱 세워놓는 것입니다.

  기독교에서는 원칙적으로 하나님이나 예수님의 형상을 만들지 않습니다. 물론 예수님은 눈에 보이는 육신을 입고 이 땅에 오신 적이 있으므로 그분의 형상을 만들 수는 있겠지만 대단히 조심해야 합니다.

  기독교 가정에서 흔히 볼 수 있는 그림이 있습니다. 눈이 녹아서 만들어낸 예수님의 형상 액자입니다. 어느 비행사가 예수님의 모습이 너무나 보고 싶어 기도했더니 눈이 부분적으로 녹아서 예수님의 모습이 드러났다는 설명이 붙은 그림입니다. 사실 그런 그림조차 그다지 바람직하지는 않습니다. 한때 어느 집 차고에 있던 차에서 떨어진 기름 모양이 예수님을 닮았다고 하여 세인들의 주목을 끈 적이 있는데, 이 또한 신앙에 아무런 도움이 되지 않습니다.

이러한 종류의 이야기들에는 득보다 실이 많다는 사실을 명심해야 합니다.

두 번째 계명이 무너질 때 일어나는 일이 있습니다. 미신의 공격에 사정없이 노출됩니다. 미신에 노출될 때 복음의 본질은 필연적으로 왜곡되고 맙니다. 왜곡된 말씀은 생명력을 상실하기에 더 이상 하나님의 말씀이라고 할 수 없습니다.

기독교 역사상 가톨릭교는 미신에 취약한 모습을 보였습니다. 마리아가 유럽 어느 마을에 나타나 한 소녀에게 계시를 주었다는 소문이 나면 사람들이 그곳에 구름처럼 모여듭니다. 어떤 신부는 지리의 대가로서 묏자리도 봐주는데 그에 대한 책을 써서 사람들이 혹하는 마음에 그 책을 많이들 사서 보았습니다. 어떤 신부는 수맥 전문가라고 자처하며 방송에 나와 수맥에 대해 열심히 설명합니다. 이 모든 것은 기독교와는 상관없는 것들입니다. 그런데도 신부가 썼으니, 신부가 말했으니 괜찮은 줄 알고 크리스천들도 열심히 읽고 귀 기울입니다.

하나님의 형상을 만들지 말라는 계명을 어기거나 소홀히 해서는 안 됩니다. 인간이 그려낸 하나님의 모습은 무한하신 하나님을 제한하고, 그 제한된 모습에 인간은 스스로 갇히며, 하나님은 피조물

가운데 하나로 전락하고 맙니다. 대신에 인간이 하나님의 자리까지 올라갑니다. 교황 무오설이나 마리아 숭배 사상이 대표적인 예입니다.

  인간은 결코 똑똑하지 않습니다. 숭배와 존경의 차이를 명확하게 알지 못합니다. 존경의 대상을 숭배하는 어리석음에서 자유로운 적이 없습니다.

  이런 말들이 가톨릭교를 비방하는 말로 들릴 수도 있을 것입니다. 그러나 가톨릭이나 다른 종교를 비방할 의도는 전혀 없습니다. 하지만 기독교 신앙의 본질을 올바로 밝히고 가르치고 배워야 합니다. 기독교에 대한 신뢰는 점점 추락하는 반면에 가톨릭교에 대한 신뢰는 점점 올라가고 있다고 합니다. 기독교가 잘못 행했기 때문입니다. 가톨릭교로부터 배울 점이 참 많습니다. 특히 소외된 이웃에게 사랑 베푸는 것을 배워야 합니다. 그러나 배우지 말아야 할 것도 있습니다. 언제 어디서나 자기정체성을 분명히 확립해야 합니다.

  종교에는 '눈의 종교' 와 '귀의 종교' 가 있습니다. 대표적인 눈의 종교는 불교와 무속종교입니다. 그들은 좀 신기하게 생긴 것이 있으면 그것을 신으로 알고 섬깁니다. 이상하게 생긴 바위나 나무에 제상을 차려 놓고는 절을 합니다. 절에 가보면 사람을 압도하는 부처상이 있고 물고기 형상, 용 형상, 호랑이 형상으로 만든 각종 조각상이나 북이나 기구들이 그득합니다. 얼마 전에는 법주사에 높이가 33m인 부처상을 만들어놓고는 거기에 80kg의 금을 입히는 대불사大佛事를 거행하며 자랑한 일이 있었습니다. 이 모두가 눈의 종교가 지닌 특징들입니다.

그런데 하나님을 믿는 기독교는 '귀의 종교' 입니다. 하나님은 자신의 모습을 절대로 드러내지 않으십니다. 하나님을 본 사람은 즉시 죽게 되어 있습니다. 이스라엘 백성에게 처음으로 나타나실 때에도 시내 산에서 음성만 들렸습니다. 예수님이 세례를 받으실 때도 성령이 비둘기 형상으로 임했고, 오순절 다락방에서는 바람과 불이 갈라지는 형상으로 임했습니다. 그렇다고 해서 비둘기나 불의 형상이 성령 하나님의 모습은 아닙니다.

모세가 고별 설교인 신명기에서 이스라엘 백성들에게 반복하여 강조하는 것도, 어떤 경우에라도 형상을 만들지 말라는 경고였습니다.

"여호와께서 불길 중에서 너희에게 말씀하시되 음성뿐이므로 너희가 그 말소리만 듣고 형상은 보지 못하였느니라"(신 4:12).

"여호와께서 호렙 산 불길 중에서 너희에게 말씀하시던 날에 너희가 어떤 형상도 보지 못하였은즉 너희는 깊이 삼가라"(신 4:15).

사람들은 남자와 여자, 짐승과 새, 곤충과 물고기 등 별의별 형상을 만들어 우상으로 섬깁니다. 남산 산책길을 따라 가다보면 와룡묘(臥龍廟)라는 것이 나옵니다. 와룡묘는 죽은 제갈공명의 위패를 둔 사당입니다. 그 사당 안에 제갈공명의 형상을 만들어놓았는데, 운동하면서 지나가던 사람들이 얼마나 정성스럽게 절을 하고 가는지 보면 놀랄 정도입니다. 아니, 화가 납니다. 죽은 지 오래된 외국인, 제갈공명 귀신을 저토록 지극 정성으로 섬기는 모습을 보니 살아 계신 하나님을 허투루 섬기는 우리의 모습이 부끄러워집니다.

분명히 알아야 할 것은, 하나님이 천하 만물을 창조하시고, 우리 사람들에게 그것들을 관리하고 다스릴 책임을 주셨다는 사실입니다. "하나님이 그들에게 복을 주시며 하나님이 그들에게 이르시되 생육하고 번성하여 땅에 충만하라, 땅을 정복하라, 바다의 물고기와 하늘의 새와 땅에 움직이는 모든 생물을 다스리라 하시니라"(창 1:28).

모든 피조물 중에 으뜸은 사람입니다. 하나님 대신에 모든 피조물들을 잘 관리할 책임이 사람에게 있습니다. 그런데 그 사실을 몰라서 피조물들에게 오히려 지배를 받고 그들을 섬기는 것입니다.

무당에게 미혹 당하여 신세를 완전히 망친 사람이 있습니다. 명문대 출신으로 공기업 지역본부장까지 지낸 고 씨와 30년 동안 영어 교사를 한 그의 부인은 "굿을 하지 않으면 딸이 죽는다"고 말하는 무당 임모 씨에게 속아서 1996년부터 51차례나 굿을 하며 모두 12억 3200만 원을 탕진했습니다. 그 결과 고 씨는 동생 집에 얹혀 살고 부인은 파출부 생활을 하게 된 반면에, 무당 임 씨는 새 집을 지어 이사를 했을 뿐만 아니라 외제 승용차 두 대를 구입하여 내외가 타고 다닌다고 합니다.

목사에게 속아서 망한 사람들도 분명 있을 것입니다. 그러나 그 경우 기독교 잘못이 아니라 그 목사의 잘못입니다.

하나님은 처음부터 끝까지 말씀으로만 우리와 관계하십니다. 말씀으로 천지를 창조하시고, 말씀으로 천지를 운행하시며, 말씀으로 우리와 만나십니다. 하나님은 우리가 말씀에 귀 기울이도록, 눈에 보이는 것에 현혹되지 않도록 하기 위해 당신의 형상조차 만들지 못하게 하셨습니다.

또 하나 주의해야 할 것은 표적을 구하는 일입니다. 기적이나 표적을 봐야 하나님을 믿겠다는 것입니다. 예수님은 표적을 구하는 사람들에게 이를 단호히 거절하셨습니다. 표적이 하나님의 말씀을 가릴 것을 염려하셨기 때문입니다. 당시 예수님이 행하신 기적을 가장 많이 본 사람들은 바리새인들이었습니다. 그러나 그들은 오히려 예수님을 십자가에 달았습니다. 예수님과 그분의 가르침을 믿지 않았습니다.

"그가 여러 산당들을 제거하며 주상을 깨뜨리며 아세라 목상을 찍으며 모세가 만들었던 놋뱀을 이스라엘 자손이 이때까지 향하여 분향하므로 그것을 부수고 느후스단이라 일컬었더라"(왕하 18:4).

남유다왕국의 히스기야 왕은 바알과 이방신을 섬기던 산당을 부수고 모든 우상들을 파괴하는 종교 개혁을 단행했는데, 그중에는 모세의 놋뱀도 포함되어 있었습니다. 이스라엘 백성이 광야에서 하나님께 반역했을 때 하나님은 불뱀을 보내어 그들을 심판하셨습니다. 그때 모세에게 명하여 놋뱀을 만들게 하고 그 뱀의 형상을 바라보는 사람들은 살려주셨습니다. 그 놋뱀은 하나님의 구원을 상기시키는 중요한 성물이었을 것입니다. 그러나 히스기야 왕은 그 놋뱀조차 파괴하고 '느후스단'이라 칭했습니다. '놋쇠 조각'이라는 뜻입니다. 하나님의 구원을 상징하는 놋뱀을 우상시한 것을 경멸한 표현입니다.

오늘날 한국 기독교 내에도 모세의 놋뱀처럼 신성시되는 것이 하도 많아 헤아리기 힘들 정도입니다. 물건, 장소, 건물, 사람, 그 어떤 것도 하나님 다음으로라도 신성시 되어서는 안 됩니다. 거기에 좁쌀 한 톨만큼이라도 신성이 끼어들어서는 안 됩니다.

숭배와 존중은 차원이 다릅니다. 숭배는 하늘의 차원이고, 존중은 땅의 차원입니다. 존중이 숭배로 바뀔 때 종교는 변질되고 왜곡되며 부패합니다.

우리가 섬겨야 할 분은 오직 삼위일체 하나님 외에는 없습니다.

오직 하나님만 찬양받으실 분입니다.

4강 | 출애굽기 20:7

아, 그 양반 내가 잘 알지

크리스천들이나 교회가 욕먹는 것은
하나님의 이름에 먹칠을 하는 것입니다.
교회는 마땅히 예수 그리스도의 이름을 지키고,
크리스천들은 그 이름을 자랑스럽게 높일 책임이 있습니다.

출애굽기 4강

'네임 드로퍼Name dropper'라는 재미있는 영어 단어가 있습니다. 직역하면 '이름을 떨어뜨리는 사람'이라는 뜻입니다. 무슨 뜻인가 하겠지만 이것은 모든 사람들이 하는 행태를 가리킵니다. 곧 다른 사람의 명성을 훔치는 것을 말합니다. 유명인의 이름을 들먹이며 자신을 높이는 행위입니다. "그 사람, 내가 군대 있을 때 같이 놀았지." "아, 그 사람 내가 키웠어. 요즈음엔 좀 컸다고 거들먹거리더군." 이런 식으로 말하는 사람을 가리킵니다. 자기 앞가림도 변변히 못하면서 다른 사람의 이름을 들먹거리거나 소속된 공동체의 명성에 의지하여 자신을 돋보이게 하려는 사람입니다.

  이름은 사람이나 사물의 본질을 나타내고 그 존재를 대표합니다. 그런데 '네임 드로퍼'는 그 이름의 본래 목적을 망각하고 오용하는 사람입니다.

"하나님의 이름을 망령되게 부르지 말라"는 세 번째 계명에는 특별한 단서가 붙어 있습니다. "여호와는 그의 이름을 망령되게 부르는 자를 죄 없다 하지 아니하리라." 단서가 붙을 때는 더 조심해야 합니다. 십계명을 범하는 것은 모두 죄이지만, 하나님의 이름을 망령되게 부르는 죄는 더욱 중히 다스리시겠다는 뜻입니다. 부모의 이름을 함부로 부르는 것도 큰 죄인데, 하물며 하나님의 이름을 더럽히는 것은 있을 수 없는 일입니다. 하지만 자신도 모르는 사이에 그렇게 하는 경우가 많습니다.

예를 들어볼까요? 사람들이 자기 말을 믿으려 하지 않을 때 흔히 하는 말이 있습니다. "하늘에 두고 맹세해", "부모님 이름을 걸고 맹세해", "거짓말이면 내가 네 아들이다" 등입니다. 별 잘못이 아닌 줄 알고 그렇게 말하지만 예수님은 이에 대해서도 친히 경고하신 적이 있습니다.

"너희에게 이르노니 도무지 맹세하지 말지니 하늘로도 하지 말라. 이는 하나님의 보좌임이요"(마 5:34).

여기서 예수님은 죄목을 하나하나 지적하지 않으셨습니다. 그랬다간 성경책이 수십 권이 되어도 모자랄 것입니다. 정말 중요한 죄

목만 언급하셨음을 생각할 때, 이것은 무심코 지나칠 문제가 아님을 알 수 있습니다.

이 죄를 범치 않기 위해서는 무엇보다 하나님이 당신의 이름을 우리에게 주신 목적을 분명히 알아야 합니다.

하나님의 구체적인 이름, '여호와' 또는 '야훼'라는 이름은 모세에게 처음 계시되었습니다. 그 거룩한 이름을 모세에게 알리면서 주신 것이 하나 더 있습니다. '이스라엘 백성을 구원하라는 사명'이었습니다.

시내 산 계약에서도 마찬가지입니다. 여기서 또 시내 산 계약 이야기를 하게 되는데, 이것이 그만큼 중요한 계약이기 때문입니다. 앞으로 모세오경을 다룰 때 시내 산 계약 이야기가 수도 없이 나올 텐데 '또야?'라고 생각지 말고 내가 바로 계약 당사자라고 생각하며 이를 꼼꼼히 챙겨야 합니다. 그래야 계약 수행자로서, 또 계약 시혜자로서 의무와 권리를 잘 행사할 수 있습니다.

하나님은 시내 산 불 가운데 강림해서 말씀하십니다. "세계가 다 내게 속하였나니 너희가 내 말을 잘 듣고 내 언약을 지키면 너희는 모든 민족 중에서 내 소유가 되겠고 너희가 내게 대하여 제사장 나라가 되며 거룩한 백성이 되리라"(출 19:5-6).

이스라엘 백성을 하나님의 소유로 삼아 보호하고 인도하고 공급하고 거룩한 백성이 되게 하신 이유는, 제사장의 사명을 감당케 하기 위해서입니다. 그러므로 계약의 주체인 하나님의 이름을 숙지하고 떠받드는 것은 기본 중의 기본입니다.

 성경에는 수많은 신앙 고백이 기록되어 있습니다. 모리아 산에서 아브라함은 '여호와 이레' 준비하시는 하나님을 체험하고, 얍복 강가에서 야곱은 하나님의 얼굴을 뵙고 '브니엘(하나님의 얼굴)'이라고 외칩니다. 모세와 이스라엘 백성들은 마라에서 '여호와 라파' 치료하시는 하나님을, 아말렉과의 전투에서는 '여호와 닛시' 승리와 소망 되신 하나님을 체험했습니다. 이 모두가 일상 속에서 경험한 하나님의 새로운 국면을 고백한 말들입니다. 이런 체험을 통하여 이미 모든 피조 세계를 주관하시는 하나님의 존재를 더욱 깊게, 넓게, 확실하게 알게 되었습니다.

 그 하나님의 이름, 눈에 보이지 않던 하나님을 만난 것입니다. 그 만남을 통하여 놀라운 일이 일어났습니다. 사탄의 노예가 하나님의 사람들로, 하나님의 자녀로, 하나님의 군대로 거듭났습니다. 하나님은 그 사람들을 사용하여 하나님나라를 확장해 가십니다.

 신약에서 예수라는 이름을 처음 계시 받은 사람은 처녀 마리아였습니다. 처녀 마리아에게 천사가 나타나서 말합니다. "아들을 낳으리니 이름을 예수라 하라. 이는 그가 자기 백성을 그들의 죄에서 구원할 자이심이라." 이어서 말합니다. "이 모든 일이 된 것은 주께서 선지자로 하신 말씀을 이루려 하심이니 이르시되 보라 처녀가 잉태하여 아들을 낳을 것이요 그의 이름은 임마누엘이라 하리라"(마 1:21-23). 임마누엘은 '하나님이 우리와 함께 계시다'라는 뜻입니다.

육신을 입고 이 땅에 오신 하나님 아들의 이름은 스스로 지은 것도, 인간이 명명한 것도 아닙니다. 스스로 계신 여호와 하나님이 구약을 통하여 계시하신 이름입니다. 임마누엘이라는 이름의 뜻은 예수님의 생애를 통해 이 땅에서 구체적으로 이루어졌고, 그 이름을 체험했던 사람들은 중요한 고백을 합니다.

"주는 그리스도시요 살아 계신 하나님의 아들이시니이다"(마 16:16).

예수님이 가이사랴 빌립보 지방에 이르러 제자들에게 "사람들이 나를 누구라고 하느냐"라고 질문했을 때, 베드로는 그렇게 신앙 고백을 했습니다. 그 고백을 듣고 예수님은 매우 기뻐하며 말씀하셨습니다. "시몬아 네가 복이 있도다. 이를 네게 알게 한 이는 혈육이 아니요 하늘에 계신 내 아버지시니라"(마 16:17).

"주여 그러하외다. 주는 그리스도시요 세상에 오시는 하나님의 아들이신 줄 내가 믿나이다"(요 11:27).

이것은 마르다의 신앙 고백입니다. 동생 나사로가 중한 병에 걸렸습니다. 마르다와 마리아는 애타게 기다렸지만 예수님은 나사로가 죽은 지 나흘 만에야 오셨습니다. 마르다가 한 걸음에 주님께 달려가 왜 이제야 오셨느냐고 원망하자 주님은 말씀하십니다. "네 오라비가 다시 살아나리라." 마르다는 예수님이 마지막 날의 부활을 말씀하시는 것이라고 착각했습니다. 그러자 예수님은 "나는 부활이요 생명이니 나를 믿는 자는 죽어도 살겠고 무릇 살아서 나를 믿는 자는 영원히 죽지 아니하리니 이것을 네가 믿느냐"(요 11:25-26)고 물으셨습니다. 이 질문에 마르다는 그렇게 고백한 것입니다.

"나의 주님이시요 나의 하나님이시니이다"(요 20:28).

이것은 도마의 신앙 고백입니다. 주님은 부활하여 제자들에게 나타나셨습니다. 그 자리에 없었던 도마는 다른 제자들에게 주님의 부활 소식을 들었지만 도무지 믿기지 않았습니다. 그래서 "내가 그의 손의 못 자국을 보며 내 손가락을 그 못 자국에 넣으며 내 손을 그 옆구리에 넣어 보지 않고는 믿지 아니하겠노라"(요 20:25)고 말했습니다. 8일이 지난 후, 부활한 예수님이 다시 나타나 도마에게 이렇게 말씀하십니다. "네 손가락을 이리 내밀어 내 손을 보고 네 손을 내밀어 내 옆구리에 넣어 보라. 그리하여 믿음 없는 자가 되지 말고 믿는 자가 되라"(요 20:27). 부활하신 주님을 자신의 눈으로 확인한 도마는 감격하여 그렇게 외쳤습니다.

이 신앙 고백들에는 아주 중요한 영적 의미가 내포되어 있습니다. 베드로와 마르다와 도마의 신앙 고백을 바탕으로 하나님의 나라가 튼튼하고 높게 이 땅에 세워진 것입니다. 세 사람의 신앙 고백은 신약 성경이라는 텐트를 떠받치는 세 기둥이라고 할 수 있습니다.

"너희는 온 천하에 다니며 만민에게 복음을 전파하라. 세례를 받는 사람은 구원을 얻을 것이요 믿지 않는 사람은 정죄를 받으리라. 믿는 자들에게는 이런 표적이 따르리니 곧 그들이 내 이름으로 귀신을 쫓아내며 새 방언을 말하며 뱀을 집어 올리며 무슨 독을 마실지라도 해를 받지 아니하며 병든 사람에게 손을 얹은즉 나으리라"(막 16:15-18).

귀신을 내쫓는 권세와 새 방언의 은사와 모든 위험으로부터 보호하심과 새 생명의 능력은 바로 하나님나라를 건설하고 제사장 역할을 수행하는 데 쓰이는 것들입니다. 이 모든 것이 삼위일체 하나님의 '이름'을 통하여 허락됩니다.

마태복음 28장 18절 이하에 기록된 예수님의 '대사명大使命'에는 삼위일체 하나님의 이름이 어떻게 쓰이는지 더욱 구체적으로 나옵니다. "그러므로 너희는 가서 모든 민족을 제자로 삼아 아버지와 아들과 성령의 이름으로 세례를 베풀고 내가 너희에게 분부한 모든 것을 가르쳐 지키게 하라"(마 28:19-20).

세례를 주어 하나님의 백성을 삼고, 하나님의 말씀을 가르쳐 지키게 하는 모든 것이 하나님나라를 건설하는 일이며, 그것이 바로 제사장의 역할입니다. 이 모든 일을 사람의 이름으로 하는 게 아니라 삼위일체 하나님의 이름으로 하는 것입니다.

이것이 하나님의 이름, 예수 그리스도의 이름을 계시하신 목적입니다.

요약하면 이렇습니다. 첫째, 하나님의 이름을 통하여 하나님과 인격적으로 만납니다. 둘째, 그 만남을 통하여 하나님의 구원 계획과 구체적인 사명을 깨닫습니다. 셋째, 하나님나라를 건설하는 데 필요한 모든 것을 하나님의 이름을 통해 얻습니다. 넷째, 하나님의 이름으로 성도들이 하나님나라를 건설하고 확장합니다. 마지막으로, 성도들의 삶이 하나님의 영광에 참예하여 그 지고한 완성을 이룹니다.

이 목적에서 벗어나 합당치 않게 하나님의 이름을 사용하는 일체의 행위가 곧 하나님의 이름을 망령되게 부르는 것입니다.

하나님의 이름을 망령되게 부르는 행위의 으뜸은 '하나님을 부인' 하는 것입니다. "하나님이 어디 있어? 있으면 내 앞에 데리고 와봐." 가장 거룩하고 위대하신 하나님을 하찮게 여기는 것, 전혀 개의치 않고 살아가는 것이 하나님의 이름을 망령되게 부르는 가장 흔한 경우입니다.

둘째, 자신의 책임을 전가하고 잘못을 은폐하기 위해 하나님의 이름을 이용하는 경우입니다. 하나님의 이름을 최초로 오용한 사례는 아담이 선악을 알게 하는 나무의 열매를 따먹고 난 다음에 일어났습니다. 무화과 잎으로 치부를 가리고 숲속에 숨어 있는 아담과 이브에게 하나님이 찾아오셨습니다. 하나님의 지적에 아담은 이렇게 말합니다. "하나님이 주셔서 나와 함께 있게 하신 여자 그가 그 나무 열매를 내게 주므로 내가 먹었나이다"(창 3:12).

"하나님이 주셔서", 자신의 죄를 가장 먼저 하나님께 미룹니다. "여자 그가 그 나무 열매를 내게 주므로", 그리고 여자에게, 마지막으로 나무에게 책임을 전가합니다. 하나님의 이름을 망령되게 부르는 전형적인 예입니다.

셋째, 자신을 정당화하고 합리화하기 위하여 하나님의 이름을 오용하는 경우입니다. 아브라함 같은 사람도 첩을 둘 수 있었던 구약 시대가 좋다고 말하는 사람이 있습니다. 농담으로 하는 말이겠지만, 실제로 성경 말씀을 인용하여 음주나 흡연 같은 나쁜 습관을 정당화하는 경우도 많습니다. "예수님도 포도주를 마셨어. 당시에 담배가 있었다면 예수님도 피우셨을걸."

이 정도는 약과입니다. 자신의 주장을 정당화하려고 하나님의 말씀을 이용하기도 합니다. 이런 일을 조직적으로, 학문적으로, 체계적으로 자행하는 집단이 바로 기독교 이단들입니다. 이들은 하나님의 말씀을 자의적으로 해석하고 왜곡하여 사람들을 옭아맵니다. 이 모두가 하나님의 이름을 망령되게 부르는 일들입니다.

넷째, 개인의 이득을 챙기려고 하나님의 이름을 들먹이는 경우도 많습니다. 예수님은 말씀하십니다. "너희는 이르되 사람이 아버지에게나 어머니에게나 말하기를 내가 드려 유익하게 할 것이 고르반 곧 하나님께 드림이 되었다고 하기만 하면 그만이라 하고"(막 7:11).

'고르반'은 재산 중의 일부를 구별하여 하나님께 바치는 제도인데, 부모에게 드려야 할 것을 '고르반'이라는 명목으로 빼돌려 자기 몫으로 챙기는 것을 지적하신 말씀입니다. 십일조에 관한 복잡한 논쟁, 즉 십일조를 세금 공제 전의 금액으로 계산하느냐, 공제 후의 금액으로 계산하느냐 하는 문제도 이와 비슷한 맥락에서 일어나는 일입니다.

  그밖에 위기를 모면하기 위하여 하나님께 맹세하거나 약속한 일을 이행하지 않는 경우도 흔히 일어나는 '하나님 이름을 망령되게 부르는 일' 입니다.

  한국 교회가 사회로부터 지탄을 받고 있습니다. 어쩌면 내가 이웃사람들에게 손가락질 당하고 있는지도 모릅니다. 그 이유가 혹시 내 이득만 챙기는 일에 몰두했기 때문은 아닐까요?

  크리스천들이나 교회가 욕먹는 것은 하나님의 이름에 먹칠을 하는 것입니다. 나도 모르는 사이에 하나님의 이름을 망령되게 부르는 것입니다.

  "Yes, I believe in God!그래, 나는 하나님을 믿어!" 열일곱 살 소녀 캐시 버넬이 자신을 겨누는 총구 앞에서 이런 말을 했습니다. 미국 콜로라도 주 덴버 시 리틀턴의 컬럼바인 고등학교에서 불량 동아리 클럽의 두 남학생이 다른 학생들에게 총을 난사한 사건이 일어났습니다. 한 남학생이 캐시 버넬에게 총을 겨누며 물었습니다. "너, 하나님 믿어?" 버넬은 그를 똑바로 쳐다보며 말했습니다. "그래, 나는 하나님을 믿어!" 그 남학생은 총구를 캐시의 가슴팍에 들이대며 소리쳤습니다. "하나님은 없어!" 그때도 버넬은 또렷한 목소리로 말했습니다. "아니야, 하나님은 살아 계셔. 너도 그분을 믿어야 해." 화가 난 남학생은 방아쇠를 당겨버렸고 캐시 버넬은 그렇게 목숨을 잃었습니다.

그 사건이 있은 뒤, 미국 청소년 사이에 영적 부흥 운동이 일어났습니다. 십대들은 너도 나도 "Yes, I believe in God!"이라는 문구가 새겨진 티셔츠를 입고 다녔습니다.

캐시 버넬은 하나님의 이름을 자신의 목숨과 바꾼 것입니다. 누구보다도 하나님의 이름을 거룩하게 부른 것입니다. 그 남학생의 뇌리에는 캐시 버넬의 외침이 선명하게 각인되었을 것입니다.

교회는 예수님의 피 값으로 세워졌고 크리스천들은 예수 그리스도에게 속한 사람들입니다. 교회는 마땅히 예수 그리스도의 이름을 지키고, 크리스천들은 그 이름을 자랑스럽게 높일 책임이 있습니다.

"믿음이 강한 우리는 마땅히 믿음이 약한 자의 약점을 담당하고 자기를 기쁘게 하지 아니할 것이라"(롬 15:1). 사도 바울의 당부가 오늘 우리나라 크리스천들에게 가장 깊은 찔림이 되고, 가장 큰 울림으로 나타나야 할 것입니다.

출애굽기 20:8 | **5**강

살리는 날, 살아나는 날

하나님을 최고로 사랑해야
'하나님과 함께하는 영원한 안식'을 회복할 수 있습니다.
그렇지 않다면 안식일은 즐거운 날이 아니라 고역의 날이 되고,
그 인생은 영원한 천국에 이르지 못할 것입니다.

출애굽기 5강

네 번째 계명은 "안식일을 거룩하게 지키라"입니다.

 왜 하나님은 그토록 안식일을 지키라고 말씀하셨을까요? 교회 잘 나가고 예배를 꼭 드리라는 뜻일까요? 그렇습니다. 교회는 예수님이 십자가에서 피를 흘리고 사신 매우 귀한 것입니다. 예배는 하나님을 만나고 그분에게 영광을 돌리는 소중한 시간으로서 아무리 강조해도 지나치지 않습니다.

 그런데 유대인처럼 안식일을 철저하게 잘 지킨 사람들도 없습니다. 안식일을 잘 지켜보겠다고 안식일에 관한 율법을 수백 가지나 만들었습니다. 요즈음도 이스라엘에 가면 안식일에는 엘리베이터가 자동으로 각 층마다 멈춥니다. 버튼을 누르는 것도 노동이라 생각하기 때문에 엘리베이터를 자동으로 서게 설정해놓은 것입니다. 물론 경건한 유대인들은 안식일에 집안에서 금식하며 예배드리고 기도하며 말씀을 묵상합니다.

그런데도 하나님은 예언자들을 보내어 그런 유대인들을 책망하셨습니다. 안식일을 하나님의 뜻에 맞게 잘 지키라는 것입니다. 이사야 선지자는 열심히 하나님의 성전에 나와 그 복잡한 제사를 정성스럽게 드린 그들을 가리켜 "마당만 밟을 뿐이니라"(사 1:12)고 책망했습니다. 책망 정도가 아닙니다. 계속 그렇게 하면 소돔과 고모라처럼 심판을 받을 것이라고 경고했습니다.

도대체 어떻게 안식일을 지켜야 하나님의 심기를 편안하게 할 수 있을까요?

하나님의 심기를 편케 하기 위해서는 하나님의 마음을 읽을 줄 알아야 합니다. 왜 그렇지 않겠습니까? 나이 드신 부모님을 편안하게 한답시고 손 하나 까딱 못하게 하면 오히려 역정을 들을 것입니다. 부모님을 기쁘게 하는 것은 그분들의 마음을 잘 읽고 그 뜻을 맞추는 것입니다.

그런데 유대인들은 하나님의 뜻을 전혀 읽지 못하고 자기 나름대로 안식일을 최고로 잘 지키겠다며 복잡하기 짝이 없는 율법을 만들어놓고, 그 율법으로 안식일을 제정하신 예수님을 십자가에 못 박지 않았습니까? 그래 놓고는 아직도 자기들이 잘했다고 믿고 있으니, 그런 우를 범해서는 절대로 안 됩니다.

안식일의 본래 취지를 알기 위해서는 창세기로 돌아가야 합니다. 한참 지나온 것 같은데 다시 돌아가야 한다니 엄두가 나지 않습니까? 사실 한참 오지도 않았습니다. 이제 출애굽기 딱 중간일 뿐입니다. 출애굽기 바로 앞에 있는 창세기로 다시 가봅시다.

하나님은 천지만물과 에덴동산을 만들고 인간을 창조하셨습니다. 성경은 이렇게 전합니다. "하나님이 그 일곱째 날을 복되게 하사 거룩하게 하셨으니 이는 하나님이 그 창조하시며 만드시던 모든 일을 마치시고 그 날에 안식하셨음이니라"(창 2:3).

엿새 동안에는 시작과 끝이 있는데, 일곱째 날에는 끝이 없습니다. 모든 일이 완성되는 날이 안식일입니다. 중요한 것은, 하나님이 창조라는 일을 하셨던 엿새 동안에는 시작과 끝이 있었는데, 안식일에는 그런 말이 없다는 것입니다. 그러므로 안식일은 영원한 날이라고 할 수 있습니다. 하나님은 안식일을 복되게 하셨습니다.

안식일은 완성의 날, 복된 날, 영원한 날입니다. 이것이 안식일의 기본 개념입니다.

하나님은 천지 만물과 인간을 창조하기로 하셨습니다. 심심해서 만드셨을 리는 없지만 그 이유는 잘 모릅니다. 다만 인간을 가장 사랑하셨다는 것만은 압니다. 어느 정도로 사랑하셨을까요? 우리를 구원하기 위해 당신의 독생자를 죽게 하셨을 만큼입니다. 이보다 더 큰 사랑은 없습니다. 하기야 사랑만큼 큰 이유가 있을까요? 사랑하는 이유를 묻는 것처럼 바보 같은 일도 없을 것입니다.

그토록 사랑하는 사람과 함께하는 날이 안식일이라면, 하나님은 그날을 위해 모든 것을 미리 마련하셨을 것입니다. 그날은 당연히 최고로 복되고 영원할 것입니다. 영원한 하나님과 함께 안식하는 날이니까요.

'하나님과 함께하는 영원한 안식', 이것이 창조의 목적입니다. 안식일의 목적도 이와 같습니다. 그 목적을 분명히 알고 있어야 합니다.

그런데 아담과 이브가 하나님의 명령을 어기고 금지된 선악을 알게 하는 나무의 열매를 먹고 말았습니다. 이것은 단순한 거역이 아닙니다. 이 거역으로 인해 가장 먼저 '하나님과 함께함'이 깨져 버렸습니다. 영원한 하나님, 사랑의 하나님과 거리가 생긴 것입니다. 그러자 '영원한 시간'과 '안식'이 사라지고 말았습니다.

그러나 사람을 너무나 사랑하는 하나님은 그런 상태를 그냥 내버려두실 수 없었습니다. 그래서 노아를 부르고, 아브라함을 불러 당신의 말씀을 들려주시고, 믿게 하시고, 동행하게 하시며, 그 사랑을 받아들이게 하셨습니다.

사랑에는 2등이 없습니다. 어느 날 애인이나 아내가 "당신을 두 번째로 사랑해요"라고 말한다면 "야, 2등이다!" 하며 좋아할 사람은 없습니다. "첫 번째는 누구야? 어떤 놈이야?" 하며 소매를 걷어붙일 것입니다. 공부나 사업이나 운동이나 2등만 해도 잘한 것이며 대부분 좋아합니다. 그러나 사랑은 그렇지 않습니다.

하나님을 1등으로 사랑해야만 잃었던 '하나님과 함께하는 영원한 안식'을 회복할 수 있습니다. 그러므로 자신에게 물어야 합니다. 나는 하나님을 가장 사랑하는가? 그렇지 않다면 안식일은 즐거운 날이 아니라 고역스러운 날이 될 것입니다. 좀 더 확대해서 말하면, 인생이 힘들고 불행하며 평안이 없습니다. 당연히 그 인생은 영원한 천국에 이르지 못할 것입니다.

그래서 하나님은 이스라엘 백성들이 출애굽 하자마자 가장 먼저 안식일을 가르치셨습니다. 그런데 그들은 하나님을 1등으로 사랑하지 않았습니다. 하나님께 드리는 제사가 복 받는 수단으로 전락되었습니다. 유산을 더 많이 받으려는 속셈으로 하는 효도를 부모가 모를 리 없습니다. 다 압니다. 복 받기 위해 드리는 제사를 하나님이 받으실 리 없습니다. 하나님은 끊임없이 예언자들을 보내 이런 사실을 알리셨지만 이스라엘 백성들은 그 얄팍한 마음을 버리지 않았습니다.

그래서 하나님이 직접 올바로 가르치기 위해 육신을 입고 이 땅에 오셨습니다. 바로 예수님입니다. 사람들은 그 가르침을 거부하고 예수님을 십자가에 달아버렸습니다. 하지만 영원한 하나님의 말씀을 폐할 수는 없었습니다. 예수님은 안식일 다음날 부활하여 옛 안식일을 폐하고 새로운 안식일을 제정하셨습니다. 바로 '주일 主日' 입니다.

'주일'은 새로운 안식일입니다. 그런데 시간만 새로워지면 아무 소용없습니다. 마음이 새로워져야 합니다. 새로운 마음이란 하나님을 가장 사랑하는 마음입니다. 하나님을 가장 사랑하지 않으면 예배는 여전히 고역이고 인생은 불행해집니다.

여기서 한 걸음 더 들어가 봅시다.

'안식'은 히브리어로 '사밧sabbath' 인데 '쉬다', '멈추다' 라는 뜻입니다. 안식일은 하던 일을 멈추고 쉬는 날입니다. 그런데 마냥 놀고먹는 날을 의미하는 것일까요?

한 가지 묻겠습니다. 아무 하는 일 없이 매일 놀고먹는다고 인생이 행복해질까요? 청년 백수의 증가가 왜 심각한 사회문제가 됩니까? 수천억 원 부잣집 아들이 왜 스스로 목숨을 끊습니까? 없으면서 놀고먹으면 '불안'이 되고, 있으면서 놀고먹으면 '권태'가 됩니다.

안철수 씨를 아십니까? 의사에서 컴퓨터 회사 사장이 되었다가 지금은 카이스트 석좌교수로 일하는 젊은 사람입니다. 그가 한 강연에서 이런 말을 했습니다. "자신이 지금 제대로 가고 있다는 방향 감각을 느끼고 있는가, 재미있는가, 성취감을 느끼고 있는가, 이 세 가지 질문에 그렇다고 대답할 수 있다면 그 인생은 성공한 인생입니다."

안철수 씨가 직업을 계속 바꾼 이유는 권태 때문이 아니었습니다. 돈이나 명예 때문은 더더구나 아니었습니다. 보다 보람 있고 신나는 인생을 살기 위해서였습니다. 분명 그럴 것입니다. 위와 같은 말을 할 수 있다는 게 그 증거입니다.

저 역시 그랬습니다. 모 교회에서 담임목사로 10년을 시무했지만 제대로 된 방향으로 가고 있다는 생각이 들지 않았고, 재미가 없었고, 성취감을 도무지 찾을 수 없었습니다. 그래서 그만두고 방송과 저술 활동에 몰두했습니다. 성경을 읽고 묵상하고 그것을 글로 써내는 작업이 힘들지만 재미있고 성취감도 있었습니다. 그런데 그보다 더 좋은 것은, 하나님의 마음을 읽어내려고 애쓰는 노정 그 자체가 삶에 보람과 의미까지 안겨주는 보너스가 되었다는 점입니다.

저는 자의반 타의반으로 다시 포이에마예수교회를 맡게 되었습니다. 이왕이면 제대로 방향을 잡고, 모두 재미있고, 성취감을 느끼는 교회를 만들 작정입니다. 아무리 열심히 해도 제가 사욕을 챙기기 시작하면 그 순간부터 재미와 보람과 의미는 사라져버릴 것입니다. 아무리 그럴듯하게 설교하고 하나님의 영광을 위하여 살라고 외쳐도 모두 공허한 메아리가 되고, 제 인생은 영원한 하나님 나라와는 정반대 방향으로 치닫을 것입니다.

아담과 이브가 에덴동산에서 빈둥거리고 과일이나 따먹으며 놀았던 것은 아닙니다.

"네게 임신하는 고통을 크게 더하리니"(창 3:16). 타락으로 출산의 고통이 커졌습니다. 그 전에는 출산을 하더라도 고통은 크지 않았을 것이라는 뜻입니다. 이브가 아기를 낳기 전에 타락해 증명할 길은 없지만, 어쨌든 요즘에도 출산의 고통은 이만저만이 아닙니다. 그럼에도 또 아기를 낳는 것은 사랑 때문입니다.

"얼굴에 땀을 흘려야 먹을 것을 먹으리니"(창 3:19). 인간은 먹어야 삽니다. 먹을 것이 주렁주렁 열려도 그것을 따먹는 노동을 하지 않으면 굶어 죽을 수밖에 없습니다. 그런데 타락 이전에는 땀 흘리지 않아도 행복하게 먹고살 수 있었습니다. 그러나 이제는 그냥 땀이 아니라 피땀을 흘려야 먹고살 수 있다고 말합니다. 그런데 잘 생각해보십시오. 과연 그럴까요?

온 세상이 난리법석을 치면서 서로 죽고 죽이며 생산해내는 것을 돈으로 환산하면 넉넉잡아 연간 60조 달러 정도 된다고 합니다. 막강대국 미국이 14조 달러 정도입니다. 그런데 하나님이 만드신 지구가 약간 삐딱하게 축이 기운 채로 태양 주위를 한 바퀴 돌기만 해도, 그 생산액이 적게 잡아 500조 달러 정도 된다고 합니다. 지구가 저절로 생산하는 것을 온 인류가 사이좋게 나눠 먹으면 굶는 사람은 절대로 나오지 않습니다. 세계 군비의 10%만 줄여도 지구상에 굶는 사람이 사라집니다. 남한의 음식 쓰레기만 줄여도 그 양으로 북한 주민들을 배불리 먹일 수 있습니다.

한때 우리나라에 극심한 가뭄이 들었습니다. 전국적으로 강수량이 30-40mm밖에 되지 않았습니다. 그 단비를 돈으로 환산하면 수천억 원에 이른다고 합니다. 그러고 보면 정말 악인이나 의인에게 동일하게 사랑을 베푸시는 하나님이 아닐 수 없습니다. 제발 "왜 가뭄을 생기게 하실까?"라고 푸념하지 마십시오. 우리 모두의 숨을 일시에 멈추게 하신들 우리가 무슨 할 말이 있습니까? 공기를 만들고 숨쉬게 하는 데 아무런 협력도 하지 않은 우리들입니다. 그런데도 우리는 하지 말라는 원망과 불평과 의심만 늘어놓고 있습니다.

안식일은 원망과 불평을 '멈추고' 하나님의 은혜를 헤아려보는 날입니다. 안식일을 거룩하게 지키라는 하나님의 명령에는 우선 '멈추라'는 깊은 뜻이 들어 있습니다. 돈 되는 일만 찾아 헤매는 발걸음을 멈추라는 것입니다. 남을 무너뜨려야 내가 살 수 있다는 생각을 멈추라는 것입니다. 멈추고 하나님을 바라보며, 하나님이 나를 만드신 이유가 무엇이며, 내게 주신 재능이 무엇이며, 내가 가장 잘할 수 있는 일이 무엇이며, 어떻게 하면 그것으로 나와 이웃을 살리며, 하나님께 영광을 돌릴 수 있을지 생각하라는 것입니다.

안식일에는 두 번째로 '쉬라'는 뜻이 들어 있습니다.

산다는 것은 쉬운 일이 아닙니다. 인생에는 '쉼'이 반드시 필요합니다. 우리는 육체를 가지고 있기 때문입니다. 에덴동산에서 산다고 해서 슈퍼맨처럼 지칠 줄 모르는 에너지가 공급되는 것은 아닙니다.

안식일을 거룩하게 지키라는 네 번째 계명에는 가장 긴 설명이 따라붙습니다.

"엿새 동안은 힘써 네 모든 일을 행할 것이나 일곱째 날은 네 하나님 여호와의 안식일인즉 너나 네 아들이나 네 딸이나 네 남종이나 네 여종이나 네 가축이나 네 문안에 머무는 객이라도 아무 일도 하지 말라. 이는 엿새 동안에 나 여호와가 하늘과 땅과 바다와 그 가운데 모든 것을 만들고 일곱째 날에 쉬었음이라. 그러므로 나 여호와가 안식일을 복되게 하여 그날을 거룩하게 하였느니라."(출 20:9-11).

왜 이렇게 긴 설명을 자세히 하셨을까요?

첫째, 사람들이 안식일을 제대로 지키지 못하기 때문입니다. 그래서 일일이 손에 쥐어주시는 것입니다. 그래도 사람들은 안식일을 잘 지키지 않습니다.

둘째, 타락 이전, 즉 하나님과 함께할 때 안식은 영원한 것이었는데, 타락한 후에 사람들이 먹고살겠다며 평생 휴식도 모른 채 노동을 하기 때문입니다. 한 푼이라도 더 벌겠다고 휴일도 없이 나서는 것이 인간입니다.

역사상 일곱째 날인 안식일을 없애려는 시도가 계속되었습니다. 대표적인 것이 유럽의 시민혁명과 현대의 공산혁명입니다. 인간 중심의 삶을 강조하고 능률을 극대화하기 위해 7일 주기를 거부하고 10일 주기로 국민들의 삶을 바꿔버렸습니다. 그러자 예상과는 정반대 결과가 속출했습니다. 능률은 하루가 다르게 감소되고 생산량은 저하되었습니다. 그래서 다시 7일 주기로 돌아갔습니다.

　일주일에 하루라도 제대로 쉬어야 합니다. 하나님이 안식일을 그렇게 강조하시는데도, 세상은 점점 24시간 체제로 움직이고 있습니다. 한밤중에라도 자장면을 배달해주는 세상입니다. 이 모든 게 한 푼이라도 더 벌겠다는 생각에서 나옵니다. 정말 잘못된 일입니다.

　셋째, 모두 다 쉬어야 하기 때문입니다. 사장의 아들과 딸들은 돈 쓰러 나가고 종업원들은 일하게 해서는 안 됩니다. 집안에서 기르는 가축들도 쉬게 해야 합니다. 지금은 모르겠지만, 옛적에 "잘 살아보세"라는 구호가 온 나라에 울려 퍼지며 야단법석일 때, 한 크리스천 사장은 공장 안에 교회를 세우고 종업원들이 일요일에 공장에 나와 오전에는 예배드리고 오후에는 일을 하게 했습니다. 자기는 교회에 가기 위해 운전기사를 불러냅니다. 사장의 가족들은 교회 안에서 예배를 드리고, 운전기사는 차 안에서 모자란 잠을 보충합니다. 이 모든 것이 네 번째 계명을 어기는 일들입니다.

　넷째, 우리가 하루 쉬어도 절대로 굶지 않을 것임을 강조하기 위해서입니다. 하나님이 하늘과 땅과 바다와 그 가운데 모든 것을 만들었다고 강조하시는 것은 걱정하지 말라는 뜻입니다.

　주일날 가게 문을 마음 놓고 닫을 수 있는 이유는 단 하나입니다. 하나님의 공급하심을 믿기 때문입니다. 장사가 잘 되면 돈을 더 벌겠다고 가게 문을 열고, 장사가 안 되면 가게 세라도 벌겠다며 문을 여는 요즘 사람들입니다.

다섯째, 안식의 원래 뜻을 잘 이해하고 하나님의 명령을 기쁨으로 순종하는 사람들은 '하늘의 복'을 받고 누립니다. 그래서 여호와 하나님은 이날을 복되게 하고 거룩하게 구별하셨습니다.

안식일(주일)을 통해서 잃어버린 영원한 안식을 맛보고 누리라는 뜻입니다.

에덴동산은 완전히 없어진 것일까요? 아닙니다. 인간이 개발한다고 망가뜨리기는 했지만 지구는 여전히 에덴동산입니다. 가까운 화성과 비교해 보아도 금방 깨달을 것입니다. 어떤 면에서는 아담과 이브 시절보다 지금이 훨씬 좋아졌습니다.

어느 날 아담과 이브가 바다가 보고 싶어서 하나님께 여쭈어 바다로 가는 길을 알아냈습니다. 그들은 음식을 싸가지고 바다를 향하여 갔습니다. 몇 날, 며칠, 몇 주를 걸어서 바다에 당도했습니다. 바다는 정말 아름다웠습니다. 둘은 부둥켜안고 환호성을 질렀습니다. 그리고 바다를 만드신 하나님께 진심으로 감사를 드렸습니다.

그런데 지금은 어떻습니까? 서울에서 자동차로 한 시간이면 인천 앞바다에 도착합니다. 짐을 바리바리 쌀 필요도 없습니다. 맛있는 음식들이 지천에 깔려 있기 때문입니다.

그런데도 우리가 불행한 이유는, 바닷가에 별장을 가진 사람을 시샘하고, 조개 칼국수나 사먹어야 하는 자신의 처지를 한탄하며, 애꿎은 아내나 남편의 무능을 탓하고, 목구멍이 포도청이라며 재미없는 직장에 돌아갈 생각을 하기 때문입니다.

그런데 알아야 할 것이 있습니다. 애인과 별장은 생기는 날부터 골치 아파진다는 사실입니다. 바닷가의 그 아름다운 별장 주인은 돈 벌겠다고 죽을 힘을 다했다가 지금 병석에 누워 있는지도 모릅니다. 기억하십시오. 아무리 말뚝을 세우고 자기 명의로 이전해놓아도 땅은 밟는 사람이 임자입니다. 삼천리 방방곡곡 좋다는 곳은 모두 국민 명의로 되어 있습니다. 설악산, 제주도 등 그곳은 가서 밟는 사람이 임자입니다.

예수님은 안식일에 대해서 명백히 말씀하십니다. "안식일이 사람을 위하여 있는 것이요 사람이 안식일을 위하여 있는 것이 아니니"(막 2:27) 정말 신나는 일이 아닐 수 없습니다. 1000여 년 넘게 이스라엘 백성들은 안식일 율법에 치여 제대로 쉬지도 못했습니다. 안식일을 어기는 자는 돌로 치라고 해서 맞아죽은 사람도 있었습니다.

어느 안식일에 제자들이 밀밭을 지나가다가 배가 고파 밀 이삭을 따서 먹었을 때, 율법을 지키나 안 지키나 면밀히 감시하던 바리새인들에게 딱 걸리고 말았습니다. 그렇지 않아도 안식일에 병자를 고치는 등 번번이 안식일을 범하는 예수님과 그 무리들이 눈에 가시였는데 절호의 기회가 온 것입니다. 안식일에는 이동, 취사 및 식사가 절대 금지입니다. 이삭을 떼는 것은 추수요, 껍질을 벗기는 것은 탈곡입니다. 이 모두 절대 금지된 일로서 어기는 자는 돌로 쳐야 합니다.

그런데 시비를 걸고 들어오는 바리새인들과 서기관들에게 예수님은 그렇게 말씀하셨습니다. 율법을 열심히 지키는 바리새인들과 그들의 눈치를 보며 전전긍긍하던 일반 백성들 모두에게 번개 내리치듯 충격적인 선언입니다.

그런데 말이란 끝까지 들어봐야 합니다. 특별히 예수님의 말씀은 그렇습니다. 예수님은 이어서 "이러므로 인자는 안식일에도 주인이니라"(막 2:28)고 말씀하십니다. 안식일이 사람을 위해서 있다고 해서 사람이 안식일의 주인이 아니라 예수님이 주인이라는 것입니다. 좋다가 말았습니다.

왜 이렇게 말씀하셨을까요? 사람이 안식일의 주인이라면 각기 자기가 원하는 일을 할 것입니다. 요즈음처럼 말입니다.

우리들은 하나님의 자녀요 종들입니다. 제사장이기도 합니다. 그렇다면 상전인 하나님의 뜻에 합당하게 지내야 합니다. 쉬어도 내 방식대로가 아니라 하나님의 방식대로 쉬어야 합니다. 한마디로 말해서, 안식일은 하나님과의 관계를 회복하는 날입니다. 하나님께 그동안의 일들을 보고하고 잘못된 것을 용서받고, 최종적으로는 하나님으로부터 내려오는 하늘의 능력을 덧입고 새 힘을 얻는 날입니다.

예수님은 말씀하십니다. "아버지께 참되게 예배하는 자들은 영과 진리로 예배할 때가 오나니 곧 이 때라. 아버지께서는 자기에게 이렇게 예배하는 자들을 찾으시느니라"(요 4:23).

'참으로 예배하는 자' 란 누구일까요? 최고의 사랑으로 하나님을 만나는 사람을 말합니다. 몸은 교회에 와 있으나 마음은 콩밭에 가 있는 사람이 아니라 '신령과 진정으로' 거짓 없이, 자신의 몸과 마음과 정성을 다 바쳐 하나님께 온전한 제사를 드리는 사람을 말합니다. 하나님은 그런 사람을 찾고 계십니다.

주일을 회복하십시오. 감사하고 기뻐하는 마음으로 예배를 드리십시오. 그리하면 이 땅에 있을 때부터 에덴의 행복을 누리고 그 삶이 영원으로 이어질 것입니다.

2

The Story of Heaven

영적 교과서
: 세상 편

둘째도 그와 같으니 네 이웃을 네 자신같이 사랑하라 하셨으니
이 두 계명이 온 율법과 선지자의 강령이니라(마 22:39-40).

6강 | 출애굽기 20:12

Exodus

불효자는 웁니다

부모는 하나님의 복이 임하는 통로입니다.
아무리 수로가 잘 정비되어 있어도
수원지와 연결되어 있지 않으면 물이 나오지 않습니다.
좋은 통로가 되기 위해선 가장 먼저 하나님 앞에 바로 서야 합니다.

출애굽기 6강

조선시대의 통치 이념은 충忠과 효孝였습니다. 나라에 충성하고 부모에 효도하는 것이 가장 중요하며, 백성들이 이를 열심히 행할 때 나라가 튼튼해져서 만세를 누린다는 것입니다. 그런데 조선은 패망하고 말았습니다. 그렇다면 백성들이 충과 효를 열심히 시행하지 않았기 때문일 것입니다.

   요즈음 모든 국가의 화두는 경제입니다. 경제 발전을 이룩해야 나라가 만세를 누린다고 합니다. 그래서 너나 할 것 없이 온 국민들이 경제에 매진합니다. 그런데 예외없이 나라들이 휘청거리고 있습니다. 그렇다면 국민들이 경제 활동을 게을리했기 때문일 것입니다.

북한은 주체사상을 근간으로 한 강성대국을 외치고 있습니다. 그래서 굶주리는 인민들을 뒤로하고 엄청난 비용을 들여 핵무기와 대륙간 탄도 미사일을 개발하고 있습니다. 그럼에도 북한은 그 어떤 나라보다 위태로운 지경에 놓여 있습니다.

역사적으로 볼 때 지구상에 출현했던 가장 강력한 나라는 로마 제국이었습니다. 그런데 영원할 것 같았던 로마 제국도 멸망했습니다. 로마 제국은 군사적으로도, 경제적으로도, 정치적으로도, 문화적으로도 그동안 등장했던 어느 나라보다 강력했고 부족함이 없었습니다. 그러나 영원할 것 같았던 로마 제국도 멸망했습니다. 어떻게 그런 강력한 나라가 멸망할 수 있었을까요? 학자들은 그 원인을 대략 다섯 가지로 꼽습니다.

첫째는 빈번한 이혼으로 인한 혼인 질서의 문란입니다. 사회 전반에 걸친 성적 타락이 문제가 되었습니다. 기록에 의하면 로마 황제의 아내들도 때때로 매춘을 했으며, 이런 일들은 아무런 흉이 되지 않았다고 합니다. 둘째는 과도한 세금 부과로 인한 국민들의 저항입니다. 셋째는 노동의 기피와 사치 만연입니다. 넷째는 빈번한 전쟁으로 인한 청년층의 붕괴입니다. 마지막으로 국민을 통합시킬 고급 종교의 부재입니다. 하지만 로마의 패망 원인은 모두 밝혀진 것은 아닙니다. 오늘날에도 여전히 연구 대상입니다. 시오노 나나

미가 쓴 《로마인 이야기》가 베스트셀러가 된 것만 봐도 21세기를 사는 현대인들에게 로마의 흥망성쇠가 관심의 대상임을 알 수 있습니다.

다섯 번째 계명은 "네 부모를 공경하라"입니다. 이 계명에는 이런 말이 덧붙여 있습니다. "그리하면 네 하나님 여호와가 네게 준 땅에서 네 생명이 길리라"(출 20:12). 효도를 하면 만세를 누린다는 말씀입니다. 그런데 과연 이 계명이 효도에 관한 것일까요?

어버이주일이 되면 대부분의 교회에서 앞서거니 뒤서거니 하며 부모를 잘 모셔야 복을 받는다는 설교를 합니다. 물론 효도는 중요합니다. 그런데 과연 이것이 효도에 관한 계명일까요? 더 중요한 하나님의 뜻이 제5계명에 들어 있는 것은 아닐까요?

우리나라는 어느 나라보다 가족 간에 유대가 강한 나라입니다. 조상과 부모와의 연대감이 많이 약해지긴 했지만 가족에 대한 집착은 더 강해졌다고도 할 수 있습니다. 내 식구에 대한 집착이 너무 이기적이어서 오히려 사회와 국가에 해로울 정도로 비칩니다.

여기서 덧붙이고 싶은 점은, 기독교의 '제 식구 챙기기'입니다. 기독교의 이러한 행태는 급기야 사회로부터 따돌림을 받을 정도가 되었습니다.

네 부모를 공경하라는 계명은, 안으로의 결속을 강화하여 그 결속을 만대에 이르기까지 계승하라는 명령이 아닐 것입니다. 여호와 하나님은 그런 이기적인 분이 아닙니다.

시편 127편에 자식에 대한 언급이 나옵니다.

"보라 자식들은 여호와의 기업이요 태의 열매는 그의 상급이로다. 젊은 자의 자식은 장사의 수중의 화살 같으니 이것이 그의 화살 통에 가득한 자는 복 되도다. 그들이 성문에서 그들의 원수와 담판할 때에 수치를 당하지 아니하리로다"(시 127:3-5).

제가 어린 시절에는, 학교에서 힘이 없어 보이는 아이가 있다고 해서 함부로 건드리면 안 되었습니다. 그 아이에게 형제가 몇이나 되는지 반드시 살펴야 했습니다. 형들이 많은 아이를 잘못 건드렸다간 큰 코 다치기 때문입니다. 위의 말씀은 언뜻 보면 그런 뜻인 것 같습니다. 누구와 시비가 붙었을 때 자식이 많은 사람들이 이긴다는 뜻 말입니다.

그런데 눈여겨볼 게 있습니다. 자식을 화살에 비유하고 있는 점입니다. 왜 자식을 화살에 비유할까요? 화살 역시 남을 공격하는 수단으로 보입니다. 그 수가 많으면 이긴다는 식으로 생각하기 십상입니다. 그런데 다윗은 백성과 군대의 숫자를 세다가 하나님께 혼난 적이 있습니다.

좋은 화살이란 멀리, 그리고 정확히 과녁을 향하여 날아가는 화살입니다. 화살을 멀리 정확히 날려 보내기 위해서는 무엇보다 활이 좋아야 합니다. 활은 부모이고 화살은 자녀입니다. 화살인 자녀가 아무리 멀리 정확히 날아가려고 해도 활이 좋지 않으면 그럴 수 없습니다.

'피터팬 증후군'이니 '신데렐라 콤플렉스'니 하는 말을 들어보았을 것입니다. 정신 병리 현상들로서 전혀 좋은 것이 아닙니다. 그런데 이런 병리 현상들의 원인이 한결같이 자녀에 대한 부모의 과도한 집착에 있습니다. 과도한 집착이란, 자녀들로 하여금 무조건 부모만 향하여 있게 하고, 가능한 한 멀리 보내지 않으려는 것입니다. 그 결과는 무엇입니까? 자식이 상급이 되지 못하고 그로 인해 수치를 당하게 됩니다.

유난히 자식에게 집착하는 한 부부가 있었습니다. 자녀가 넷이었는데, 특히 장남을 싸고돌았습니다. 그런데 애지중지하던 장남이 그 많은 재산을 탕진하고, 그나마 남아 있던 작은 아파트도 둘째 아들이 날려버렸습니다. 노부부는 시골 임대 아파트에서, 멀리 미국에서 사는 딸이 보내주는 돈으로 연명하고 있습니다.

성경이 규정하는 '죄'의 원래 뜻은 '과녁에서 빗나가다' 입니다. 여기서 과녁이란 바로 하나님입니다. 자식은 하나님을 향하여 멀리 날려 보낼 때 좋은 화살이 되며, 그렇게 한 부모는 자식들이 옆에 없더라도 누구 앞에서나 당당하며 하나님께 상급을 받습니다.

교육학에서 '주이시 마더Jewish Mother'라는 유명한 명제가 있습니다. 유태인 어머니들의 교육 방식을 말합니다. 유태인 어머니들은 어디에 있든, 굶든, 도망 다니든, 죽어가든 하나님의 말씀인 토라를 자녀들에게 열심히 가르쳤습니다. 그들 뒤에는 그들의 교회가 있었습니다. 유태인 가정이 하나 있으면 사업을 시작하고, 둘이 있으면 회당을 지었습니다. 그들이 있는 곳에는 가정과 교회가 섰습니다. 그들의 가정과 교회는 언제 어느 때나 살아 있었습니다. 2000년 동안 수많은 나라들이 세상에서 사라졌지만, 그들은 잃어버렸던 땅 가나안에 이스라엘을 다시 세울 수 있었습니다.

하나님의 궁극적 관심은 영혼의 구원과 하나님나라 건설에 있습니다. 그리고 가정을 통하여 각 개인의 영혼을 구원하시고, 교회를 통하여 하나님나라를 건설하십니다. 하나님의 관심은 언제나 가정과 교회에 집중되어 있습니다. 이것은 매우 중요한 사실입니다.

성경은 가정을 세우는 일로부터 시작됩니다. 하나님은 에덴동산을 창설하시고 아담과 이브로 하여금 에덴동산을 지키며 다스리게 하셨는데, 이것이 하나님이 세우신 최초의 가정입니다.

예수님은, 한마디로 말해서, 교회를 세우기 위하여 이 땅에 오셨습니다. 십자가에서 흘린 피로 교회를 세우셨습니다. 교회를 당신의 몸으로 삼으셨습니다. 그리고 당신이 한 사역을 수행하라고 교회에 명령한 후 승천하셨습니다.

구약 성경은 '가정'에서 출발하며, 신약 성경은 '교회'에서 시작되었다고 할 수 있습니다.

가정과 교회만 건강하면 달리 걱정할 게 없다는 것이 하나님의 생각입니다. 가정과 교회만 튼튼하면 나머지 문제는 자동으로 해결되며, 하나님나라가 확장된다는 것입니다. 아무리 경제가 바닥을 기고, 정치가 혼란에 빠져도 가정과 교회만 하나님의 뜻을 따른다면 대세에 지장이 없다는 것입니다.

그 증거가 이스라엘입니다. 그들은 2천 년 동안 나라가 없었습니다. 그러나 이스라엘이라는 나라는 사라졌어도 유태인 가정은 있었습니다. 그 가정의 중심에는 유태인 부모들이 있었습니다. 그들은 숱한 박해와 고난을 받으면서도 여호와 하나님 신앙을 토대로 각자의 가정을 튼튼하게 세웠습니다.

십계명은 만물을 지키고 다스리는 데 가장 기본이 되는, 가장 중요한 법도입니다. 그런 십계명에 국가에 대한 계명은 하나도 없음을 기억해야 합니다.

십계명 중 처음 네 계명은 하나님에 관한 것이며, 나머지 여섯 계명은 사람에 관한 것입니다. 그런데 "네 부모를 공경하라"는 계명이 한가운데 자리 잡고 있습니다.

"부모를 공경하라"는 다섯 번째 계명이 중요한 것은 단순히 부모가 우리를 낳고 키워주셨기 때문만은 아닙니다.

하나님이 부모를 공경하라고 명령하신 데는 깊고 깊은 이유가 있습니다.

첫째, 그 무엇보다 가정이 가장 중요하며, 그 가정의 중심이 부모이기 때문입니다.

창세기 2장은 에덴동산에 관한 기록입니다. 창세기 2장은 존재하는 모든 문서 중에서 가장 중요한 문서입니다. 타락 이전을 기록한 유일한 문서이기 때문입니다. 신구약 성경의 3000장은 모두 창세기 2장을 회복하기 위한 기록이라고 할 수 있습니다. 그래서 창세기 3장에서 하나님이 접근을 막아버린 생명나무가 성경의 맨 마지막 책 요한계시록의 맨 마지막 장 22장에 비로소 다시 등장합니다. 한마디로 말해서, 신앙생활의 궁극적인 목표는 에덴동산의 회복입니다.

최초의 부모는 아담과 이브입니다. 에덴동산에는 부모도, 자녀도 없었습니다. 오직 하나님과 아담과 이브만 있었습니다. 그들에 의해서 최초의 가정이 설립되었습니다. 아담과 이브는 타락 이전을 경험한 유일한 존재로서 가정의 중심 중 중심이며 핵입니다.

세상에 수많은 남녀가 있으나 '나의 아담'과 '나의 이브'는 단 하나입니다. 그 아담과 이브가 만나면 타락 이전의 상태로 돌아갑니다. 아담과 이브는 타락 이전을 경험한 유일한 존재이기 때문입니다. 두 사람의 관계를 통하여 에덴동산이 건설됩니다. 에덴동산은 '생명, 기쁨, 행복'이라는 뜻으로서 장소를 나타내는 개념이 아닙니다. 15평 아파트보다 200평 맨션이 에덴동산에 더 가깝다는 게 아니라는 뜻입니다. 에덴동산은 영적인 개념입니다.

남녀 두 사람의 사랑과 신앙을 통하여 에덴동산이 확장되는데, 그것이 곧 생명과 기쁨과 행복이 넘치는 하나님나라입니다.

저는 결혼 주례를 하기에 앞서 반드시 예비 신랑 신부와 성경공부를 하는데, 그때마다 물어보는 말이 있습니다. 예비 신랑에게는 이렇게 묻습니다. "어머니와 신부가 물에 빠지면 누구부터 건지겠는가?" 예비 신부에게는 이렇게 묻습니다. "남편과 자녀가 강물에 떠내려가면 누구부터 건지겠는가? 한 사람만 구해야 한다면 누구를 구하겠는가?" 그러면 모두들 머뭇거리며 대답하지 못합니다. 저는 부부가 서로를 가장 먼저 건져야 한다고, 그렇지 않다면 앞으로 둘이 살아보나 마나라고 가르칩니다.

"네 부모를 공경하라"는 계명은 결코 어머니를 먼저 건지라는 말씀이 아닙니다. 나중에 효도 받기 위하여 자녀를 먼저 건지라는 말씀도 절대 아닙니다. 부모가 될 아담과 이브가 이 땅에서 서로 가장 사랑하는 존재가 되라는 말씀입니다.

에덴동산에 하나님과 아담과 이브 두 사람만 존재했음을 다시 한 번 마음에 새기십시오. 아담과 이브는 눈에 보이는 사람들 중에서 부모나 자녀에 앞서 서로를 가장 사랑해야 하고, 눈에 보이지 않는 하나님을 가장 사랑해야 한다는 말입니다. 두 사람 사이에서 솟아나는 기쁨과 행복과 생명력으로 자녀를 키우고 부모를 공경해야 합니다. 그렇게 사랑하는 아담과 이브 사이에서 자라난 자녀들이 부모 된 두 사람을 저절로 공경하게 됩니다. 이것이 다섯 번째 계명의 핵심입니다.

둘째, 부모는 '다리'이기 때문입니다. 떨어진 두 사이를 연결하는 다리입니다.

십계명을 자세히 들여다보면, 위의 네 계명은 하나님에 관한 것이요, 아래의 다섯 계명은 사람들에 관한 것입니다. 오직 하나님만 섬기라. 어떤 형상도 만들지 말라. 하나님 이름을 망령되게 부르지 말라. 안식일을 거룩하게 지키라. 이것은 하나님에 관한 계명입니다. 살인하지 말라, 간음하지 말라. 도적질하지 말라. 네 이웃에 대하여 거짓 증거하지 말라. 네 이웃의 집을 탐내지 말라. 이것은 사람들에 관한 계명입니다.

그 한가운데 부모를 공경하라는 계명이 자리 잡고 있습니다. 다섯 번째 계명은 부모의 존재와 사명이 무엇인지 가르쳐줍니다. 부모는 하나님과 세상을 연결하는 존재입니다.

부모가 자녀들에게 가장 먼저 해야 할 일은 하나님에 대하여 잘 가르치는 것입니다. 그 무엇보다도 신앙을 유산으로 남겨주어야 합니다. 그래서 자녀들이 하나님만 섬기도록, 우상을 섬기지 않도록, 하나님의 이름을 망령되게 부르지 않도록, 안식일을 거룩하게 지키도록 해야 합니다. 그래야 살인하지 않고(남을 증오하는 것도 살인에 포함됩니다), 간음하지 않고, 도적질하지 않고, 남을 모함하거나 남의 것을 탐내지 않으면서 이 땅에서 천대 만대까지 하나님의 축복을 누리며 살 수 있습니다.

니코스 카잔차키스의 말을 귀담아 들을 필요가 있습니다. "교사는 자신을 하나의 다리로 사용하는 사람들이다. 그 다리 위로 학생들을 초대하여 건너게 한다. 아이들이 건너간 다음에는 즐거운 마음으로 무너진다. 제자들로 하여금 그들 자신의 다리를 만들게 하고서."

여기서 교사를 부모로, 학생들을 자녀로 대체하면 다섯 번째 계명의 참뜻을 바로 이해할 수 있습니다. 부모는 자신을 하나의 다리로 사용하는 사람들입니다. 하나님과 세상을 이어주며, 그 위로 자녀들이 건널 수 있도록 합니다. 그리고 즐거운 마음으로 스스로 무너져 하나님 앞으로 갑니다. 그 다리를 건넌 자녀들이 다음 다리를 만들어 그들의 자녀들로 하여금 건너게 하고서 말입니다. 그 역할을 잘해낸 부모들은 자녀들에게 공경을 받고 하나님께는 칭찬을 받습니다.

셋째, 부모는 '사다리'이기 때문입니다. 높은 데 오를 수 있게 하는 사다리입니다.

사다리가 안정되게 서 있고, 아래에서 누군가 사다리를 굳게 잡고 있으면 고소공포증이 없는 한 우리는 사다리를 이용해 높이 올라갈 수 있습니다. 그런데 누가 밑에서 그 사다리를 흔든다면 오금이 저릴 것입니다.

자녀들은 부모라는 사다리를 오르내리며 사는 존재들입니다. 부모가 안정된 모습, 행복하게 사는 모습, 위기 속에서도 서로 격려하며 이겨나가는 모습을 볼 때 자녀들은 두려움 없이 그 사다리를 타고 높이 올라갑니다. 행복과 책임과 생명의 세계로 올라갑니다.

그러나 부모들이 서로 다투는 모습, 책임을 미루는 모습, 반목하는 모습을 보일 때 자녀들은 불안해하며 그 사다리에서 내려오려고 할 것입니다. 불행과 무기력과 방종의 세계로 내려가게 됩니다.

미국에서 기독교 교육을 공부할 때 한 교수가 입버릇처럼 하던 말이 있습니다. "자녀에게 부모의 행복한 모습을 보여줄 때마다 4000달러의 유산을 남겨주는 효과가 있다." 돈으로 남겨준 유산은 잃어버리거나 탕진할 수 있지만, 이렇게 남겨준 유산은 결코 없어지지 않고 누구도 빼앗아갈 수 없습니다. 오히려 위기의 순간에는 더 큰 힘을 발휘합니다.

다섯 번째 계명은 단순히 자녀로부터 효도를 요구하는 계명이 아닙니다. 가정은 하나님이 세우신 첫 기관으로서 가장 중요하므로, 그 가정을 말씀의 반석 위에 세우라는 명령입니다.

다섯 번째 계명이 다른 계명과 다른 점이 한 가지 있습니다. 십계명 중 유일하게 "그리하면 네 하나님 여호와가 네게 준 땅에서 네 생명이 길리라"는 축복 조항이 첨가되어 있습니다. 모든 부모들은 훗날, 자신이 하나님 앞으로 간 다음에도 자녀들이 잘 살기를 간절히 바랍니다. 하나님이 주신 땅에서 생명이 길기를 바랍니다.

부모들은 하나님의 복이 임하는 '통로'입니다. 아무리 수로가 잘 정비되어 있어도 수원지와 연결되어 있지 않으면 물이 나오지 않습니다. 좋은 통로가 되기 위해서 가장 먼저 해야 할 일은, 부모들이 하나님 앞에 바로 서는 것입니다.

최길환 씨는 경상북도 두메산골에서 벙어리 아버지와 소아마비 어머니 사이에서 2남 2녀 중 장남으로 태어났습니다. 남의 집 머슴과 식모로 일하는 부모님은 뼈 빠지게 일했으나 가난을 면치 못하고 살았습니다. 그야말로 송곳 꽂을 땅조차 없었습니다. 그러나 매우 정직했던 부모님은 절대로 몰래 주인 집 먹을 것을 가져다가 자식들에게 먹이는 일이 없었습니다. 가을이 되어 남의 집 감이나 밤을 딸 때, 자녀들이 학교에서 공부를 마치고 돌아오는 길에 달려가서 배고프다며 하나만 따달라고 해도 절대로 주는 법이 없었습니다.

어리석을 정도로 정직하게 살아가던 어느 날, 벙어리 아버지가 그만 황소 뿔에 받히는 사고를 당했고, 그 일로 끝내 돌아가시고 말았습니다. 더욱 어려워진 생활로 인하여 최길환 씨는 중학교에 진학을 하지 못하고, 열세 살 때 서울로 상경하여 가내 공장에 사환 겸 공원으로 취직했습니다. 그때부터 이전까지 살아온 것보다 더 힘든 고생이 시작되었습니다. 하루 종일 온갖 궂은일을 하며 밤에는 공장 한편에 신문지를 깔고 새우잠을 잤습니다.

그러나 벙어리 아버지의 가르침대로 정직하고 성실하게 하루하루를 열심히 살았습니다. 그러는 동안 회사도 점점 커졌고, 언제나 정직하고 성실하게 일하는 최길환 씨의 태도를 지켜보던 사장님은 그에게만 돈 심부름을 시켰고 나중에는 모든 돈 관리를 맡겼습니다. 이북에서 내려온 사장님은 점심때마다 자장면만 먹는 등 절약과 근면이 몸에 밴 사람이었습니다. 사장님은 그동안 여러 차례 아무데나 돈을 놔두고는 최길환 씨의 정직을 시험해보았는데, 그는 단 한 번도 그 돈에 손을 대지 않았습니다.

최길환 씨는 그렇게 살아오며 동생 셋을 모두 대학에 보내고 결혼을 시켰습니다. 작은 집도 마련하여 어머니를 모셨습니다. 그러고 나서 늦은 나이에 장가를 갔습니다. 그런데 하늘이 무너지는 것 같은 일이 벌어졌습니다. 사장님이 바다낚시를 갔다가 그만 파도에 휩쓸려 목숨을 잃은 것입니다. 그는 최길환 씨에게 정신적 지주요, 삶을 가르쳐준 스승이었습니다.

장례를 마치고 온 날, 그의 마음에는 이제 어떻게 사나 하는 걱정이 앞섰습니다. 문득 사장님이 자신에게 맡긴 돈이 생각났습니다. 그것은 오직 자신과 사장님만 알고 있는 돈이었습니다. 자신의 명의로 예금된 돈도 많았는데 비자금 등 모두 포함해서 10억쯤 되었습니다. 죽은 자는 말이 없다고 했고, 사장님이 살아 있어도 그 정도는 충분히 보상을 받았을 것이라는 생각에 그는 돈과 수표와 예금 통장과 도장을 은닉하고 말았습니다.

그런데 그날 밤 꿈에 일찍이 돌아가셨던 벙어리 아버지가 나타났습니다. 아버지는 엄하지만 슬픈 표정으로 그를 내려다보기만 했습니다. 그는 너무나 무서웠습니다. 그래서 다음날 사장 자리에 새로이 취임한 사람에게 그동안 보관해왔던 돈을 모두 내놓고, 새 술은 새 부대에 담아야 한다는 말만 남기고 그 회사를 퇴직했습니다.

현재 그는 작은 일을 새롭게 시작하여 행복하게 살고 있습니다. 지금도 그런 자신이 자랑스럽고 자다가도 참 잘했다는 생각이 든다고 합니다. 그는 자식들에게 정직을 유산으로 남겨주신 벙어리 아버지께 감사하며, 자기 자식에게도 정직을 유산으로 남겨줄 것이라 말합니다.

"요셉은 무성한 가지 곧 샘 곁의 무성한 가지라. 그 가지가 담을 넘었도다"(창 49:22). 이것은 요셉을 축복하는 말씀입니다. 그러나 현실에서 요셉은 열일곱 살에 형들에 의해 노예로 팔려갔습니다. 그는 분노와 억울함으로 가장 메마를 수 있는 나뭇가지였습니다. 그럼에도 큰 나무로 자랐습니다. 그 이유는 단 하나, 가느다란 뿌리가 생명수 하나님께 닿아 있었기 때문입니다. 그럴 수 있었던 것은 아버지 야곱으로부터 하나님 신앙을 전수받았기 때문입니다. 저 멀리 아브라함으로부터 시작된 통로가 계속 이어져 오늘 우리에게까지 이르렀습니다.

   나는 생명의 원천과 제대로 연결되어 있을까요?

7강 | 출애굽기 20:13

Exodus

바보라고 해서도
안 된다고요?

모든 범죄의 근본 해결책은 영적 생명의 회복에 있습니다.
억울함과 증오심으로부터 자유로워지므로
살인하지 말라는 계명은 나와 가장 거리가 먼 것이 되고,
덤으로 기쁨과 평강이 삶에 임합니다.

출애굽기 7강

"엄마는 바보야." 대여섯 살 되어 보이는 꼬마가 엄마를 빤히 쳐다보며 그렇게 말했습니다. 슈퍼마켓에서 자기가 사고 싶은 것을 안 사준다고 엄마에게 한 말입니다. 살면서 남에게 바보라고 해보지 않은 사람은 한 명도 없을 것입니다. 사실 요즘 '바보'는 욕도 아닙니다. 그런데 그런 말도 해서는 안 됩니다. 살인죄가 될 수 있기 때문입니다. '지금 제정신으로 하는 소리냐'고 묻고 싶겠지만 그것은 제 말이 아니라 예수님의 말씀입니다.

"옛 사람에게 말한바 살인하지 말라. 누구든지 살인하면 심판을 받게 되리라 하였다는 것을 너희가 들었으나 나는 너희에게 이르노니 형제에게 노하는 자마다 심판을 받게 되고 형제를 대하여 라

바보라고 해서도 안 된다고요?

가라 하는 자는 공회에 잡혀가게 되고 미련한 놈이라 하는 자는 지옥 불에 들어가게 되리라"(마 5:21-22).

예수님은 살인하지 말라는 계명에 대해 설명하고 계십니다. 여기서 '라가'라는 말은 '바보'라는 뜻입니다. 이 말씀대로라면 위의 꼬마도 살인죄를 저지른 셈입니다. 그렇다면 살인죄를 저지르지 않은 사람은 세상에 아무도 없겠지요.

예수님의 이 말씀을 어떻게 받아들여야 할까요? 문자 그대로 받아들여야 할까요?

이 외에도 유사한 말씀들이 많습니다. 남을 실족케 하는 자는 차라리 연자 맷돌을 목에 달고 바다에 빠지는 것이 낫다거나(마 18:6), 손이 범죄하면 차라리 손을 찍어버리는 것이 낫다(마 18:8)는 말씀들입니다.

예수님이 그렇게 말씀하셨다며 실제로 죄를 저지른 자신의 손을 자르고 눈을 상하게 한 청년이 있습니다. 그런 일들은 매우 드물지만 끊이지 않고 일어납니다. 세상 끝 날까지 일어날 것입니다. 세상이 아무리 타락하고 하나님의 말씀을 우습게 알아도 그 말씀을 문자 그대로 신봉하는 사람들이 있기 때문입니다.

그런데 의문이 듭니다. 과연 그 청년은 신실한 것일까요? 수없이 남을 실족시키고 죄를 범하면서도 은근슬쩍 넘어가는 우리들은 신실하지 못한 것일까요? 예수님은 과연 그런 뜻으로 말씀하신 것일까요?

하나님은 안식일을 거룩하게 지키라고 하셨습니다. 그렇게 하지 않는 사람들은 돌로 치라고 하셨습니다. 그 후 유대인들은 안식일을 거룩하게 지키기 위해 여러 가지 율법들을 만들어냈고 철저히 지켰습니다. 그런데 예수님이 이 땅에 오신 후 그 엄격한 안식일법과 사사건건 부딪혔고 하는 일마다 바리새인들과 충돌했습니다. 안식일을 잘 지켜보겠다고 율법을 엄격히 적용한 바리새인이 오히려 더 신실한 쪽이 아닐까요?

그러나 예수님과 하나님은 한 치의 오차도 없는 분입니다. 당연히 예수님이 옳습니다.

그런데 가만히 생각해보십시오. 남에게 바보라고 말하는 사람들더러 살인죄를 저질렀다고 하고, 잘해보려고 애쓰는 바리새인들더러 잘못했다고 하면 도대체 무얼 어떻게 하라는 말씀인가요? 그 중간이 옳다는 것일까요? 그렇다면 그 중간은 어디일까요?

예수님은 우리에게 서울에서 부산으로 가라고 하셨습니다. 그런데 우리가 평양을 향해 간다면 아무리 열심히 가도 부산에는 갈 수 없습니다. 가면 갈수록 부산과는 멀어집니다.

십계명은 출발지인 서울이라고 할 수 있습니다. 예수님은 우리가 십계명을 통해서 하나님의 마음과 뜻을 깨닫고 그 뜻에 합당하게 살기를 원하십니다. '하나님의 뜻'은 부산이라고 할 수 있습니다. 그런데 사람들은 하나님의 뜻에는 별로 신경 쓰지 않고 범죄하지 않는 것에만 신경을 씁니다. '무범죄無犯罪'라는 말은 없지만, 굳이 쓴다면 이 '무범죄'가 곧 평양입니다.

 사람을 죽이지 않았으니 제6계명을 지켰다고 우리는 생각합니다. 그러나 다른 사람의 육체는 죽이지 않아도 그들의 마음이나 정신, 영혼은 수없이 죽이지 않았습니까? 칼 대신에 저주와 욕으로, 분노와 멸시로 그렇게 하지 않았습니까?

 다른 사람에게 노하거나 그들을 바보, 미련한 자라고 하는 사람은 심판과 지옥불을 면치 못한다고 예수님이 말씀하신 이유가 여기에 있습니다. 살인하지 않겠다는 생각을 하면서, 즉 열심히 평양을 향해 가면서 자기 딴에는 잘하고 있다고 믿지만 하나님의 마음인 부산과는 점점 멀어집니다.

 '덕德, virtue'의 의미를 지닌 헬라어가 있습니다. 아레테*arete*와 디카이오수네*dikaiosune*입니다. 두 단어는 본질상 큰 차이가 있습니다. 아레테는 인간 자체의 능력과 성취를 강조하는 반면, 디카이오수네는 하나님과 영혼과의 관계를 중시합니다. '내가 노력해서 살인하지 않았다. 그러므로 나는 의롭다'는 것이 아레테이고, '살인하거나 남을 괴롭히면 하나님이 슬퍼하시고 내 영혼은 파괴된다. 그러므로 나는 그렇게 하지 않겠다'는 것이 디카이오수네입니다.

잘 생각해보면 그리 어려운 개념이 아닙니다. 예수님은 '디카이오수네 기차'를 타라고 하셨지만 바리새인이나 그밖에 사람들은 '아레테 기차'를 탄 것입니다. 예수님이 아레테 기차를 탄 사람들에게 말씀하십니다. "그렇다면 너희는 남들에게 화내지도 말고, 바보라고도 하지 말고, 미련한 놈이라고도 하지 말아야 한다. 그것도 살인이다." 그러자 바리새인들이 들고 일어납니다. "아니, 그렇다면 우리는 전부 지옥불에 떨어져야 하네. 말도 안 돼. 우리가 얼마나 훌륭한 하나님의 사람인 줄 알고 하는 소리냐? 네가 틀렸다." 위에서 말한 청년도 그 기차를 타고 있었습니다. 인간의 능력과 성취를 강조하는 아레테 기차를 타고 있었기 때문에 용기를 내어 자기 손을 자른 것입니다. 그러나 그 기차는 달려갈수록 하나님과는 멀어집니다.

한편 디카이오수네 기차를 탄 경우를 생각해봅시다. 예수님의 말씀이 스피커를 통해 들려옵니다. 그러자 남들에게 분통을 터뜨린 일이 생각납니다. 그때 내 마음 역시 편치 않았고 그 일이 두고두고 후회스러운 터였습니다. 그러던 차에 예수님의 말씀을 들으며 자신이 하나님의 마음을 아프게 했다는 사실을 깨닫고 다시는 그렇게 하지 않겠다고 다짐합니다. 그동안 상처를 줬던 사람을 만나 진심으로 사과합니다. 그런데 또 다시 분통 터지는 일이 생깁니다. 하지만 얼른 하나님의 마음을 떠올리고는 참습니다. 잘했다는 생각이 들며 마음이 편안해집니다. 그렇게 마음을 하나님의 사랑으로 잘 다스리자 점점 하나님의 뜻이 명확해지고 주님이 나를 아신 것처럼 나 자신과 우주 만물의 본질이 명확해집니다. 하나님의 마음에 점점 가까워집니다.

살인하지 말라는 계명은, 어떤 경우에도 다른 사람을 증오해서는 안 된다는 가르침입니다.

가인의 후예 라멕이 외친 말을 상기하십시오. "가인을 위하여는 벌이 칠 배일진대 라멕을 위하여는 벌이 칠십칠 배이리로다"(창 4:24). 그는 한마디로 '증오의 증폭'을 말하고 있습니다. 증오는 방치하면 반드시 증폭되어 상대방이 죽이고 싶을 정도로 미워지기 마련입니다. 상대방이 그저 지나치듯 가볍게 한 말에 상처를 입습니다. 생각하면 생각할수록 괘씸합니다. 밤잠마저 오지 않습니다. 다음날 그 사람은 여전히 싱글거리고 있지만 내 표정은 철천지원수를 만난 양 싸늘해집니다. 하룻밤 사이에 증오심이 7배에서 77배로 늘어났습니다.

여섯 번째 계명에서 우리가 배워야 하는 것은, 어떻게 하면 증오로부터 자유로울 수 있을까 하는 것입니다.

여러 종교에서 증오 다스리는 방법을 제시하고 있습니다. 불교에서는 모든 집착과 욕망을 배제하는 법을 가르칩니다. '공空'의 상태에 이르는 여러 가지 길을 제시합니다. 성철 스님은 세상을 떠나며 "살아생전 중생들에게 지은 죄가 너무나 많아 수미산을 넘는다"는 말을 마지막으로 했습니다. 홀로 암자에 칩거하며 끝없는 수행으로 자신을 다스렸으나 공에 이르지 못했다는 것입니다. 다른 말로 하면, 증오를 수행으로 다스리는 것은 불가능하다는 뜻입니다.

유교에서는 인간이 마땅히 가야 하는 길, 즉 도덕을 가르칩니다. 자신을 다스려 그 길을 간다고 해도 내면에서 일어나는 감정들은 여전히 남습니다. 더욱 엄격한 윤리와 제도로 사람을 꽁꽁 가둬놓는다 해도 그것은 화산과 같아서 언젠가는 폭발하고 맙니다.

성경은 이 문제를 어떻게 다루고 있을까요?

먼저, 우리가 떠나야 한다고 가르칩니다. 가장 먼저 떠나야 할 것은 '육체의 일'입니다. 그 육체의 일이 무엇인지는 갈라디아서 5장 19-21절에 기록되어 있습니다. "육체의 일은 분명하니 곧 음행과 더러운 것과 호색과 우상 숭배와 주술과 원수 맺는 것과 분쟁과

시기와 분 냄과 당 짓는 것과 분열함과 이단과 투기와 술 취함과 방탕함과 또 그와 같은 것들이라."

사도 바울은 믿음의 아들 디모데에게 버리고 떠나야 할 것에 대해 가르치고 있습니다. "사람들이 자기를 사랑하며 돈을 사랑하며 자랑하며 교만하며 비방하며 부모를 거역하며 감사하지 아니하며 거룩하지 아니하며 무정하며 원통함을 풀지 아니하며 모함하며 절제하지 못하며 사나우며 선한 것을 좋아하지 아니하며 배신하며 조급하며 자만하며 쾌락을 사랑하기를 하나님 사랑하는 것보다 더 하며 경건의 모양은 있으나 경건의 능력은 부인하니 이 같은 자들에게서 네가 돌아서라"(딤후 3:2-5).

성도들은 이런 일들에서 떠나야 한다는 것을 잘 알고 있습니다. 그러나 생각처럼 쉽게 되지 않습니다. 하나님이 금하시는 일이므로 열심히 참아도 마음과 몸은 자꾸 그쪽을 향합니다.

우리는 왜 육체의 일에 집착하는 것일까요?

그 이유는 한마디로 '살기 위해서' 입니다. 살기 위해서, 그것도 즐겁게 살기 위해서입니다. 음행과 호색과 술 취함과 방탕함, 쾌락을 사랑하는 것은 즐기며 살기 위해서입니다. 우상을 숭배하고, 자기를 사랑하고, 돈을 사랑하는 것도 잘 먹고 잘 살기 위해서입니다. 술수를 부리고, 당을 짓고, 다른 사람을 배척하고 끼리끼리 모이는 이유도, 남을 참소하고, 훼방하며 이간질하는 목적도 자기 몫을 챙겨서 잘 살기 위해서입니다.

화내고 조급해하며 사납게 상대방을 몰아붙이는 것도, 그렇게 하지 않으면 내가 답답해지고 죽을 것 같기 때문입니다. 부모를 거역하는 이유도 자기가 살기 위해서입니다. 얼마 전에 한 청년이 교수인 아버지와 할머니의 생명을 빼앗고 집에 불까지 지르는 엄청난 일을 저질렀습니다. 그 청년도 살기 위해서 그런 일을 저지른 것입니다. 자기 성에 차지 않는다고 매일 구박만 하는 아버지를 그냥 놔두면 자기가 죽을 것 같으니까 그런 일을 한 것입니다.

어네스트 벡커라는 사람이 그의 책 《죽음의 부정》에서 대단히 중요한 말을 했습니다. "대부분의 인류악은 인간이 타고난 죽을 운명에 대한 의식을 회피하기 위한 시도다." 악과 범죄가 죽음과 깊은 연관이 있다는 말입니다.

세상에는 수많은 범죄들이 우발적으로 또는 계획적으로, 개인적으로 또는 집단적으로 이루어집니다. 너무나 끔찍해서 과연 사람이 저질렀다고 믿기지 않는 일들도 많습니다. 그런데 이 모든 범죄의 근본 원인이 '모든 사람은 죽을 수밖에 없다'는 사실을 회피하려는 데 있다는 것입니다. 다시 말해서, 살기 위해서 그 죄를 저질렀다는 것입니다. 핵심을 정확히 찌르는 통찰이 아닐 수 없습니다.

인류 최초의 범죄는 형이 동생을 죽이는 살인이었습니다. 형 가인이 동생 아벨을 죽인 이유는 자신이 더 잘 살기 위해서였습니다. 아벨이 없으면, 자신의 제사가 하나님께 열납되고, 그래서 자신이 더 잘 살 수 있다고 생각한 것입니다. 그러나 그것은 착각 중에서도 가장 큰 착각이었습니다. 그의 제사가 거부된 것은 결코 동생이 있기 때문이 아니었습니다. 그러나 그는 동생의 생명을 파괴했을 뿐만 아니라 자신도 모르는 사이에 엄청난 것을 잃고 말았습니다. 그가 잃은 것은 무엇일까요?

예수님은 이렇게 말씀하십니다. "자기의 생명을 사랑하는 자는 잃어버릴 것이요 이 세상에서 자기의 생명을 미워하는 자는 영생하도록 보전하리라"(요 12:25).

생명에는 두 가지가 있습니다. 즉 '프시케*psyche*'와 '조에*zoe*'입니다. 프시케는 '육체의 생명', 조에는 '영적 생명'을 말합니다. 여기에서 '자기 생명을 사랑하는 자'는 곧 자기 육체의 생명을 사랑하는 자를 말합니다.

육체의 생명을 살리려고 애쓰면 애쓸수록 영적 생명을 잃을 것이며, 육체의 생명을 버릴 때 오히려 영적 생명을 영원토록 얻게 된다는 말입니다. 그러므로 살인은 한마디로 말해 영적 생명이 있다는 사실을 모르고 그저 눈에 보이는 육적 생명을 살리기 위해서

하는 행위입니다.

 하나님이 사람을 만들 때 흙으로는 육체를 만드셨고 그 육체에 영을 부어주심으로 사람은 생령, 즉 살아 있는 영이 되었습니다. 하나님은 영입니다. 우리들은 하나님의 자녀들입니다. 그런데 우리들은 육체를 가지고 있습니다. 영으로만 존재하는 하나님이 우리를 너무나 사랑해 육체라는 특별한 선물을 주신 것입니다. 인간의 본질은 영입니다. 육체는 한시적입니다. 사도 바울은 그 육체를 '땅에 있는 장막 집'(고후 5:1)이라고 불렀습니다. 장막 집이란 용도가 없어지면 버려야 하는 텐트를 말합니다.

 믿음이란 무엇일까요? 하나님을 잘 믿어서 이 땅에서 육체에 복을 받아 잘 먹고 잘 사는 것을 의미하지 않습니다. 믿음은 하나님을 알게 하고 예수 그리스도를 보게 하는 영적 작용입니다. 믿음은 눈으로는 볼 수 없는 영적 빛을 받아들이는 통로입니다.

 사도 바울은 매우 놀라운 말을 합니다.

 "어두운 데에 빛이 비치라 말씀하셨던 그 하나님께서 예수 그리스도의 얼굴에 있는 하나님의 영광을 아는 빛을 우리 마음에 비추셨느니라. 우리가 이 보배를 질그릇에 가졌으니 이는 심히 큰 능력은 하나님께 있고 우리에게 있지 아니함을 알게 하려 함이라"(고후 4:6-7).

 증오의 문제를 푸는 핵심 중의 핵심 말씀입니다. 다른 종교에서는 나에게 증오의 문제를 풀라고 하지만, 기독교에서는 인간은 결단코 이 문제를 풀 수 없고 오직 하나님만 풀 수 있음을 천명합니다. "심히 큰 능력은 하나님께 있고 우리에게 있지 아니함을 알게 하려 함이라."

이 세상에 빛으로 오신 예수님은 곧 생명입니다. 그 생명은 타락으로 잃어버린 영적 생명입니다. 그 빛을 질그릇과 같은 육체에 담았습니다. 육체라는 질그릇은 오래 쓰려고 아무리 애지중지해도 언젠가는 깨지기 마련입니다. 능력은 사람에게 있지 않습니다. 아무리 과학이 발달해도 사람이 영생할 수 없습니다. 생명은 하나님의 것이기 때문입니다. 하나님이 회복시키신 영적 생명, 하나님으로부터 온 영원한 생명을 그 누구도 빼앗지 못합니다.

그 빛을 질그릇에 담자 놀라운 일이 생겼습니다. "우리가 사방으로 우겨쌈을 당하여도 싸이지 아니하며 답답한 일을 당하여도 낙심하지 아니하며 박해를 받아도 버린바 되지 아니하며 거꾸러뜨림을 당하여도 망하지 아니"(고후 4:8-9)하게 되었습니다.

그 전에는 어땠습니까? 우겨쌈을 당하면 그렇게 만든 사람을 미워하고 가능하면 죽이고 싶었습니다. 답답한 일을 당하면 억울해하고 낙심하며 원인 제공자를 증오했습니다. 나를 박해한 자에게 죽을 때까지 원한을 품었습니다. 나를 거꾸러뜨린 사람에게 기어

코 복수했습니다. 그런데 이제는 그렇지 않습니다. 그 모든 일들은 그저 어차피 무너질 장막 집에 가해진 것이기 때문입니다. 나는 이미 하나님이 지으신 집, 곧 손으로 지은 것이 아니요, 하늘에 있는 영원한 집이 있음을 알기 때문입니다. 사도 바울은 고린도전서 15장 44절에서 그 집을 '신령한 몸'이라고 불렀습니다.

장차 신령한 몸을 입게 되리라는 것을 아는 사도 바울은 이 땅에서 무너질 육체에 가해지는 온갖 범죄에 그저 몸을 맡겼습니다. 죄 없이 여러 번 옥에 갇히고, 사십에 하나 감한 매를 다섯 번이나 맞았습니다. 이방인과 강도의 위협도, 죽이겠다는 동족의 협박도, 거짓 형제의 모함도 아랑곳하지 않고 날아오는 수많은 돌에 맞아 죽기 직전까지 가면서도 그저 묵묵히 참고 견뎠습니다. 그 모진 범죄를 온몸으로 당하면서도 억울해하거나 분노하지 않았습니다. 죽일 테면 죽이라는 것입니다. 죽는 것은 그저 언젠가는 흙으로 돌아갈 육체이기 때문입니다. 그 육체를 훌훌 벗으면 주님께 영으로 훨훨 날아갈 것이기 때문입니다.

모든 범죄의 근본적인 해결책은 영적 생명을 회복하는 데 있습니다. 그 외에는 없습니다. 영적 생명을 회복할 때 억울함과 증오심으로부터 자유로워지기 때문에 살인하지 말라는 여섯 번째 계명은 나와 거리가 가장 먼 것이 됩니다. 덤으로 기쁨과 평강이 삶 가운데 임합니다.

  예수님은 말씀하십니다. "예물을 제단에 드리려다가 거기서 네 형제에게 원망 들을 만한 일이 있는 것이 생각나거든 예물을 제단 앞에 두고 먼저 가서 형제와 화목하고 그 후에 와서 예물을 드리라"(마 5:23-24).

  하나님을 알현하기 위해 예물까지 들고 제단 앞에 나왔더라도 형제와 불화한 것이 생각나거든 일어나 그 형제를 찾아가 화해한 다음 제단으로 오라고 하십니다. 형제와의 불화가 잘못된 것이라고 생각하는 자체가 하나님의 은혜입니다. 지금까지는 자기만 옳다고 생각했으니까요. 그래서 한 방 먹이면 잘한 것이고, 그렇지 못하면 분하고 억울하게 생각했으니까요.

  그런 생각이 들면 얼른 기차를 갈아타야 합니다. 그래야 하나님을 향해 갈 수 있습니다.

  사도 바울의 다짐을 우리 마음에도 새겨봅시다.

  "우리가 담대하여 원하는 바는 차라리 몸을 떠나 주와 함께 있는 그것이라. 그런즉 우리는 몸으로 있든지 떠나든지 주를 기쁘시게 하는 자가 되기를 힘쓰노라"(고후 5:8-9).

출애굽기 20:14 | **8**강

Exodus

생명은
노리개가 아닙니다

하나님은 믿음을 통해 영적 생명을,
성을 통해 육적 생명을 주셨습니다.
중요한 것은 하나님의 뜻에 따라 그 힘을 잘 사용하는 것입니다.
그 창조력과 파괴력은 그것이 지닌 힘에 비례합니다.

출애굽기 8강

제7계명은 "간음하지 말라"입니다. 이번 계명은 눈을 뽑을 준비를 하고 공부해야 하는데 그 이유는 잘 알 것입니다. 예수님이 그렇게 말씀하셨기 때문입니다.

"음욕을 품고 여자를 보는 자마다 마음에 이미 간음하였느니라. 만일 네 오른 눈이 너로 실족하게 하거든 빼어 내버리라. 네 백체 중 하나가 없어지고 온 몸이 지옥에 던져지지 않는 것이 유익하며"(마 5:28-29).

바리새인들 중에 '피투성이 바리새인'이라는 별명을 가진 사람들이 많았다고 합니다. 머리를 바싹 깎아 올리고 온몸을 도화지 삼아 호랑이와 용을 그리는 '형님'들도 그와 비슷한 별명을 가지고 있습니다. '미아리 피투성이', '마포 쌍칼' 등. 하지만 바리새인과 '형님'들과는 아무런 관계가 없습니다.

  열심히 율법을 지키는 바리새인이 이런 별명을 갖게 된 데는 눈물겨운 이유가 있습니다. 여자를 보지 않기 위해서입니다. 여자들을 보면 음욕이 생기는데, 그 자체를 죄라고 여겨서 고개를 숙이고 다니다보니 나무에 부딪히고 웅덩이에 빠지고 돌에 걸려 넘어져 몸에 상처가 떠날 날이 없습니다. 그래서 얻은 별명입니다.

  랍비들과 바리새인들은 옆집 부인을 보지 않기 위하여 이웃 간에 담장을 얼마나 높이 쌓을 것인가 하는 문제로 열띤 토론을 벌이기도 했습니다.

  하지만 세상이 완전히 바뀌었습니다. 남편만 알고 사는 여자는 '한심'한 여자, 애인 하나를 두고 있으면 '양심' 있는 여자, 애인 둘이 있으면 '세심'한 여자, 애인이 셋 이상 있으면 '열심' 있는 여자라는 말이 있을 정도입니다. 그만큼 성 개방 풍조가 온 세상을 덮어서 간음이 일상이 되다시피 했습니다.

  이런 세상에서 예수님의 말씀은 박물관으로 들어가야 하는 것일까요? 오늘을 살고 있는 우리들은 이 말씀을 어떻게 받아들여야 할까요?

단순히 살인하지 않았다고 해서 '살인하지 말라'는 계명을 지켰다고 볼 수 없듯이 '간음하지 말라'는 계명도 같은 맥락에서 살펴보아야 합니다. 그러니까 특정인과 간음하지 않았다고 해서 그 사람이나 배우자와 제대로 된 관계에 있다고 생각하거나 스스로를 순결한 사람이라고 여겨서는 안 된다는 것입니다.

"음욕을 품고 여자를 보는 자"라는 예수님의 말씀에서 그 실마리를 찾아봅시다.

성욕과 음욕은 구분되어야 합니다. 성은 자연스러운 욕구로서 하나님이 주신 것입니다. 성적 욕구가 있기 때문에 이성 간에 끌리며, 사랑하고, 결혼하고, 자녀를 낳아서 세대를 이어나갈 수 있습니다. 성적 욕구는 하나님이 주신 좋은 선물입니다. 그러므로 성욕을 느낀다고 해서 죄책감을 느낄 필요가 없습니다. 이미 결혼한 사람이라도 아름다운 여자나 잘생긴 남자에게 매력을 느끼는 것 또한 자연스러운 일이며, 성욕도 얼마든지 느낄 수 있습니다.

다른 종교나 가톨릭교에서 성직자들의 결혼을 금지하고, 성욕을 느끼는 것 자체를 잘못된 것으로 보기도 하지만, 이는 창조주 하나님의 뜻을 제대로 이해하지 못한 결과입니다.

반면에 음욕은 성욕 충족이 삶의 목표가 된 것을 말합니다. "음욕을 품고 여자를 보는 자"라는 것은 단지 음욕을 채울 뜻으로 여자를 본다는 것입니다. 즉 음욕을 위한 음욕을 말합니다. 이성을 오직 성적 욕구를 충족시키는 대상으로 보는 것입니다. 이것이 제7계명을 범하게 되는 가장 근본 원인입니다.

간음죄를 살인죄 다음으로 중시하는 데는 그만한 이유가 있습니다. 살인이 생명을 파괴하는 것이라면, 간음은 생명을 장난감처럼 가지고 노는 것입니다. 매춘은 생명과 육체를 돈으로 바꾸는 것을 말합니다. 생명보다 돈을 더 중요하게 여긴다는 말입니다. 그래서 간음은 하나님 앞에서 크나큰 죄가 됩니다.

간음이나 매춘은 오직 육체의 일 같지만 결코 그렇지 않습니다. 그 배후에는 파괴하는 사탄의 영이 버티고 있습니다.

하나님이 그토록 싫어하신 바알 신은 한마디로 '번영의 신'입니다. 번영을 추구하는 모든 이방 종교들은 언제나 매춘과 밀접한 관계가 있었습니다. 봄철이 되면 왕을 포함해 그 아래 모든 성인 남자들이 바알 신전을 찾아 제사를 지내고, 신전에 속한 성창(신의 딸)들과 관계를 맺고, 그 관계를 통하여 바알 신의 번식력을 덧입었습니다.

훗날 가나안 땅에 정착한 이스라엘 백성들도 바알 신에 심각하게 오염되었습니다. 호세아 선지자는 그런 세태를 개탄하며 다음과 같이 말합니다. "그들이 산꼭대기에서 제사를 드리며 작은 산 위에서 분향하되 참나무와 버드나무와 상수리나무 아래에서 하니 이는 그 나무 그늘이 좋음이라. 이러므로 너희 딸들은 음행하며 너희 며느리들은 간음을 행하는도다. 너희 딸들이 음행하며 너희 며느리들이 간음하여도 내가 벌하지 아니하리니 이는 남자들도 창기와 함께 나가며 음부와 함께 희생을 드림이니라. 깨닫지 못하는 백성은 망하리라"(호 5:13-14).

어떤 이집트 고대 문서에는, 이집트 파라오의 공주가 신의 딸로 선발된 것을 기뻐하여 그 신에게 바친 찬양시가 기록되어 있습니다. 자신의 딸이 성창이 된 것이 무슨 의미인지 모르고 오히려 기뻐하는 기막힌 일이 당시에 벌어졌습니다.

한때 미스코리아 선발 대회가 전국에 생중계되기도 했고, 세계적으로 매년 실시되는 미인선발대회에서 우리나라 출신의 미인이 좋은 성적을 내면 자랑스러워하는데, 이런 선발 대회의 기원이 바로 신의 딸을 선발하는 행사에 있습니다.

돈을 숭배하는 배금주의가 팽배한 나라, 번영을 지상 목표로 세운 나라에서는 반드시 향락 산업이 번창합니다. 그런데 우리나라의 향락 산업은 세계 최고 수준이라고 합니다. 이것은 단순한 문제가 아닙니다. 영적인 면이 타락할 대로 타락했다는 증거입니다. 영적 타락은 곧 성적 타락으로 이어지며, 그것은 한 개인과 가정과 사회와 국가를 철저히 파괴합니다.

　하나님은 모든 것을 창조하시고, 그 모든 것에 다양한 능력과 힘을 부여하셨습니다. 돈이나 권력이나 명예도 나름대로 능력과 힘이 있습니다. 운동이나 음식에도, 나무나 꽃에도 나름대로 능력과 힘이 있습니다.
　그런데 하나님이 가장 막강한 힘을 부여하신 것 두 가지가 있습니다.
　첫째는 믿음입니다. 세상의 어떤 권력이나 돈도 참 믿음을 이길 수 없습니다. 나아가 음부의 권세, 사탄의 권세도 참 믿음을 이길 수 없습니다. 그 믿음은 하나님의 선물로서, 오직 하나님과의 올바른 관계를 통해 받을 수 있습니다.
　다윗이 이스라엘의 백성과 군대 수를 알아보려고 했을 때(대상 21장) 하나님으로부터 큰 벌을 받아 7만 명이 죽는 일이 벌어졌습니다. 왕이 인구조사를 하는 것은 매우 당연한 일이며, 성경 곳곳에 백성과 군대의 숫자가 수록되어 있는데, 이것이 과연 벌 받을 짓인가 하는 의구심이 듭니다. 그런데 이때 다윗은 하나님보다 인구와 군사의 수를 더 중시하려 했고, 이것이 하나님 앞에서 죄가 된 것입니다.

참 믿음은 그저 입으로 얻을 수 있는 게 아닙니다. 하나님이 사탄에게 욥의 모든 것을 빼앗도록 허락하신 것도 욥이 참 믿음을 갖도록 하기 위해서였습니다. 아브라함에게 이삭을 바치라고 명령하신 것도, 요셉이 형들에 의해 노예로 팔려 가게 하신 것도 모두 그들에게 참 믿음을 주시기 위해서였습니다. 믿음에 가장 강력한 힘이 있기 때문입니다.

믿음에 얼마나 강력한 힘이 있는지 보여주는 증거가 부활과 영생입니다. 돈으로도, 권력으로도 못 얻는 것이 부활과 영생입니다. 오직 믿음을 통해서만 하나님을 기쁘시게 하며 부활과 영생을 얻을 수 있습니다.

두 번째로 강력한 힘을 지닌 것이 '성性'입니다. 하나님은 '성'에 생명을 잉태하는 엄청난 힘을 부여하셨습니다. 돈으로도, 권력으로도 얻지 못하는 것이 생명입니다. 과학이 아무리 생명 창조를 호언장담해도 모두 하나님이 창조하신 것을 재조립하는 것에 불과합니다. 오직 '성'을 통해 생명이 잉태됩니다. 그만큼 성에는 강력한 힘과 능력이 있습니다.

하나님은 믿음을 통해서는 영적 생명을, 성을 통해서는 육적 생명을 주셨습니다.

중요한 것은 그 힘을 어떻게 사용하느냐 하는 것입니다. 강력한 힘이 있는 것을 하나님의 뜻에 따라 잘 사용하면 행복을 얻지만, 반대로 잘못 사용할 경우 엄청난 파괴를 불러일으키게 됩니다. 그 창조력과 파괴력은 각각의 사물이 지닌 힘에 비례합니다. 믿음이 잘못되면 이단이 되어 사람들의 영혼과 그 밖의 모든 것을 파괴하고 맙니다.

얼마 전 경기도 연곡에서 사이비 종교 집단으로 인해 또 많은 사람들이 희생당했습니다. 이성으로는 도저히 납득할 수 없는 이들의 주장에 놀아나는 사건들은 동서고금을 막론하고 끊이지 않습니다. 여기에 한번 사로잡히면 그 누구도 막거나 말릴 수 없으며, 교주의 지시에 따라 목숨까지 내놓습니다. 이것은 믿음 자체에 막강한 힘이 있다는 반증입니다.

마찬가지로 성을 잘못 사용해도, 그 사람의 인격과 몸과 가정이 파괴되고 맙니다. 돈을 잃으면 얼마든지 다시 벌면 되고, 가정의 행복도 회복될 수 있습니다. 그러나 믿음이나 성을 잘못 사용하면, 그 결과가 너무나 치명적이어서 회복이 굉장히 어렵습니다.

사도 바울은 '쾌락을 하나님보다 더 사랑하는 것'(딤후 3:4)을 마지막 때의 가장 큰 특징으로 들었습니다. 사람들은 왜 그토록 쾌락에 집착하는 것일까요? 사탄은 사람들이 자신의 영혼에 관심을 기울이지 못하도록 총력을 기울입니다. 이를 위해 택한 가장 강력한 무기가 바로 성입니다. 하나님이 주신 가장 강력한 믿음과 성 두 가지 중에서 믿음은 사탄이 쉽게 다루지 못하는 것이기 때문입니다. 그러나 성은 매우 쉽게 다룰 수 있습니다.

타락이란 모든 관심을 육체에 집중하는 것을 말합니다. 사탄은 육체의 즐거움을 극대화하는 일에 집중하게 만듭니다. 그 결과 성 개방 풍조가 만연하고 포르노 산업이 극성을 부리고 있습니다.

학자들의 연구에 의하면, 포르노그래피를 본 청소년들의 머릿속에 그 잔상이 무려 20년 동안 남으며, 성과 관련된 경험은 평생 동안 지속된다고 합니다. 그런 그림으로 가득한 머리로 무슨 공부를 하며, 하나님께 영광을 돌릴 생각이나 할 수 있겠습니까?

성폭력의 피해는 상상을 초월합니다. 어릴 때 성폭행을 당했거나, 성을 함부로 사용해서 영혼과 정신이 피폐해진 수많은 사람들이 있습니다. 그들은 그 사실을 숨기고 결혼합니다. 그러나 그 독소는 끊임없이 흘러나와 그 자녀와 가정을 망치고 맙니다.

결혼 후에도 간음죄를 범할 수 있습니다. 그럴 때 부부 사이의 신뢰는 산산 조각납니다. 그것을 다시 주워 담을 수도, 맞출 수도 없습니다. 설사 하나님께 용서를 받았더라도 그 상처는 영원히 남습니다. 그래서 하나님은 간음을 살인 다음으로 무서운 죄로 보셨습니다.

요즈음 기독교 단체나 교회에서 청소년들에게 결혼 전까지 순결을 지키겠다는 '순결 서약식'을 거행합니다. 세상 사람들은 지금이 어떤 시대인데 아직도 그런 고리타분한 것을 고집하느냐고 비웃습니다. 그러나 그것은 하나님을 전혀 알지 못하는 어리석음에서 기인합니다.

성에는 생명을 잉태하는 엄청난 힘이 있습니다. 성은 가정에 행복을 가져다주는 하나님의 소중한 선물입니다. 그러므로 소중히 다루어야 하고, 하나님의 뜻에 따라 사용해야 합니다. 절대로 아무렇게 되는 대로 사용하거나 오용해서는 안 됩니다. 예수 그리스도 안에서 감사함으로, 기쁨으로 사용해야 합니다.

가인이 아벨을 죽였을 때 하나님이 가인에게 하신 말씀이 있습니다. "죄가 너를 원하나 너는 죄를 다스릴지니라"(창 4:7). 우리는 욕구가 일면 그것을 충족시키려고 합니다. 그것을 내버려두면 폭력이 되고, 억누르면 억압이 됩니다. 다스린다는 것은 조절하여 선한 길로 인도하는 것을 말합니다. 성욕 또한 잘 다스려야 합니다. 그것을 방치하면 쉽게 음욕으로 바뀔 수 있습니다.

평생 독신으로 살았던 사도 바울은 고린도교회 성도들에게 흥미로운 충고를 합니다.

"음행을 피하기 위하여 남자마다 자기 아내를 두고 여자마다 자기 남편을 두라"(고전 7:2).

결혼을, 음행을 피하기 위한 방편으로 보는 것이 자못 흥미롭습니다. 그는 이렇게 전제한 다음 각론으로 들어갑니다.

"아내는 자기 몸을 주장하지 못하고 오직 그 남편이 하며 남편도 그와 같이 자기 몸을 주장하지 못하고 오직 그 아내가 하나니 서로 분방하지 말라. 다만 기도할 틈을 얻기 위하여 합의 상 얼마 동안은 하되 다시 합하라. 이는 너희가 절제 못함으로 말미암아 사탄이 너희를 시험하지 못하게 하려 함이라"(고전 7:4-5).

정말 획기적인 선언이 아닐 수 없습니다. 당시 아내는 남편의 재산에 불과했습니다. 남편의 입에서 이혼한다는 말이 공식적으로 세 번 나오면 자동 이혼이 되었습니다.

사우디아라비아에서 실제로 일어난 일입니다. 외국에서 일하는 남편이 아내에게 문자 메시지를 보냈습니다. "당신과 이혼한다"는 내용이었습니다. 황당한 아내는 그 문자 메시지를 들고 법원을 찾아갔습니다. 그런데 법관은 남편의 손을 들어주고 아내는 이혼을 당했습니다. 그런 세상에서 남편의 몸은 아내 것이며, 아내의 몸은 남편 것이라는 선언은, 성경이 어느 시대 어느 문화에서나 통용되는 하나님의 말씀이라는 또 다른 증거가 아닐 수 없습니다.

그런데 요즈음은 상황이 엄청나게 달라졌습니다. 합법적인 부부라도 강제로 성행위를 하면 강간죄가 성립되는 시대입니다. 또 바쁜 현대 생활 속에서 주말 부부나 기러기 가족처럼 부부이면서도 따로 살아야 할 형편일 때가 많습니다. 그래도 아내 몸은 남편 것이고 남편 몸은 아내 것이며, 분방할 때라도 기도하는 마음으로 살라는 사도 바울의 말은 여전히 같은 권위를 지닙니다. 이 지침을 하나님의 말씀으로 여기고 순종할 때, 성욕을 잘 다스릴 수 있고 가정의 행복은 배가 될 것입니다. 성경은 정말 만고불변의 해답이 아닐 수 없습니다.

사도 바울은 가장 바람직한 삶은 독신이라고 생각합니다. 그래서 이렇게 말합니다. "나는 모든 사람이 나와 같기를 원하노라"(고전 7:7). 그렇다고 해서 독신이 절대적으로 옳다는 말은 아닙니다. "그러나 각각 하나님께 받은 자기의 은사가 있으니 이 사람은 이러하고 저 사람은 저러하니라"는 말을 덧붙입니다.

모든 욕구를 반드시 충족시켜야 하는 것은 아닙니다. 잘 다스리면 오히려 고귀한 것으로 승화시킬 수 있습니다. 대표적인 예로 헨리 나우웬을 들 수 있습니다. 그는 태어날 때부터 동성애적 성향을 가졌습니다. 그래서 평생 독신으로 살았고, 그 천형과 같은 성향으로 인해 고투했습니다. 그런데 그의 고투는 하나님 앞에서 진행되었습니다. 그는 십자가를 붙잡고 끓어오르는 욕망을 제어했습니다. 그 결과 누구보다도 깊고 고귀한 신앙의 세계를 체험했습니다. 나우웬의 보석 같은 저서가 그 증거입니다. 또한 사도 바울의 서신들은 오직 주의 영광을 위하여 홀로 살았던 그의 빛나는 업적들입니다.

예수님이 교회를 향해 가지셨던 마음으로 남편과 아내를 서로 바라보십시오. 왜곡된 성으로 무너져가는 가정과 사회를 지킬 수 있는 것은 가장 강력한 힘을 지닌 참 믿음 외에는 없습니다.

출애굽기 20:15 | **9**강

도적질하지 말라

사회가 아무리 타락해도 교회는 정직이 통하는 유일한 곳이어야 합니다.
목회의 힘은 목회자들의 정직에서 나옵니다.
교회마저 오가는 봉투로 흔들린다면
세상은 믿을 데 하나 없이 절망에 빠지고 말 것입니다.

출애굽기 9강

일본 언론인 '기시 도시로'는 일본 NHK 방송국의 서울 지국장을 지낸 사람입니다. 그는 3년 임기를 마치고 일본으로 귀국했다가 심사숙고 끝에 NHK를 퇴직하고 프리랜서 저널리스트로 독립해서 서울에서 활동하기로 결심했습니다. 한창 일할 40대 중반에 좋은 직장과 승진이 보장된 자리를 버리고 한국을 택한 이유를 그는 이렇게 말했습니다. "잘 살고 있지만 생기 없고 어두운 일본인들의 얼굴보다는, 고난의 역사를 겪어왔으면서도 스스로의 힘으로 미래를 만들고자 하는 한국인들의 희망과 기개 어린 얼굴을 더욱 사랑하기 때문입니다."

그는 일본다운 것에 실망하고 한국다운 것에 소망을 걸었습니다.

그는 특히 일본이 세계 최고의 부를 이룩했지만 타인을 위해서 공헌하려는 비전과 도덕성이 결여되어 있다는 점에 실망했습니다. 그런 점에서 그는 한국을 소망 있는 나라, 괜찮은 나라로 보았습니다.

그런데 우리나라가 더욱 괜찮은 나라로 발전하기 위해서 가장 먼저 극복해야 할 문제가 무엇일까요? 바로 부패입니다. 우리나라는 경제 규모로 보면 세계 11, 12위인 것에 반해서 부패 지수로 보면 42위입니다.

많은 미국 지식인들은 현재 미국이 건국 이래 최대 위기를 맞이했다고 생각하며 그 해법 찾기에 골몰하고 있습니다. 비록 이라크 전쟁에서 승리했지만 그 승리에서도 해법을 찾지 못했습니다. 그것은 '9.11테러'와 같은 일발성 위기가 아니라 오랫동안 숨어 있다가 터져 나온 문제이기에 심각성이 더 큽니다.

문제의 시발점은 엔론 사, 월드컴 사, 레록스 사 등 미국 유명한 기업들의 회계 부정 사건입니다. 이것이 오늘날 세계를 뒤흔들고 있는 금융위기의 조짐이요 발화점이었습니다. 미국 굴지 회사들의 회장과 간부 208명이 지난 10년 동안 부정한 방법으로 주식을 팔아 챙긴 돈이 33억 달러였고, 그 때문에 망한 회사가 25개에 달합니다. 그로 인해 종업원 10만 명이 직장을 잃고, 주주들이 입은 손해는 그들이 챙긴 돈의 70배인 2100억 달러나 됩니다. 주가 조작

등으로 치부하는 것은 눈에 보이지 않는 수많은 사람들에게 몇십 배, 몇백 배의 손해를 입힌다는 점에서 단순한 도적질보다 죄질이 더 나쁩니다.

미국은 그들이 가장 소중하게 여기는 '청교도 정신', 그중에서도 가장 핵심 덕목인 '정직'을 버리고 개인의 탐욕에 빠져버렸습니다. 더욱 무서운 것은 지도자들이 부패하기 시작했다는 점입니다.

문제 해결을 더욱 어렵게 만드는 것은 '오만'입니다. 오만은 높은 자리에 올랐을 때 생기는 것입니다. 가난하고 낮은 자리에서는 생기지 않습니다. 그렇게 만사형통한 가운데 자신도 모르게 자라나는 것이 바로 '오만의 독버섯'입니다. 오만은 자체에 독이 있어서 외부의 공격에는 강하지만 자체 내의 붕괴는 막을 수 없다는 특징이 있습니다.

이렇게 미국에서 일어난 금융 대란이 급기야 전 세계를 뒤흔들었습니다. 미국의 탐욕이 오만과 결탁하여 빚어낸 부패의 결과입니다. 이 위기를 보며 한 저명한 미국 경제학자는 "미국은 사탄에게 영혼을 팔았다"라고 잘라 말했습니다.

부패는 왜 일어나는 것일까요?

부패는 악에서 파생된 것입니다. 악의 기원에 대해서는 이사야서 14장 13절이 가장 정확하게 묘사하고 있습니다.

"네가 네 마음에 이르기를 내가 하늘에 올라 하나님의 뭇 별 위에 내 자리를 높이리라 내가 북극 집회의 산 위에 앉으리라 가장 높은 구름에 올라가 지극히 높은 이와 같아지리라 하는도다."

모든 사람들을 자신의 발아래 두고도, 거기서 만족하지 않고 지극히 높은 자, 곧 하나님과 비기리라는 마음을 갖자 악이 물밀 듯이 세상에 밀려들어왔습니다.

하나님은 당신의 말씀을 거역한 아담에게 이렇게 말씀하십니다. "땅은 너로 말미암아 저주를 받고"(창 3:17). 이 말씀은 '내 말 안 들었으니 벌 받으라'는 뜻이 아닙니다.

'좋다'의 반대말은 '나쁘다'입니다. 좋다는 말은 '조화롭다'에서 나왔습니다. 나쁘다는 말은 '나뿐이다'에서 나왔습니다.

좋은 세상에서는 누가 강하고 누가 약한지 중요하지 않습니다. 누가 높은지 누가 낮은지도 중요하지 않습니다. 그저 서로 도우면 됩니다. 그러나 나쁜 세상에서는 서로 높아지고 강해지려고 합니다. 모두 내가 독차지하겠다는 것입니다. 이때 경쟁과 제거가 최우선 과제가 됩니다. 그 결과 이긴 자의 오만과 횡포, 진 자의 고난과 한숨만 남습니다. 여기에 기득권자의 감시와 억압, 그리고 약자의 저항과 와신상담이 더해집니다. 그 자체가 저주이고 혼란입니다.

부패는 오직 나뿐이라는 마음에서 나왔습니다. 남이야 어찌 되든 상관하지 않습니다. 나만 잘 먹고 잘 살면 된다는 것입니다.

우리나라가 '부패 공화국'이 되는 데 한국 교회가 그 책임을 절대로 면할 수 없습니다. 목회자들에게 바치는 수많은 봉투들을 생각해보십시오. 순수한 마음으로 목회자에게 고마움을 표시하는 것도 개중에는 있겠지만 엄연히 그것은 일종의 뇌물입니다. "우리는 무엇을 하리이까"라고 묻는 군인들에게 세례 요한은 "받는 급료를 족한 줄로 알라"(눅 3:14)고 일갈했습니다. 당시 군인들은 힘 그 자체로서 필요한 것을 사람들로부터 마음대로 징발할 수 있었습니다. 그럼에도 절대로 그래서는 안 된다고 못박고 있습니다.

우리 목사들끼리 모여서 하는 말이 있습니다. "요즈음 통 까마귀들이 오지 않아." 굶고 있는 엘리야에게 고기를 물고 날아왔던 까마귀를 빗대어서 하는 말입니다. 봉투가 들어오지 않는다는 뜻입니다.

심방을 앞두고 전도사나 구역장으로부터 전화가 옵니다. 봉투를 준비하라는 것입니다. 단순히 감사헌금이 아니라 심방 목사에게 건넬 봉투를 말합니다. 요즈음 학교에서는 촌지가 거의 사라졌다지만, 교회에서는 여전히 성행합니다.

한 목회자 모임에서 기절초풍할 이야기를 들었습니다. 한 목사가 말하길 자기 교회는 예산을 따로 책정하지 않는다는 것입니다. 자신을 포함해 모든 장로에게 각각 1억 원씩 배당한다고 합니다. 그래야 예산이 많은 부서를 맡기 위해 싸우지 않는다나요. 교육부, 봉사부, 선교부 등 각 부서에서 책임을 맡은 장로가 돈을 소신껏 쓰고, 영수증 처리도 하지 않으며, 물론 연말 감사도 받지 않는다고 합니다. 그 목사는 그런 얘기를 자랑스럽게 늘어놓았고, 나머지 목사들은 부러운 듯 들었습니다.

교회가 부패의 온상이라고 말하지 않을 사람이 없습니다.

한국 교회가 먼저 변해야 합니다. 바다의 소금 농도는 2% 남짓이지만 그럼에도 그 소금 덕분에 바닷물이 썩지 않습니다. 한국 교회 교인 수는 통상 1천만 명이라고 합니다. 인구의 20%입니다. 그런데도 세상은 점점 더 부패하고 있습니다. 죄가 법을 피해 더 은밀한 방법으로 행해지고 있습니다. 그 이유는 목회자나 교인들이 소금 맛을 잃었기 때문입니다. 전도를 하면 너무나 쉽게 듣는 말이 있습니다. "너나 잘하세요"입니다. 이미 교회가 세인들의 발에 짓밟히고 있음을 자각해야 합니다.

하나님은 약속하셨습니다.

"너희는 예루살렘 거리로 빨리 다니며 그 넓은 거리에서 찾아보고 알라. 너희가 만일 정의를 행하며 진리를 구하는 자를 한 사람이라도 찾으면 내가 이 성읍을 용서하리라"(렘 5:1).

세상이 육적으로 타락할수록 영적인 사람들이 살기 편하고, 세상이 부정직해질수록 정직한 사람들이 훨씬 살기 편합니다. 사람들은 타락한 세상을 정직으로 헤쳐 나갈 수 없다고 생각하지만 결코 그렇지 않습니다. 아내가 남편을, 부모가 자식을, 성도가 목사를, 목사가 성도를 믿지 못하는 세상이라고 개탄하지만 정작 알아야 할 게 있습니다. 세상이 악하고 부정직할수록 사람들은 정직을 목말라한다는 것입니다. 정직한 사람을 애타게 기다립니다.

모두가 의심의 눈초리로 서로를 경계하지만 절대로 이것에 굴해서는 안 됩니다. 반드시 영화롭게 하신다는 하나님의 약속을 믿고 한 번, 두 번, 세 번, 계속 끝까지 정직하십시오. 예전에는 일곱 번쯤 정직한 모습을 보여줘야 믿었던 세상이라면 요새는 하도 믿을 사람이 없다보니 네댓 번만 정직해도 사람들의 신뢰를 얻을 수 있습니다.

부패란 정당하지 않은 방법으로 사람들을 속이고 남의 것을 취하는 모든 행위를 말합니다. 부패란 도적질의 다른 말입니다. 그런 의미에서 뇌물 수수가 가장 대표적인 도적질일 것입니다.

업자들 간에 오가는 봉투, 교사들이 받는 촌지 등 뇌물이 온 나라를 덮고 있는데, 거기에서 교회도 예외가 아닌 것 같습니다. 이에 이의를 제기하는 사람이 많겠지만, 사실 목회자들이 받는 '봉투'의 규모도 만만치 않습니다. 미국에서 귀국하여 모 교회 부목사로 일할 때 교인들이 가져다준 봉투에 든 금액이 너무나 커서 놀랐습니다.

  미국에서 목회할 때는, 교인들이 1년에 한 번 크리스마스가 되면 제게 백화점 상품권을 선물했습니다. 액수는 200-300달러 정도였습니다. 고맙게 받았지요. 그런데 하루는 어떤 분이 은혜를 받았다며 100만 원짜리 수표를 놓고 갔습니다. 그때 처음 100만 원짜리 수표를 보았습니다. 당시 미화로 1000달러가 넘는 거액이었습니다. 벌써 15년 전 일입니다. 10만 원짜리 수표는 종종 들어왔습니다. 제가 무당도 아닌데 기도해달라며 교인들이 봉투를 놓고 가는 것이었습니다. 목사가 교인들을 위해 기도하는 것은 당연한 일인데 왜 봉투를 놓고 가는지 이해할 수 없었습니다.

  그래서 모 교회 담임목사로 부임한 다음에 '모든 봉투 사절'을 외쳤습니다. 감사할 일이 있으면 목사가 아니라 하나님께 감사하라고 가르쳤습니다. 그래도 명절이 되면 과도한 선물들이 들어왔습니다. 그래서 모두 나눠주고 다음 명절부터는 선물 사는 데 드는 모든 비용을 불우이웃 돕기 헌금에 쓰도록 했습니다. 3년 정도 지나자 그런 풍토가 정착되기 시작했습니다. 목회자가 사례비 외의 돈을 받아서는 안 된다고 저는 여전히 믿고 있습니다.

아무리 사회가 부정직해도 교회는 정직이 통하는 유일한 곳이 되어야 합니다. 목회의 힘은 목회자들의 정직에서 나옵니다. 그런데 교회마저 오가는 봉투로 흔들린다면 이 세상은 믿을 데 하나 없이 절망에 빠진다는 것을 모두 명심해야 합니다.

하나님은 살인죄, 간음죄 다음으로 도적질을 중한 죄로 보셨습니다.

십계명을 생각할 때 마음에 새겨두어야 할 점이 있습니다. 세상 법도 살인이나 간음이나 도적질을 범죄로 보고 그에 상응하는 벌을 내립니다. 그런데 세상 법과 십계명이 근본적으로 다른 점이 있습니다. 십계명에 기록된 범죄들을 하나님이 영적 범죄로 보고 계신다는 점입니다.

살인죄는 하나님이 주신 생명을 파괴하는 행위이고, 간음죄는 하나님이 주인이신 생명을 노리갯감으로 여기는 행위입니다. 도적질 역시 단순히 탐욕에 관련된 죄가 아닙니다. 그것은 단순히 더 많은 것을 소유하려는 육체의 일이 아닙니다. 도적질은 곧 영적 부패입니다.

리처드 포스터Richard Poster는 《돈, 섹스, 권력》이라는 책에서 돈, 섹스, 권력을 인류 최대의 유혹으로 보았습니다. 세상 문제가 이리저리 꼬여 복잡한 것 같아도 한 꺼풀 벗겨내고 보면 이 세 가지가 서로 얽힌 문제라는 것입니다.

돈은 현대인에게 신과 같은 권능을 행사합니다. 돈의 힘 앞에 이데올로기도, 지위도, 학벌도, 전통도, 가정이나 국가도, 심지어 교회까지 머리를 숙입니다. 한 유명한 목사가 담임하던 교회에서 물러났는데, 부자들만 챙긴다는 것이 사임의 이유 중 하나였습니다.

예수님도 돈의 힘을 당연히 알고 계셨습니다.

"한 사람이 두 주인을 섬기지 못할 것이니 혹 이를 미워하고 저를 사랑하거나 혹 이를 중히 여기고 저를 경히 여김이라. 너희가 하나님과 재물을 겸하여 섬기지 못하느니라"(마 6:24).

여기서 '섬긴다'는 것은 '경배한다', '예배한다'는 말입니다. 돈이 신과 같은 존재가 될 수 있다는 말입니다. 돈이 우리를 파괴시킬 수 있는 것은 우리 속에 있는 탐욕과 직접 결탁되기 때문입니다. 더 많이 가지라고 우리를 충동질합니다. 남의 것을 빼앗으라고 부추깁니다. 방해가 되는 것은 무엇이든 제거하라고 속삭입니다.

영국이 낳은 석학 토인비 교수는 이렇게 말합니다. "부를 추구하는 것은 현대 모든 국가의 지상 목표가 되었다. 그러나 그것은 치명적인 오류다. 그 이유는 첫째, 그 자체가 부도덕하기 때문이고, 둘째, 완전한 달성이 불가능하기 때문이다."

돈이 신이 될 때 우리는 더 많이 갖고 싶다는 충동을 느낍니다. 남의 것을 빼앗고 싶은 마음이 듭니다. 방해 요소를 암암리에 제거하려고 술수를 쓰게 됩니다. 그렇게 해서 많이 가져도 여전히 모자람을 느낍니다.

여기에서 끝나지 않습니다. 돈은 기독교를 타락으로 몰아갑니다. 교인들이 하나님을 귀신 섬기듯, 목사를 무당 섬기듯 하는 것도 모두 남보다 부귀영화를 많이 얻기 위해서입니다.

성경을 읽다가 크게 감명 받은 구절이 있습니다. 역대상 26장 14절 말씀입니다.

"셀레먀는 동쪽을 뽑았고 그의 아들 스가랴는 명철한 모사라. 모사를 위하여 제비 뽑으니 북쪽을 뽑았고."

셀레먀와 그의 아들 스가랴는 하나님 성전의 문지기로 발탁된 사람들입니다. 동방은 동쪽을 뜻합니다. 그런데 스가랴는 '명철한 의사'였습니다. 여기서 '의사'는 카운슬러라고 번역할 수 있는데, 그는 머리가 좋고 총명하며 능력 있는 사람이었습니다. 한마디로 잘 나가는 직업을 가진 사람이었습니다. 그런데 아버지의 뒤를 이어 북쪽 방을 지키는 문지기가 되었습니다. 정문을 지키며 폼 잡는 자리도 아닙니다. 북쪽 끝 방을 혼자서 하루 종일 지키는 일을 하는 것입니다. 그 시간에 돈을 벌면 더 좋을 텐데도 그는 기꺼이 하나님 성전의 문지기가 되었습니다. 그래서 그의 이름은 영광스럽게 성경에 기록되어 수천 년이 지난 오늘날에도 많은 사람에게 감동을 주고 있습니다.

많은 성도들은 자기 재산을 지키는 문지기로 하나님을 세우려고 합니다. 그러면서도 정작 자신은 하나님의 문지기가 되려고 하지 않습니다.

"하나님, 이렇게 신앙생활을 잘 하고 있으니까 내 재산을 잘 지키고 늘려주세요. 예수님, 교회 봉사도 잘하고 십일조도 잘 내니까 문지기가 되어 저와 가족의 건강을 지켜주세요." 하나님도 부족하여 예수님까지 자기 문지기로 세우려고 합니다.

그런데 하나님은 우리의 그런 부탁을 잘 들어주십니다. 그래서 기꺼이 문지기가 되어주십니다. 시편 기자는 이렇게 노래합니다.

"이스라엘을 지키시는 이는 졸지도 아니하시고 주무시지도 아니하시리로다"(시 121:4).

예수님의 산상수훈 중에 이런 말씀이 있습니다.

"마음이 청결한 자는 복이 있나니 그들이 하나님을 볼 것임이요"(마 5:8).

헌금 많이 하고 교회에 충성하는 자보다 마음이 청결한 자가 하나님을 본다는 것입니다. 기도 많이 하고, 성경 열심히 읽는 자보다 마음이 정직하고 깨끗한 자가 하나님을 만난다는 것입니다. 영의 눈으로 하나님을 본 사람은 결코 시시한 것에 집착하지 않습니다.

보통 사람들은 Money(돈)를 위하여 일합니다.

훌륭한 사람은 Meaning(의미)을 위하여 일합니다.

가장 훌륭한 사람은 Mission(사명)을 위하여 일합니다.

마음이 청결한 사람은 하나님을 보며, 하나님을 본 사람은 하나님의 사명을 봅니다. 하나님의 사명을 위하여 일하는 사람은 남의 것을 빼앗는 것이 아니라 자신의 것을 내줍니다. 예수님은 하나밖에 없는 생명조차 내주셨습니다.

돈과 권력은 하나님의 선물입니다. 그러므로 돈은 하나님의 사명을 수행하는 데 아주 요긴하게 쓰입니다. 정당한 방법으로 열심히 일해서 돈을 많이 버십시오. 그래서 하나님의 일을 많이 하십시오. 그런 사람들은 탐욕을 부리거나 도적질하지 않아도 하나님이 더 많이 주십니다.

치약으로 유명한 '콜게이트'는 사람 이름입니다. 그는 콜게이트 대학 설립자입니다. 그는 젊었을 때 한 노인에게 "무엇을 하며 살아야 합니까?"라고 물었습니다. 노인은 "네가 할 수 있는 일이 무엇이냐?"라고 되물었습니다. 콜게이트는 비누와 양초 만드는 기술이 있다고 대답했습니다. "그럼 그 일을 계속해라. 단, 조건이 있다. 주님을 동업자로 모셔서 수입이 생기면 십일조를 바쳐라. 인생이란 스스로 사는 게 아니다. 하나님이 네 인생을 지배하고 계심을 잊지 말아라"고 노인은 말했습니다. 그는 그 충고를 평생 마음에 새기며 살았고 크게 성공했습니다.

 록펠러는 당대 전 세계 최고의 부자였습니다. 십일조를 계산하는 직원만 40명이 있었습니다. 그는 그 엄청난 부로 12개의 대학과 1980개의 교회를 세웠습니다. 그렇게 하면서도 절대로 자신의 이름을 남기지 않았습니다. 사랑하는 아내가 죽고 나서 필라델피아대학 교내에 아내의 이름으로 세운 기념 교회에 자신의 이름을 유일하게 남겼습니다.

 자기 힘을 과시하며 치부하는 일에 권력을 사용해서는 안 됩니다. 남을 도와주고 살리는 일에 써야 합니다. 권력이 크면 클수록 더 많은 생명을 구하고 더 많은 일을 할 수 있습니다. 교회도 더 커져야 하고 더 힘을 가져야 합니다. 그런데 그것은 주님의 일을 더 많이 하기 위해서여야 합니다.

 또 하나 기억할 것은 절대로 놀고먹어서는 안 된다는 것입니다.

일을 하고 싶어도 못하는 사람들이 있기는 하지만 무위도식은 또 다른 도적질입니다. 세상은 거대한 유기체입니다. 누군가가 놀고 있으면, 누군가는 일을 더 많이 해야 합니다. 그것은 하나님이 주신 생명을 도적질하는 것이요, 남의 노력을 도적질하는 것입니다. 그래서 사도 바울은 "누구든지 일하기 싫어하거든 먹지도 말게 하라"(살후 3:10)고 했습니다.

빨리 많은 돈을 벌어 편히 놀고먹는 것은 세상 사람들의 목표일 뿐입니다. 그러나 하나님은 그것을 죄악으로 보십니다. 그것이 크리스천들이 살아가는 목표가 될 수 없습니다. 할 일이 태산입니다. 추수할 곡식은 온 땅에 널려 있는데 추수할 일꾼이 없습니다. 넉넉한 이들은 하나님께 큰 축복을 받은 사람들입니다. 일용할 양식에 연연해하지 않고 하나님의 일을 할 수 있기 때문입니다. 이제 마음껏 일하십시오. 그리하여 하나님이 주시는 영광의 면류관을 받으십시오.

탐욕을 몰아내는 유일한 길은 하나님을 마음에 담는 것입니다. 인간은 하나님의 형상을 지닌 존재입니다. 어떤 것으로도 인간의 마음을 채울 수 없다는 것이 그 증거입니다. 인간의 마음은 오직 하나님을 담을 때에만 넘칩니다.

언제나 주님의 말씀에 귀 기울이십시오.

"공중의 새를 보라. 심지도 않고 거두지도 않고 창고에 모아들이지도 아니하되 너희 하늘 아버지께서 기르시나니 너희는 이것들보다 귀하지 아니하냐"(마 6:26).

"들의 백합화가 어떻게 자라는가 생각하여 보라. 수고도 아니하고 길쌈도 아니하느니라"(마 6:28).

무엇을 먹을까, 입을까, 마실까 염려하는 사람들은 참새만도 못한 사람들입니다. 들의 풀 한 포기만도 못한 사람들입니다. 하나님은 가장 사랑하는 우리들을 절대로 굶기지 않으십니다. 이런 믿음이 있어야 합니다. 그래야 마음속으로라도 도적질을 하지 않게 됩니다.

모든 일에 넉넉하게 공급하시는 하나님, 기꺼이 우리의 문지기가 되어주시는 하나님을 믿음으로 탐욕과 도적질하는 마음에서 떠나십시오.

10강 | 출애굽기 20:16

Exodus

비록
사실일지라도

남을 해치려고, 책임을 미루려고 거짓말해서는 안 됩니다.
귀찮은 일을 모면하려고 흔한 거짓말도 해서는 안 됩니다.
비록 사실일지라도 음해 목적으로 그 사실을 폭로해서는 안 됩니다.

출애굽기 10강

김은국 교수의 《순교자》는 좀 특이한 경로로 출판된 책입니다. 이 책은 먼저 영어로 출간되었다가 나중에 한국말로 번역되었습니다. 1964년 미국에서 출판되었을 당시 《뉴욕타임즈》는 이 작품을 가리켜 도스토예프스키나 알베르트 카뮈 등 위대한 세계 문호들의 도덕적, 심리적 전통을 이어받은 훌륭한 작품으로 영원히 남을 것이라고 격찬했습니다.

 이 소설의 배경은 6.25 동란입니다. 한국군이 평양을 점령하기 직전, 평양에 있던 목사 14명이 인민군에게 체포되었습니다. 숱한 고문을 당한 끝에 12명의 목사는 처형되고 2명만 살아남았습니다. 12명은 순교자로 지칭되고, 국군이 그들의 시체를 찾다가 순교자를 위한 성대한 장례식을 치러주었습니다. 순교한 12명의 목사들은 높이 추앙되었지만, 살아남은 두 목사는 배신자요 배교자로 낙인 찍혀 지탄을 받았습니다. 그들은 엄청난 수모와 압제를 받으면서도 아무런 변명도 하지 않았습니다. 특별히 당시 사건에 대해서는 절대로 입을 열지 않았습니다.

얼마 후 12명의 목사를 처형한 정 소좌라는 인민군 장교가 국군의 포로가 되면서 당시의 진상이 밝혀집니다. 정 소좌의 말에 의하면, 12명의 목사는 공산당의 협박과 고문에 무릎을 꿇고 살려달라고 애걸하며 어떻게 해서든 목숨을 부지하려고 서로에게 책임을 미루며 권모술수를 썼다고 합니다. 그들의 짓이 하도 저속하고 비열해서 모두 죽였다는 것입니다. 그밖에 한 사람은 심한 고문에 정신이상이 되고, 다른 한 사람인 신 목사만 크리스천으로서 당당하게 복음을 증거하면서 지조를 지켰다고 합니다. 그래서 그 용기를 존중하여 미친 사람과 함께 살려주었다고 했습니다.

아무리 사실일지라도 다른 사람의 치부를 말하는 것 역시 "네 이웃에 대하여 거짓 증거하지 말라"는 아홉 번째 계명을 범하는 죄라고 할 수 있습니다. 십계명의 목적은 사람의 생명을 살리는 데 있기 때문입니다.

십계명을 존중하여 지키는 사람은 자신이 먼저 살아납니다. 육체뿐만 아니라 영혼이 살아납니다. 나아가 다른 사람도 살립니다.

주님이 이 땅에 오신 목적과 십계명의 목적은 서로 같습니다. 주님이 이 땅에 오신 목적을 요한복음 10장 10절이 가장 잘 설명하고 있습니다. "도둑이 오는 것은 도둑질하고 죽이고 멸망시키려는 것뿐이요 내가 온 것은 양으로 생명을 얻게 하고 더 풍성히 얻게 하려는 것이라."

하나님은 인간을 불쌍히 여기십니다. 어떻게 해서든지 생명을 구원하고 회복시켜 더욱 풍성히 누리게 하기를 원하십니다. 그 간절함 때문에 사랑하는 독생자까지 십자가에 내주신 것입니다. 이것이 하나님의 긍휼입니다. 예수님은 십자가에 달려 죽어가면서도 자신을 십자가에 매단 자들의 영적 무지를 위하여 기도하셨습니다. "주여, 저들을 용서하옵소서." 이것이 예수님의 긍휼입니다.

아무리 사실이라도 그것이 상대에게 해가 된다면 침묵해야 합니다. 그것은 오직 하나님의 긍휼을 마음에 품을 때에만 가능한 일입니다. 그리고 보면 우리는 아홉 번째 계명을 알게 모르게 얼마나 많이 간과하며 살아가는지 모릅니다.

아홉 번째 계명은 원래 구약 시대의 재판에 적용되던 계명입니다. 당시 모든 성인 남자는 재판에 참여할 권리가 있었습니다. 특히 재판에서 증언에 따라 피의자의 생명이 좌우될 경우 주민들을 소집했습니다. 올바른 증언을 하느냐 못 하느냐에 따라 피의자의 평판과 명예, 나아가 생명이 좌우될 수 있었습니다. 따라서 이웃에 대해 거짓 증언하지 말라는 계명은 동족인 이웃의 명예와 권리, 생명을 존중해야 한다는 구체적인 표현입니다.

이스라엘에서는 살인자를 재판할 때 2명 이상의 증인이 있어야 유죄를 확증하고, 그 다음에 사형을 집행했습니다. 재판에 증인으로 나선 이들이 가장 먼저 돌을 들어 살인자에게 던져야 했습니다. 그런데 증인의 진술이 거짓으로 판명되면 그들 역시 위증죄로 돌에 맞아 죽어야 했습니다. 이러한 관례 때문에 사도 바울과 세례 요한, 나아가 우리 주 예수 그리스도가 고초와 죽임을 당했습니다.

중상모략은 사람들에게 깊은 상처를 남기는 날카로운 칼입니다. 어거스틴은 중상모략을 가리켜 '혀로 행하는 살인'이라고 말했습니다. 왜 모든 사람들은 거짓말과 중상모략에서 자유로울 수 없을까요? 그 이유는 단 하나입니다. 우리의 옛 사람이 여전히 내 안에 남아 사탄의 조종을 받기 때문입니다. 마귀는 헬라어로 '디아볼로스 *diabolos*'라고 하는데 '중상하는 자', '비방하는 자', '참소하는 자'라는 뜻입니다. 사탄은 에덴동산에서부터 세상 끝 날까지 존재합니다.

요한계시록 12장 9-10절은 사탄의 정체를 다음과 같이 밝히고 있습니다.

"큰 용이 내쫓기니 옛 뱀 곧 마귀라고도 하고 사탄이라고도 하며 온 천하를 꾀는 자라. 그가 땅으로 내쫓기니 그의 사자들도 그와 함께 내쫓기니라. 내가 또 들으니 하늘에 큰 음성이 있어 이르되 이제 우리 하나님의 구원과 능력과 나라와 또 그의 그리스도의 권세가 나타났으니 우리 형제들을 참소하던 자 곧 우리 하나님 앞에서 밤낮 참소하던 자가 쫓겨났고."

사탄을 '온 천하를 꾀는 자', '밤낮 참소하던 자'로 규정하고 있습니다.

사탄의 존재를 가장 정확하게 규명한 이는 예수님입니다.

"너희는 너희 아비 마귀에게서 났으니 너희 아비의 욕심대로 너희도 행하고자 하느니라. 그는 처음부터 살인한 자요 진리가 그 속에 없으므로 진리에 서지 못하고 거짓을 말할 때마다 제 것으로 말하나니 이는 그가 거짓말쟁이요 거짓의 아비가 되었음이라"(요 8:44). 사탄은 한마디로 '거짓의 아비'입니다.

그러므로 거짓말이나 거짓 증언은 사람이기 때문에 어쩔 수 없이 하는 행위이거나 흔한 현상이 아닙니다. 그것은 그 사람이 밤낮으로 참소하고 비방하는 거짓의 아비 사탄의 수하에 들어갔다는 뜻임을 명심해야 합니다. 경계심을 풀어서는 안 됩니다. 그래야 '네 이웃에 대하여 거짓 증언을 하지 말라'는 아홉째 계명을 잘 지킬 수 있습니다.

스캇 펙Scott Peck 박사의 저서 《거짓의 사람들》은 사탄의 정체를 정확하게 서술하고 있습니다. 스캇 펙 박사는 정신장애를 앓고 있는 사람들을 진심으로 도우려는 고귀한 열정으로 가득한 정신과 의사입니다. 그런데 그의 환자 중 몇몇은 증상이 별로 심각하지도 않은데 수년간의 치료에도 전혀 진척이 없었습니다. 그러는 동안 스캇 펙 박사는 어떤 거대한 존재가 배후에서 환자와 자신을 농락하고 있다는 확신을 갖게 됩니다. 그래서 악이나 사탄, 마귀 같은 존재에 대한 자료를 모으기 시작했고, 수많은 책과 고대 문헌, 마귀를 다룬다는 종교 집회와 마귀 축출 의식에 참석했습니다. 그 과정에서 서서히 악의 세력이 존재함을 감지합니다.

그러다 마귀를 축출하는 기독교 의식에서 한 사람의 몸에 도사리고 있던 마귀가 드러나는 놀라운 광경을 목격합니다. 그는 다음과 같이 말했습니다.

"내가 각 축사에서 보았던 그 영은 틀림없이 절대적으로, 처음부터 끝까지 인간의 생명과 성장을 거스르는 일에 열중하고 있었다. 한번은 왜 그리스도를 반대하냐는 질문에 그 영은 이렇게 대답했다. '그리스도가 사람들에게 서로 사랑하라고 가르치기 때문이다.' 인간의 사랑이 왜 그렇게 못마땅하냐고 물었더니 그 영은 이렇게 대답했다. '나는 사람들이 바쁘게 일하기를 원한다. 그러다 보면 싸움이 일어날 테니까.' 계속 더 질문하려고 하자 그 영은 축사자에게 한마디로 잘라 말했다. '너도 죽여버리고 싶다!' 그 영에게 창조적이거나 건설적인 것은 눈곱만큼도 없었다. 그것은 완전한 파괴성 그 자체였다"

예수님이 말씀하신 대로 사탄은 도적질하고 죽이고 멸망시키려는 의도 말고는 가진 게 없는 존재입니다.

스캇 펙 박사는 그 경험을 한 후, 곧 세례를 받고 크리스천이 되었고, 악의 정체를 규명하고 폭로하며 공동체를 생명 공동체로 전환시키는 일에 헌신하고 있습니다. 그는 '거짓의 아비'야말로 사탄의 정체를 가장 정확하게 규정하고 있다고 말합니다. 그는 마귀와 대화하는 중에 그자가 늘어놓은 거짓말들을 기록했는데 다음과 같습니다.

"인간은 자력으로 살아가야 한다. 자기 방어를 위해 자신 외에는 아무것에도 의지하면 안 된다."

"세상만사는 긍정적인 힘과 부정적인 힘의 개념으로 설명할 수 있고, 그 합계는 언제나 제로다. 그러므로 신비라는 것은 전혀 없다."

"사랑이란 개념일 뿐 객관적인 실체는 아니다."

"죽음은 인생의 절대 종국이며 그 뒤에는 아무것도 없다."

"모든 인간이 행동하는 주요 동기는 돈이며, 그렇게 보이지 않는 경우가 있다면 위선을 행하고 있는 것이다."

"돈을 위해 경쟁하는 것이야말로 가장 현명하게 인생을 살아가는 방법이다."

이 목록들을 읽으면서 무슨 생각이 듭니까? 잘못된 생각 같습니까, 아니면 세상 사람들 대부분이 하고 있는 생각 같습니까? 이것이 바로 사탄이 늘어놓는 거짓말들입니다. 여기에 동조하는 사람이 있다면 그 역시 거짓의 아비인 사탄에게 조종당하고 있다는 증거입니다. 단순한 문제가 아닙니다. 대단히 심각한 문제입니다. 수많은 사람들이, 심지어 많은 교인들까지 자신도 모르는 사이에 거짓의 아비인 사탄에게 사로잡혀 있습니다. 그래서 사탄을 '공중 권세를 잡은 자'라고도 말합니다.

예수님의 말씀을 소홀히 들어서는 안 될 이유가 여기에 있습니다. 예수님은 사탄의 정체를 가장 정확하게 드러내며, 교묘하기 짝이 없는 궤계로부터 자유롭게 하실 수 있는 유일한 분이기 때문입니다.

하나님이 만드신 세상의 원리는 아주 간단합니다. 하나님은 '사랑과 진리'로 사람을 통하여 '창조' 해가시고, 사탄은 '증오와 거짓'으로 사람을 유혹하여 '파괴' 합니다. 사탄의 존재 목적은 오직 '파괴' 입니다. 그런데 예수님을 알기 전에는 결코 이러한 사탄의 궤계를 알 수 없습니다. 아담과 이브의 타락 이래로 본질상 사람들은 '불순종의 자녀' 이자 '진노의 자녀' (엡 2:3)이기 때문입니다.

'살다' 라는 단어는 영어로 live입니다. 그것을 거꾸로 읽으면 evil이 됩니다. 곧 '악' 입니다. 생명을 거스르는 것이 곧 악입니다. 사탄은 그래야만 살 수 있다는 거짓말로 끊임없이 우리를 유혹합니다. 그러나 사실 그것은 죽는 길입니다. 오직 길이요 진리요 생명인 예수 그리스도를 믿고 사랑하고 의지할 때 우리는 살 수 있습니다. 살 뿐만 아니라 더욱 풍성해집니다.

남을 해하려는 목적으로 그 어떤 거짓말도 해서는 안 됩니다. 책임을 전가하기 위하여 거짓말을 해서는 안 됩니다. 귀찮은 일을 모면하기 위하여 흔히 하는 거짓말도 해서는 안 됩니다. 아무리 사실이더라도 다른 사람을 음해할 목적으로 그 사실을 폭로해서는 안 됩니다.

그렇다고 해서 언제나 침묵만이 능사는 아닙니다. 부모가 자식들의 잘못을 쉬쉬 하며 덮는 경우가 대표적인 예입니다. 아버지에게 혼날까봐 자녀의 잘못을 어머니가 해결해주는 경우, 문제는 결코 간단하게 끝나지 않습니다. 그런 식으로 자라난 자녀들은 반드시 큰 문제에 휘말리게 되어 있습니다.

진실을 말해야 하는 경우도 있습니다. 오직 하나님의 공의를 위하여, 상대를 진리로 인도하기 위하여, 더 이상 많은 사람들이 한 사람의 잘못된 영향력 아래에서 신음하는 것을 막기 위해서만 진실을 말해야 합니다. 그때에도 단 한 조각이라도 나쁜 의도가 없어야 합니다. 중심을 보시는 하나님 앞에서 자신이 대신 징계를 받는다는 결단으로 진실을 말해야 합니다. 예언자들이 바로 그렇게 했습니다.

범죄한 다윗 앞에서 나단 선지자는 외쳤습니다. "당신이 그 사람이라"(삼하 12:7). 당시 최대의 실력자 바리새인들에 대해 예수님이 거리낌 없이 하신 비판이나 바울이 거짓 교사들에게 한 공격도 그와 같은 것이었습니다. "그러나 우리나 혹은 하늘로부터 온 천사라도 우리가 너희에게 전한 복음 외에 다른 복음을 전하면 저주를 받을지어다"(갈 1:8).

그 외에는 언제나 세 치 혀를 잘 다스려야 합니다. 야고보 사도는 '혀를 잘 다스리는 것이 참된 신앙을 알아보는 시금석'이라고 말했습니다. "누구든지 스스로 경건하다 생각하며 자기 혀를 재갈 물리지 아니하고 자기 마음을 속이면 이 사람의 경건은 헛것이라" (약 1:26).

누군가에 대하여 나쁜 생각이 들면 '내가 지금 잘못하고 있구나' 라고 생각하십시오. '내가 지금 사탄의 조종을 받고 있구나' 라고 생각하며 하나님께 도움을 구하십시오. "하나님 아버지, 제 혀에 재갈을 물려주옵소서. 그리하여 사탄의 궤계에 놀아나지 않게 하옵소서. 예수님의 이름으로 기도합니다."

아홉 번째 계명과 관련하여 스스로를 돌아보아야 할 몇 가지 사항이 있습니다.

첫째, 일상생활에서 직접 거짓말하지는 않았더라도 다른 형식으로 위장된 거짓말을 하지 않았는가? 속은 전혀 그렇지 않으면서도 겉으로는 점잖은 척, 진실한 척, 겸손한 척 하는 것을 말합니다. 속과 겉이 같다는 것은 느끼는 대로 행동하는 게 아니라 속을 잘 다스려 참으로 겸손하며 진실하다는 뜻입니다.

둘째, 나를 드러내려고 과장해서 말하고 요란하게 행동하지 않았는가? 자신을 드러내려는 욕망은 사탄의 가장 대표적인 특징입니다. 자신의 허물은 은폐하고 장점만 돋보이게 하려는 의도 역시 행동으로 하는 거짓말입니다. 스캇 펙 박사는 "자신을 미워할 줄 모르는 것, 자신을 거스르지 못하는 것이야말로 책임 전가 행위의 뿌리요 핵심적인 죄"라고 규정합니다. 악한 사람들은 자신의 잘못에 직면하는 대신에 다른 사람을 공격합니다. 그런 사람들은 언제나 거짓된 말과 행동에 사로잡혀 있습니다.

셋째, 나의 허물이나 실수 때문에 다른 사람들이 피해를 입었을 때 아무리 어린 자녀에게라도 사과했는가? 사람은 화 같은 감정 폭발로부터 자유롭지 못합니다. 그러다 보니 종종 상대방에게 큰 상처를 남깁니다. 하지만 사도 바울의 말처럼 "분을 내어도 죄를 짓지 말며 해가 지도록 분을 품지 말고 마귀에게 틈을 주지 말"(엡 4:26-27)아야 합니다. 그리고 예수 그리스도의 이름으로 상대방에게 진심어린 사과를 해야 합니다.

사도 바울은 이렇게 권면합니다. "무릇 더러운 말은 너희 입 밖에도 내지 말고 오직 덕을 세우는 데 소용되는 대로 선한 말을 하여 듣는 자들에게 은혜를 끼치게 하라"(엡 4:29).

사실 그렇게 하기가 여간 어렵지 않습니다. 육체의 소욕은 스스로 다스릴 수 있는 게 절대로 아니기 때문입니다. 혀에 재갈 물리는 일도 스스로 할 수 없습니다. 사도 바울도 이에 대하여 장탄식을 합니다. "내 속사람으로는 하나님의 법을 즐거워하되 내 지체 속에서 한 다른 법이 내 마음의 법과 싸워 내 지체 속에 있는 죄의 법으로 나를 사로잡는 것을 보는도다. 오호라 나는 곤고한 사람이로다. 이 사망의 몸에서 누가 나를 건져내랴"(롬 7:22-24).

그 유일한 길은 성령을 받는 것입니다. 오순절 다락방에 성령이 임하자 성령을 받은 제자들에게 스스로 전혀 통제할 수 없는 일이 벌어졌습니다. 그들의 입에서 자신도 전혀 알지 못하는 말이 마구 터져 나왔습니다. 성령 하나님이 제자들의 혀를 사로잡았기 때문입니다. 그러자 본질상 사탄에게 사로잡혔던 혀가 풀렸습니다. 중상하고 비방하고 참소하고 거짓 증거하던 옛 사람이 사라졌습니다. 그들은 예수 그리스도를 증거하고, 도탄에 빠진 사람들에게 용기와 힘을 주고, 하나님을 찬양하는 새 사람으로 거듭났습니다.

언어는 하나님 그리고 이웃과 소통하여 그 관계를 깊게 하라고 하나님이 주신 선물입니다. 이 귀한 선물을 남용하거나 오용하는 것이 바로 아홉 번째 계명을 범하는 죄입니다.

당신은 언어로 살리는 일을 하고 있습니까, 죽이는 일을 하고 있습니까?

11

강 | 출애굽기 20:17

Exodus

세상을
다 가져도

다른 사람의 것을 욕심내기 시작하면,
아무리 믿음이 좋은 사람일지라도 그의 눈앞에
하나님은 사라지고 욕심나는 그것만 아른거리게 됩니다.
탐욕에 지배를 받게 됩니다.

출애굽기 11강

성경에는 여러 이방신들의 이름이 등장합니다. 대표적인 것이 바알입니다. 그 외에 몰렉, 다곤, 아세라, 밀곰 등이 나옵니다. 모두가 '번영의 신' 입니다. 사람들은 그 신들을 잘 섬겨서 이 땅에서 무병장수하고 부귀영화를 얻고자 했습니다. 그래서 바알의 머리는 다산과 정력을 상징하는 황소입니다.

  이방신들을 섬길 때 행하는 대표적인 행위 두 가지가 있습니다. 자기 자녀를 불에 태워 제물로 바치는 것과 신전에 올라가서 '신의 딸들' 과 관계를 맺는 것입니다.

  "힌놈의 아들 골짜기에 도벳 사당을 건축하고 그들의 자녀들을 불에 살랐나니 내가 명령하지 아니하였고 내 마음에 생각하지도 아니한 일이니라. 그러므로 여호와께서 말씀하시니라. 날이 이르면 이곳을 도벳이라 하거나 힌놈의 아들의 골짜기라 말하지 아니하고 죽임의 골짜기라 말하리니 이는 도벳에 자리가 없을 만큼 매장했기 때문이니라"(렘 7:31-32).

힌놈의 아들 골짜기는 예루살렘의 서쪽에서 남쪽에 걸쳐 있는 골짜기로서, 이곳에서는 항상 불이 타올랐습니다. 예루살렘 성의 쓰레기를 여기서 태웠기 때문입니다. 그런데 이스라엘 백성들은 이곳에 도벳 산당을 짓고 몰렉 신을 섬기며 이방인들이 하던 짓을 그대로 따라했습니다. 어린아이들을 태워 인신 제사를 지내는 끔찍한 일을 저질렀습니다.

너무나 기가 막힌 하나님이 말씀하십니다.

"내가 명하지 않았고 생각지도 않은 일이다."

그들은 왜 소중한 자녀들을 불살라 제물로 바쳤을까요? 소중한 것을 바쳐서 신들을 기쁘게 하여 화를 면하고 복을 얻기 위해서였습니다. 그들이 바친 예물은 한마디로 '뇌물' 이었습니다.

사람들은 소중한 것이 무엇일까 생각하다가 처음에는 동물들을 바쳤습니다. 그런데 신들의 응답이 성에 차지 않습니다. '왜 응답이 없지? 우리가 바친 예물이 마음에 들지 않는가보다.' 또는 '응답이 고작 이것뿐이라니'라고 생각하기 시작했습니다. 그들은 어떻게 하면 더 많은 번영을 얻을 수 있을까 경쟁적으로 생각하다가 마침내 세상에서 가장 소중한 자녀의 목숨까지 바치게 된 것입니다.

갈 데까지 간 것입니다. 인간의 욕심은 그 끝이 보이지 않습니다. 그런데 그들의 행태는 여기서 끝나지 않습니다. 그들은 신들에게 복을 얻는 구체적인 길을 찾았습니다.

"그들이 산꼭대기에서 제사를 드리며 작은 산 위에서 분향하되 참나무와 버드나무와 상수리나무 아래에서 하니 이는 그 나무 그늘이 좋음이라. 이러므로 너희 딸들은 음행하며 너희 며느리들은 간음을 행하는도다"(호 4:13).

이것은 이스라엘이 가나안 땅에 정착한 후, 여호와 하나님을 떠나 이방신들을 섬기면서 생긴 일들입니다. 이스라엘의 여자들이 이방신들의 신전에 속한 '신의 딸들'이 되었다는 것입니다. 그들은 신의 능력을 전수받기 위하여 모여든 남자들과 성관계를 맺었습니다. 이러한 행위는 당시 가나안에서 파종 때가 되면 왕 이하 모든 남자들이 으레 행하는 관례였습니다.

당시 상황을 마음속에 한번 그려보십시오.

남편이 하는 일이 영 신통치 않자 아내에게 말합니다. "아무래도 아세라 신을 찾아가 치성을 드려야겠어." 아내는 없는 돈을 마련하여 남편에게 챙겨줍니다. 남편은 목욕재계까지 하고 산꼭대기에 있는 신전으로 발걸음을 옮깁니다. 아내는 떠나는 남편을 향하여 두 손을 모으고 정성스레 기원합니다. "제발 복을 내려주소서."

산에 도착한 남편은 가쁜 숨을 가라앉히며 마련해간 제물을 바치고 신전에 속한 신의 딸과 관계를 맺습니다. 그 여자는 다름 아닌 한 동네에 사는 사람입니다. 아세라 신의 능력을 받는데 이 모든 일이 무슨 상관있단 말입니까?

그런데 이것이 당시에만 있었던 일일까요?

사업하는 남편이 늦은 밤에 술이 잔뜩 취해서 들어옵니다. 옷에서는 술 냄새와 함께 화장품 냄새도 진동합니다. 아내는 남편이 어디에서 오는 길인지 다 알고 있습니다. 그러나 내미는 두둑한 돈봉투 앞에 눈을 질끈 감습니다. 다음날 아침에는 꿀물까지 타다가 바칩니다.

어떤 부모는 딸들을 동원하여 시골에 티켓다방을 차렸습니다. 차茶 배달 나가는 딸들에게 차車 조심하라고 이릅니다. 그것도 부족한지 딸들의 친구를 인신매매범들에게 팔아넘깁니다.

번영을 지상 목표로 하는 나라에서 만연하는 두 가지가 '뇌물'과 '매춘' 입니다. 당연히 부패가 판을 칩니다.

우리나라도 기필코 잘 살아보자고 온 국민이 일어나서 애를 썼습니다. 그래서 수천 년 동안 이어온 가난의 굴레에서는 벗어났지만 그 부작용은 너무나 무섭고 심각합니다.

싱가포르는 원래 부정과 부패 외에도 여러 가지 심각한 문제를 안고 있어서 어디서부터 손을 대야 할지 막막한 상태였습니다. 그런데 리광요 수상이 등장하면서 그 나라는 변화되기 시작했습니다. 리광요 수상은 오직 부정과 부패 문제 하나만 붙잡고 씨름했습니다. 그러자 심각한 문제들이 가닥이 잡히면서 하나둘 해결되기 시작하여 지금은 세계에서 가장 깨끗한 나라가 되었습니다. 덤으로 부자 나라도 되었습니다.

그런데 그에 따르는 후유증도 만만치 않습니다. 사실은 엄청납니다. 싱가포르에서는 껌도 의사 처방이 있어야 살 수 있을 정도로 사회가 경직되어 있습니다. 아무데나 껌 뱉는 일을 줄이기 위해서입니다. 이러니 싱가포르에서 제대로 숨이나 한번 크게 쉴 수 있겠습니까?

사람의 한계를 드러내는 좋은 예가 아닐 수 없습니다. 번영을 추구하면 부정부패의 쓰레기가 산더미처럼 쌓이고, 부정부패를 추방하면 사회가 경직되어 늘 긴장하며 살아야 합니다.

그런데 싱가포르를 비롯한 동남아 국가에 성령의 바람이 불고 있다는 반가운 소식이 들려옵니다. 이것은 우연한 현상이 아닙니다. 인간의 모든 문제는 오직 영적으로 접근해야 해결할 수 있음을 보여주는 좋은 예입니다. 오직 성령 하나님만이 만물을 자유롭게 하며 모든 문제를 해결하실 수 있다는 유쾌한 증거입니다.

십계명은 사람의 자유를 가두는 창살이 아닙니다. 오히려 모든 쓰레기와 폐허를 헤치고 자리 잡은 아름다운 꽃밭과 푸른 초원을 지켜주는 튼튼한 울타리입니다. 혼돈과 공허와 흑암의 사탄 공화국을 몰아내고 질서와 충만함과 광명으로 가득한 하나님나라를 세우는 든든한 성벽입니다.

하나님은 "네 이웃의 집을 탐내지 말라"를 마지막 계명으로 주셨습니다.

"네 이웃의 아내나 그의 남종이나 그의 여종이나 그의 소나 그의 나귀나 무릇 네 이웃의 소유를 탐내지 말라."

"삼가 모든 탐심을 물리치라. 사람의 생명이 그 소유의 넉넉한 데 있지 아니하니라"(눅 12:15)고 주님은 말씀하십니다.

탐심을 금하신 것은, 단순히 욕심을 부려 마음의 평정을 잃으면 남에게는 피해를 주기 때문만은 아닙니다. 여기에는 더 근본적인 이유가 있습니다.

십계명에서 금하는 살인, 간음, 도적질, 거짓 증거 등은 일반 사회에서도 금하는 죄들입니다. 그렇다고 해서 십계명을 일반법과 동일한 것으로 여겨서는 안 됩니다. 일반법들은 사람들이 한데 살아가면서 서로를 침해하지 않고 공공질서와 공동선을 이루자는 취지로 정한 것입니다.

한편 십계명은 하나님이 주신 것입니다. 출처가 다르면 목적 또한 다릅니다. 십계명의 영적 근거는 하나님의 마음에 있습니다. 십계명을 보면서 바로 이 점을 인식해야 합니다.

이런 영적 근거가 있기에 십계명은 모든 법령을 뛰어넘는 고귀한 가치를 지니고, 상황과 시대를 넘어서 언제 누구에게나 적용되는 생명의 계명이 됩니다. 시민들이 사회의 여러 법을 성실히 지키면 밝고 안전하고 편안한 사회가 됩니다. 그런데 십계명은 우리를 가장 높은 차원으로 인도합니다.

사도 바울은 재미있는 비유를 들어 십계명을 설명합니다.

"이같이 율법이 우리를 그리스도께로 인도하는 초등교사가 되어 우리로 하여금 믿음으로 말미암아 의롭다 함을 얻게 하려 함이라"(갈 3:24).

십계명을 근간으로 세분화된 율법을 초등교사에게 비유하고 있습니다.

당시 노예 중에는 전쟁포로로 붙잡혀 온 학식 있는 사람들도 있었는데, 이들은 주인의 어린 자녀들을 교육하는 직책을 맡았습니다. 이들을 '파이다고고스'라고 했습니다. '파이스pais'는 '어린이', '아고고스agogos'는 '인도자'라는 뜻입니다. 이를 초등교사라고 번역했는데, 아이가 자라나 성년이 되면 초등교사의 존재 목적은 없어집니다.

십계명을 열심히 지키다보면 생명의 주요 진리인 예수 그리스도를 만나게 되고, 예수 그리스도의 진리를 통해 온전함, 거룩한 성숙에 이르게 됩니다. 그러므로 십계명은 예수 안에서 누리는 자유로 우리를 인도하는 초등교사와 같습니다.

이웃의 것을 탐내는 마음은 단순한 욕심이 아닙니다. 그 이유를 골로새서 3장 5절이 밝힙니다. "그러므로 땅에 있는 지체를 죽이라. 곧 음란과 부정과 사욕과 악한 정욕과 탐심이니 탐심은 우상숭배니라." 탐심은 다름 아닌 우상숭배이기 때문입니다.

왜 탐심을 우상숭배라고 할까요? 그 이유는 이렇습니다. 다른 사람이 가진 것을 욕심내기 시작하면, 아무리 믿음이 좋은 사람일지라도 그의 눈앞에 하나님은 사라지고 욕심나는 그것만 아른거리게 됩니다. 탐욕에 지배를 받게 됩니다. 하나님이 사라지고 다른 무엇이 나를 지배하는 것, 그것이 다름 아닌 우상숭배입니다. 하나님과의 관계를 파괴하는 것이 바로 우상숭배입니다.

그 탐심은 에덴동산에서부터 있었습니다. "너희가 그것을 먹는 날에는 너희 눈이 밝아져 하나님과 같이 되어"라는 말을 듣고 아담과 이브는 하나님이 금하신 과일에 손을 대고 말았습니다. 그 결과 에덴동산을 잃어버리고 하나님과의 관계가 악화되었습니다. '하나님과 같이 되는' 지위를 탐했기 때문입니다.

가인이라는 이름의 본래 뜻은 '소유' 또는 '획득' 입니다. 다른 말로 하면, '탐심' 입니다. 무언가를 소유하고 획득하여 생의 의미를 찾겠다는 것입니다. 그 결과 그는 동생의 생명을 빼앗은 최초의 살인자가 되었고, '하나님 앞을 떠나' 에덴의 동편 놋 땅에 살게 되었습니다. 여기서 '놋' 은 특정한 장소가 아니라 '유리하다', '방황하다' 라는 뜻입니다. 돈을 쫓아서 평초처럼 떠도는 인생 자체가 바로 놋 땅입니다.

아간은 탐심 때문에 가나안 땅에서 처음으로 범죄한 이스라엘인 이라는 오명을 남깁니다. 그는 여리고 성을 함락한 후 아무것도 소유하지 말라는 하나님의 명령을 어기고 시날 산 아름다운 외투 한 벌과 은 200세겔과 금 50세겔을 숨겨서 온 이스라엘 백성을 곤경에 빠뜨렸습니다. 그 아간을 온 회중이 돌로 쳐 죽인 곳이 그 유명한 '아골 골짜기' 입니다. "아골 골짝 빈들에도 복음 들고 가오리다"라는 찬송가 가사를 들어보았을 것입니다. 그렇게 아골 골짝은 끝내 빈들일 수밖에 없습니다.

가인이나 아간은 명품을 소유하고 부를 축적하여 행복과 삶의 의미를 찾으려는 현대인들의 또 다른 이름입니다.

바나바가 전 재산을 교회와 이웃에게 내놓고 사람들의 존경과 사랑을 받는 모습을 보고, 그 존경과 인기를 탐낸 사람이 아나니아와 삽비라입니다. 그들은 절반의 재산으로 그 존경과 인기를 사려다가 하나님의 징계를 받고 죽습니다.

예수님 앞에 선 빌라도 총독, 세례 요한 앞에 선 헤롯 왕, 사도 바울 앞에 선 벨릭스 총독 모두가 탐심 때문에 영생을 얻을 수 있는 흔치 않은, 소중한 기회를 잃고 말았습니다.

"탐심을 물리치라"는 예수님의 말씀을 사람들은 진지하게 받아들이지 않습니다. 특별히 현대 자본주의를 살고 있는 우리들은 더욱 그렇습니다. 그러나 주님은 언제나 본질과 핵심만, 가장 중요하고 생명 있는 말씀만 하시는 분입니다. 그러므로 주님의 말씀을 받아들이는 사람은 살고, 거부하는 사람은 파멸합니다.

얼마 전에 여든세 살 강태원이라는 분이 평생 모은 재산 270억 원을 방송국에 기탁했습니다. 그 돈은 가난한 병자들의 생명을 구하는 일에 사용될 것입니다. 몇 년 전에도 100억 원을 익명으로 음성 꽃동네에 기탁했다고 합니다. 이번에 이름을 밝힌 것은 자신과 같은 사람들이 더 많이 나오기를 바라기 때문이라고 했습니다.

초등학교밖에 나오지 못한 그는 혼자 월남하여 막노동으로 돈을 벌기 시작했습니다. 엄청난 재산을 모은 다음에도 자녀들에게는 공부시키고, 결혼시켜 아파트 한 채씩 사준 것이 전부였습니다. 단국대학교는 그 귀한 마음을 소중히 여겨 그에게 명예박사학위를 수여했습니다.

문제는 탐심입니다. 한 사람은 탐심을 버림으로 수많은 생명을 살리고 사람들에게 소망과 빛을 선물했습니다. 그런가 하면 탐심을 가짐으로 흔히 누릴 수 없는 귀한 자리를 잃고 수많은 사람의 마음을 멍들게 하는 사람이 있습니다.

흔히 하나님의 말씀을 따라 사는 것은 힘들고, 내 멋대로 사는 것은 쉽다고 생각합니다. 그러나 정반대입니다. 망하는 것이 얼마나 힘든 일인지 모릅니다. 술이나 도박이나 마약으로 망하는 사람들을 보면 밤잠도 자지 않고 그것에 탐닉합니다. 사업으로 망하는 사람들도 보면 자기 능력으로 감당치 못하는 욕심을 부리며 갖은 애를 다 씁니다. 가만히 있는 사람은 흥하지도 않지만 망하지도 않습니다.

주님은 말씀하십니다.

"수고하고 무거운 짐 진 자들아 다 내게로 오라. 내가 너희를 쉬게 하리라. 나는 마음이 온유하고 겸손하니 나의 멍에를 메고 내게 배우라. 그리하면 너희 마음이 쉼을 얻으리니 이는 내 멍에는 쉽고 내 짐은 가벼움이라 하시니라"(마 11:28-30).

주님은 힘들고 어려운 멸망의 멍에를 벗기고 쉽고 즐거운 길, 가벼운 생명의 멍에를 우리에게 주십니다. 십계명이 바로 하나님이 우리에게 주시는 멍에입니다.

사람들은 어떤 멍에도 메고 싶지 않다고 거부하지만, 알고 보면 다들 더 무겁고 힘든 멍에를 메고 있습니다. 사탄은 거짓 자유로 우리를 유혹하여 하나님의 멍에를 거부하라고 종용합니다. 그러나 사탄이 주는 것은 자유가 아니라 파멸의 올무입니다. 한번 빠지면 헤어 나올 수 없는 사망의 함정입니다.

얼마 전, 아프리카의 한 선교사로부터 마약에 관한 중요한 사실을 배웠습니다.

마약은 최고의 쾌락을 가져다준다고 합니다. 사람들은 괴로움을 잊고 최고의 즐거움을 얻기 위하여 마약에 손을 댑니다. 그런데 일단 마약에 손을 대면 그 올무에 갇히고 맙니다. 저는 그동안 마약 중독자들이 그 쾌락을 얻으려고 계속 마약을 하는 줄 알았습니다.

그러나 사실 마약 중독자들은 그저 일상생활을 하기 위하여 마약을 끊지 못한다고 합니다. 마약을 끊으면 금단 현상이 일어나 도저히 일상생활을 할 수 없기에 어떤 대가를 치러서라도 마약을 얻으려 한다는 것입니다.

멍에를 멘다는 것은 주인의 인도를 받는다는 뜻입니다. 그러므로 십계명을 하나님의 멍에로 여기고 지켜나갈 때, 하나님은 주인이 멍에 멘 소를 몰듯이 우리를 참 생명과 참 안식으로 인도하십니다. 또한 중요한 것은, 주인이 소에게 여물을 공급하듯이 십계명을 기쁘게 지킬 수 있는 능력까지 우리에게 주신다는 사실입니다.

은혜를 받는 것과 누리는 것은 별개의 일입니다. 하나님의 은혜로 우리는 눈에 보이지 않는 하나님을 알게 되었고, 하나님을 믿음으로 의롭다함을 얻어서 존귀한 그분의 자녀가 되었습니다. 나아가 지옥의 심판을 면하고 영생을 보장받았습니다. 은혜를 받은 것입니다.

한편 은혜를 누린다는 것은, 매일 하나님과 동행하고, 근심과 걱정에서 해방되며, 의심과 두려움에서 벗어나 참 자유와 평강과 행복을 체험하며 사는 것을 말합니다. 우리 모두는 은혜를 받았습니다. 그러나 모두가 은혜를 누리는 것은 아닙니다. 그 이유는 다름 아닌 탐심 때문입니다. 탐심은 하루에도 수없이 사람들의 마음을 넘나듭니다.

사도 바울은 탐심을 이기는 훌륭한 방법을 가르쳐줍니다.

"그러므로 너희가 그리스도와 함께 다시 살리심을 받았으면 위의 것을 찾으라. 거기는 그리스도께서 하나님 우편에 앉아 계시느니라"(골 3:1).

찾는다는 것은 사랑하는 것입니다. 사랑하는 니콜라이를 찾아 소냐는 멀고 먼 시베리아로 떠납니다. 사랑하는 엄마를 만나기 위해 열 살 남짓한 마르코는 대서양을 건너고 대륙을 가로질러 삼만 리를 찾아갑니다. 예수님을 사랑하는 성도는 아무리 멀리 있어도 그분을 찾아갑니다.

수많은 여성들을 향한 탐심을 일일이 다 물리칠 수는 없습니다. 오직 아내를 가장 사랑할 때 그 모든 탐심과 유혹은 자동으로 물러납니다. 오직 예수님을 사랑할 때 모든 탐심과 유혹은 저절로 물러납니다.

부자를 보고 '잘 산다'고 말하고, 가난한 사람을 보고 '못 산다'고 말합니다. 정말 그런 것일까요? 부자나 가난한 사람은 그저 경제적인 차이가 날 뿐입니다. 쌓아놓고 못 살 수도 있고, 없어도 잘 살 수 있습니다. 부자를 잘 산다고 생각하니까 자연히 기복신앙에 빠지는 것입니다. 기복신앙은 탐심을 부채질하여 하나님 앞에서 부끄러움과 어리석음조차 느끼지 못하게 합니다. 진짜로 잘 사는 길을 보지 못하게 합니다.

"이는 너희가 죽었고 너희 생명이 그리스도와 함께 하나님 안에 감추어졌음이라. 우리 생명이신 그리스도께서 나타나실 그 때에 너희도 그와 함께 영광중에 나타나리라"(골 3:3-4).

우리의 생명은 소유에 있지 않습니다. 건강에도 있지 않습니다. 오직 그리스도와 함께 하나님 안에 있습니다.

3

The Story of Heaven

하늘나라 모델하우스

내가 그들 중에 거할 성소를 그들이 나를 위하여 짓되
무릇 내가 네게 보이는 모양대로 장막을 짓고
기구들도 그 모양을 따라 지을지니라(출 25:8-9).

12강 | 출애굽기 25:1-9

Exodus

하늘나라 성소의 모델하우스

성막은 하나님이 거하시는 곳입니다.
아무리 크고 아름다워도 사람들을 위한 장소라면
그곳을 '거룩한 곳'이라 부르지 않습니다.
성막이 거룩한 이유는 단 하나, 하나님이 그곳에 거하시기 때문입니다.

출애굽기 12강

우리가 사는 시대를 대표하는 정서는 빠름과 격렬함입니다. 젊은 이들의 노래는 너무나 빨라 무슨 말인지 잘 들리지 않습니다. 386 컴퓨터가 최신이었던 것이 엊그제인데 이제는 구닥다리가 되어 웃돈을 얹어버려야 합니다.

이렇게 빠르게 움직이는 시대에 성공하기 위해서는 함께 빠르게 움직여야 한다고 생각합니다. 아예 "그냥 살지" 하며 따라잡기를 포기한 사람들도 많습니다. 대신에 그런 사람들은 실패자라는 자괴감을 떨쳐버리기 위해 애써야 합니다.

그 일을 쉽게 해주는 책이 한 권 있습니다. 《탁월한 CEO가 되기 위한 4가지 원칙》에서 패트릭 렌시오니는 전혀 다른 주장을 합니다. 너무 빨라서 성공할 수 없는 시대에 오히려 느림이 성공의 요소라고 역설합니다.

그런데 느리다고 무조건 성공하는 것은 아닙니다. 여기에는 조건이 있습니다. "느리되 건강해야 한다." 한마디로 '건강한 느림'입니다. 이것이야말로 빠르게 변하는 시대에 성공하기 위해 꼭 필요한 요소입니다.

그 책에는 '텔레그라프'라는 회사가 나옵니다. 이 회사는 회사 설립 이념과 사명을 직원들에게 반복해서 숙지시킵니다. 아무리 손해나는 일이 있어도 절대로 원칙을 버리지 않습니다. 지나칠 만큼 차분하게 성장하며, 할 수 있는 일만 하지 남들이 한다고 따라서 서두르지 않습니다.

그런데도 다른 경쟁사를 이기고 착실하게 성장하는 것은, 그 회사가 느리지만 건강하기 때문입니다. 직원들은 솔직하고 정직합니다. 무엇보다도 회사를 믿고 사랑합니다. 회의를 할 때면 격렬하게 다투지만 결과에 깨끗하게 승복합니다. 일단 결정된 사항에 군말이 없습니다. 다 같이 힘을 모아 목표를 향하여 전진합니다.

이 책에서 성도들이 취해야 할 태도와 개선해야 할 점을 동시에 보았습니다. 텔레그라프 사가 가장 중시하는 것은 회사 설립의 이념과 사명을 직원들에게 끊임없이 강조하고 숙지시키는 것이었습니다.

십계명은 사문화된 수천 년 전의 법령이 아닙니다. 십계명은 모든 성도들이 사는 날 동안 끊임없이 숙지해야 하는 교회의 설립 이념과 성도들의 사명인 제사장직 수행에 대한 가장 중요한 기본 지침을 담고 있습니다.

십계명과 아울러 중요한 것이 '성막' 입니다. 여호와 하나님은 이스라엘의 하나님이 되고, 이스라엘은 하나님의 제사장 나라가 되기로 한 시내 산 계약에서 하나님은 십계명과 성막을 주셨습니다. 이 두 가지만 있으면 그들이 가장 비천한 노예에서 가장 존귀한 제사장이 되기에 충분하다고 판단하신 것입니다. 하나님이 그렇게 생각하셨다면 정말 그런 것입니다.

십계명은 오늘의 성경이며, 성막은 오늘의 교회입니다. 아무리 복잡하고 배워야 할 것이 많아 정신 차리기 힘든 세상일지라도 성경과 교회가 있다면, 성도들이 성경을 열심히 배우고 그 말씀을 따라 살아간다면, 동시에 교회가 주님의 몸 된 역할을 제대로 수행한다면, 성도들은 오늘날에도 변함없이 존귀한 제사장이 될 수 있습니다. 이것은 하나님의 약속입니다.

성경을 통독하자면 걸림돌을 여러 개 만나게 됩니다. 가장 먼저 만나는 걸림돌이 바로 출애굽기 25장입니다. 여기서부터 성막에 대한 설명이 시작되기 때문입니다. 복잡한 설명과 생소한 당시의 측

량 단위가 많이 나와 도무지 그 뜻을 헤아리기 힘듭니다. 그림으로 보면 이해가 쉬울 텐데 그것을 글로 설명하려니 조금 힘이 듭니다.

그런데 알아야 할 것이 있습니다. 성경 전체에서 성막에 관한 기록은 대략 50장 정도나 됩니다. 방대한 양입니다. 가장 중요한 예수님의 생애를 기록한 마태복음도 28장, 마가복음도 16장인데 성막에 관한 기록이 50장 분량에 이른다는 것은 그만큼 성막이 중요하다는 뜻입니다. 그것을 복잡하다는 이유로 그냥 넘어가면 문제가 심각해집니다.

두 번째 걸림돌은 레위기입니다. 레위기도 복잡하기 그지없습니다. 레위기는 일종의 '성막 운영지침서'입니다. 그런 레위기 역시 복잡하다는 이유로 대충 넘어가버리면 성막에 대해서는 영원히 알지 못한 채 하나님 앞에 가게 됩니다.

성막은 '하늘나라의 축소판'이라 할 수 있습니다. 히브리서 9장 23절은 성막을 가리켜 '하늘에 있는 것들의 모형', 24절은 '참 것의 그림자'라고 분명히 규정짓습니다. 성막은 하늘나라 '성소의 모델하우스'입니다. 아파트 한 채를 사려 해도 모델하우스를 반드시 봅니다. 하물며 하늘나라 성소의 모델하우스를 보지 못해서 하늘나라 성소를 찾지 못한다면 어떻게 하겠습니까?

성경은 대단히 중요한 것 같은 일은 단 몇 줄로 넘어가는가 하면, 또 어떤 것은 '뭐 이런 것을 자세히 적었을까?' 할 정도로 길게 적고 있습니다. 그런데 성경은 하나님의 감동으로 기록된 것으로서 구원에 이르는 지혜를 주는 책입니다. 하나님이 길게 기록하게 하신 것이 있다면 그것이 우리의 구원에 그만큼 필요하기 때문입니다.

성막이 중요한 이유는 또 있습니다.

하나님은 출애굽기 20장에서 십계명에 대하여 설명한 다음 모세를 시내 산으로 올라오게 하셨습니다. "너는 산에 올라 내게로 와서 거기 있으라. 네가 그들을 가르치도록 내가 율법과 계명을 친히 기록한 돌 판을 네게 주리라"(출 24:12).

모세는 하나님의 명을 따라 시내 산에 올라 사십 주야를 거했습니다. 그곳에서 무엇을 했을까요? 하나님이 돌 판을 만들 때까지 기다리고 있었을까요? 하나님이 십계명을 돌 판에 새기는 데 40일이나 걸렸을 리 없습니다. 초보 석공도 일주일이면 충분히 만듭니다. 하나님은 모세가 시내 산을 내려올 때 돌 판을 주셨습니다.

사십 주야 동안 모세는 하나님께 성막에 대한 자세한 설명을 들었다고 봅니다. 성막의 복잡한 구조와 다양한 문양과 서로 다른 크기의 다양한 기구들에 대하여 배웠을 것입니다.

그래서 "모세는 구름 속으로 들어가서 산 위에 올랐으며 사십

일 사십 야를 산에 있으니라"로 24장이 끝나고, 곧 이어서 25장부터 성막에 대한 자세한 설명이 이어집니다. 그만큼 성막은 중요합니다.

성막에 대한 강해를 시작하기 전에 마음에 새겨야 할 것이 있습니다. 성막은 이 땅에 세워진 두 번째 성소라는 점입니다. 첫 번째 성소는 '에덴동산' 입니다. 그런데 아담과 이브가 타락하여 첫 번째 성소를 잃고 맙니다. 그리고 성막이 하나님의 명령으로 시내 광야에 세워졌습니다.

세 번째 성소는 이스라엘 백성들이 가나안 땅에 정착한 다음, 솔로몬에 의해서 예루살렘에 세워진 '하나님의 성전' 입니다. 예루살렘 성전은 솔로몬, 스룹바벨, 헤롯 왕에 의해 세 차례에 걸쳐 건축됩니다. 그러나 헤롯 성전은 예수님의 예언대로 돌 위에 돌 하나 있지 않을 정도로 철저히 파괴되었습니다. 이제 다시는 하나님의 성전을 지을 수 없습니다. 그 자리에는 현재 이슬람 황금사원이 서 있고, 만약 그 자리에 성전을 다시 세우려 한다면 분명 3차 세계대전이 벌어질 것입니다. 참고로 이스라엘 성지 순례를 가면 보게 되는 '통곡의 벽' 은 하나님 성전의 축대입니다.

네 번째 성소는 바로 '예수님' 자신입니다. 예수님은 직접 말씀하신 대로 십자가에서 죽고 부활하심으로 사흘 만에 세워진 살아 있는 성전입니다. 그러므로 십자가의 고난과 죽음은 친히 예수님이 몸으로 드린 최종의 제사였습니다. 그 제사로 구약의 모든 제사들이 완성되었고, 예수님은 승천하셨습니다.

다섯 번째 성소는 '성도들 자신' 입니다. "우리는 살아 계신 하나님의 성전이라"(고후 6:16). 사도 바울이 한 말입니다. 또한 성도들이 모여 있는 주님의 몸 된 '교회'가 다섯 번째로 세워진 성전입니다.

마지막으로 '하늘나라 성소'가 있습니다. 그곳에는 하나님이 좌정해 계시고, 우편에는 우리 주 예수 그리스도가 계십니다. 그곳에서 육신을 벗은 성도들이 하나님께 경배 드리며 영원한 안식을 누리며 살게 될 것입니다.

집을 살 때도 수도꼭지 하나하나 세심하게 살피는 법입니다. 하물며 깊고 깊은 하나님의 섭리와 의도가 담긴 성막을 세심하게 집중해서 살펴야 하지 않겠습니까?

자, 기대를 안고 출발해봅시다.

하나님은 이렇게 명령하십니다. "이스라엘 자손에게 명령하여 내게 예물을 가져오라 하고 기쁜 마음으로 내는 자가 내게 바치는 모든 것을 너희는 받을지니라"(출 25:2).

성막을 짓는 데는 막대한 물자가 들어갑니다. 금액으로 환산하면 대략 600만 달러 정도가 든다고 합니다. 지금이야 한 나라가 600만 달러를 조달하는 게 별 문제가 아니겠지만 당시는 상황이 전혀 달랐습니다. 그들은 얼마 전까지 노예였고 현재는 떠돌이로 광야에 머물고 있습니다. 성막을 짓는 데 필요한 모든 것을 그런 백성들로부터 조달하는데, 여기에는 조건이 있습니다. 강제 징수가 아니라 '무릇 즐거운 마음으로' 자진해서 드리는 것을 받으라는 것입니다.

요즈음도 각 교회마다 교회 건축이 가장 큰 과제입니다. 건축 자금을 확보하기 위해서 눈물겨운 일들이 진행됩니다. 교인들이 자진해서 건축 헌금을 하는 경우도 있지만 그 큰 금액을 조달하기 위해서 갖가지 방법들이 동원됩니다. 무엇보다도 다양한 하나님의 말씀으로 교인들의 책임감과 보상 심리뿐만 아니라 체면과 죄책감까지 자극합니다. 헌금 순위를 발표하고 모자라는 돈은 은행에서 대출받습니다. 그 사이에 의견 충돌이 일어나고 실망한 교인들이 떠나는 등 별의별 일들이 다 일어납니다. 그 와중에 이권을 챙기는 사람들도 있습니다. 교회를 다 짓고 나서도 후유증은 상당합니다.

모 교회에서 담임목사로서 건축을 추진하다가 그만둔 적이 있습니다. 그것은 목회가 아니라는 결론을 내렸습니다. 현재 섬기고 있는 포이에마예수교회는 아예 건물을 짓지 않고 다른 건물을 빌려서 예배드리기로 했습니다. 계속 그렇게 할 예정입니다. 서울에서 제대로 된 교회 건물을 지으려면 땅값을 포함하여 비용이 수백억 원을 훌쩍 넘어갑니다. 그 돈으로 해야 할 중요하고 시급한 일이 훨씬 더 많습니다. 그래서 헌금의 25%는 소외된 이웃을 돕는 데, 또 다른 25%는 각 분야의 리더를 양성하는 데 사용하기로 했습니다. 주변을 살펴보면 예배드릴 수 있는 아름다운 건물과 널따란 공간을 얼마든지 임대할 수 있습니다. 그랬더니 우선 제 마음이 편하고 교인들이 좋아합니다.

시골길을 달리다 보면 집들이 옹기종기 모인 작은 마을에 우뚝 서 있는 번듯한 건물들이 눈에 들어오는데 대부분이 교회입니다. 그것을 볼 때마다 그곳의 목사들이 얼마나 애썼을까, 하나님의 말씀은 얼마나 팔렸을까, 교인들은 얼마나 허리띠를 조였을까 하는 생각이 듭니다.

저라고 일생에 한 번 아름다운 교회 건물을 짓고 싶은 생각이 왜 없겠습니까? "사람은 건물을 만들고, 건물은 사람을 만든다"는 말이 있습니다. '교회 건물도 이렇게 지을 수 있구나' 하는 생각이 저절로 들고, 청년들이 마음껏 하나님의 꿈을 꾸고 펼칠 수 있는 교회를 하나 짓고 싶습니다.

그러나 어떤 경우에도 하나님이 내거신 단 하나의 조건을 잊어서는 안 됩니다.

성막이란 사람의 집이 아니라 하나님의 집입니다. 생색을 내기 위해서, 자신의 이름을 내기 위해서가 아니라 하나님에 대한 사랑과 감사하는 마음으로 성막을 지어야 합니다.

하나님의 성막을 짓는 데 금과 은과 각종 보석과 진귀한 물품들이 들어갔습니다. 430년 동안 노예로 살던 이스라엘 사람들에게 그런 것들이 있을 리 없습니다. 알고 보면 그 모든 것들은 이미 하나님이 예비해주신 것들입니다.

이집트 땅에 열 번째 재앙이 내리고 이스라엘 백성들이 급히 그 땅을 떠나려 할 때, 하나님은 이집트 백성들의 집에 들어가 은금 패물과 의복을 요구하라는 명을 내리셨습니다.

"이스라엘 자손이 모세의 말대로 하여 애굽 사람에게 은금 패물과 의복을 구하매 여호와께서 애굽 사람들에게 이스라엘 백성에게 은혜를 입히게 하사 그들이 구하는 대로 주게 하시므로 그들이 애굽 사람의 물품을 취하였더라"(출 12:35-36).

모든 것이 하나님으로부터 왔음을 알아야 합니다. 그렇게 받은 물품을 그동안 노예 생활했던 대가로 여기며 내놓지 않는 사람들도 있었을 것입니다. 그런 사람은 결코 성막으로부터 아무것도 배울 수 없고 제사장이 될 수도 없습니다. 아예 그럴 자격이 없습니다. 하나님은 그런 사람들에게는 아무것도 받지 않겠다고 하신 것입니다.

이보다 더욱 중요한 핵심 중의 핵심 말씀이 있습니다.

"내가 그들 중에 거할 성소를 그들이 나를 위하여 짓되 무릇 내가 네게 보이는 모양대로 장막을 짓고 기구들도 그 모양을 따라 지을지니라"(출 25:8-9).

'내가 그들 중에 거할 성소', '나를 위하여 짓되' 라는 말은, 성막이 사람들을 위한 장소가 아니라 하나님이 거하실 곳이며 하나님을 위한 장소라는 뜻입니다. 아무리 크고 아름다워도 사람들을 위한 장소라면 그곳을 '거룩한 곳' 이라 부르지 않습니다. 어떤 장소가 거룩한 이유는 단 하나, 하나님이 그곳에 거하시기 때문입니다.

성막과 성전과 교회가 성소이며, 예수님과 성도 자신이 성소입니다. 이 모든 것은 다른 것과 구별됩니다. 그 원인은 오직 하나님입니다. 세상 사람들처럼 이름을 내거나 생색내는 돈으로 성소를 짓는다면, 그곳은 이미 죄로 오염되어 생래적으로 하나님의 은혜로부터 멀어지고 맙니다. 오늘날 많은 교회들이 그렇게 지어져서 겉으로는 주님의 몸 된 교회라고 부르지만, 그 속은 특정 목사의 교회, 특정 가문의 교회, 특정 개인의 교회가 된 예를 많이 볼 수 있습니다.

핵심은 액수가 아니라 태도와 중심에 있습니다.

또 하나 중요한 것이 있습니다. 모든 종교에는 거룩한 곳이 있는데 절, 신전 등 특정 장소가 이에 해당합니다. 그런데 이런 모든 곳들은 하나님의 성소와 결정적인 차이가 있습니다. 다른 성소들은 인간들이 그 의미를 임의대로 부여하여 지었다는 점입니다. 파르테논 신전이나 불국사 등을 생각해보십시오, 그곳들은 인간이 스스로 생각하길 '이렇게 지으면 신이 기뻐하시겠지' 하며 지은 반면, 성막은 하나님의 지시를 따라 세웠습니다. 이것이 결정적인 차이입니다.

"내가 네게 보이는 모양대로 장막을 짓고 기구들도 그 모양을 따라 지을지니라"(출 25:9).

다른 종교의 성소는 인간이 만들어 신을 모신 곳이지만, 기독교의 성소는 하나님이 강림하여 스스로 거하시는 곳입니다. 그러므로 당연히 하나님이 직접 성소를 설계하고 지시하신 것입니다.

어떤 사람은 모세가 스스로 산에 올라가서 자기 생각대로 성막을 설계한 게 아니냐고 의심하기도 합니다. 그러나 성경을 읽다보면 인간은 도저히 그와 같은 생각을 할 수 없음을 절감할 때가 한두 번이 아닙니다.

예를 들어, 창세기 6장 15절에는 노아의 방주 크기가 기록되어 있습니다. "네가 만들 방주는 이러하니 그 길이는 삼백 규빗, 너비는 오십 규빗, 높이는 삼십 규빗이라."

규빗은 손을 똑바로 편 상태에서 손끝에서 팔꿈치까지의 길이를 말합니다. 대략 45cm쯤 됩니다. 앞으로 성막을 배울 때 규빗이라는 말이 많이 나오는데, 그때마다 이 길이를 어림짐작 해보시기 바랍니다.

노아의 방주는 길이가 대략 140m, 폭이 22m, 높이가 13m 내외의 대단히 큰 배입니다. 과연 그와 같은 배를 5-6천 년 전인 노아 시대에 만들 수 있었을까 의심이 갑니다. 그런데 정작 중요한 것은 그런 것이 아닙니다.

한 조선 공학자가 가장 안전하면서도 효율적인 배의 황금률을 연구했습니다. 배가 넓적하면 안전하기는 하지만 속도가 느려 효율적이지 못합니다. 배가 날씬하면 빠르지만 안전하지 않습니다. 그러다가 노아의 방주 제도를 발견하고 실험해보았더니 놀랍게도 그가 찾던 배의 황금률이 거기에 있었습니다. 노아의 방주는 지구상에 부는 어떤 폭풍에도 결코 전복되지 않을 것이라고 합니다. 저도 그 이야기를 듣고 조선 공학자에게 자문을 구했더니 사실이라고 대답하더군요.

노아는 어떻게 그 당시에 그것을 알았을까요? 노아의 방주는 노아가 만든 것이 아니라 하나님이 지시하신 것입니다. 그런 배는 당시에 존재하지도 않았고 존재할 수도 없었습니다. 그것이 노아의 방주가 하나님의 생각에서 나왔다는 증거입니다.

성막은 하나님이 임재하실 곳이므로 당연히 하나님이 원하시는 대로 지어야 했습니다. 그러므로 그 구조와 각 물건들의 위치와 문양 등에는 하나님이 원하시는 바가 고스란히 담겨 있습니다.

예수님은 육신을 입으신 하나님입니다. 그분 자체가 성소입니다. 그렇다면 성막에는 예수님의 마음이 고스란히 담겨 있을 것입니다.

"구약은 영상, 신약은 자막"이라고 누군가 말했습니다.

그렇다면 '성막은 영상, 예수님은 자막'일 것입니다.

출애굽기 25:22 | **13**강

Exodus

하나님의 법궤

우주 만물을 창조하신 하나님이 사랑하는 백성,
죄로 더러워진 자녀들을 구원하기 위해 이 땅에 내려와
그룹들 사이, 그 작은 공간에 웅크리고 계십니다.
스스로를 제한하고 낮추십니다.

출애굽기 13강

예수님은 십자가 죽음을 앞두고 제자들에게 고별 설교를 하셨습니다. "내가 너희를 위하여 거처를 예비하러 가노니 가서 너희를 위하여 거처를 예비하면 내가 다시 와서 너희를 내게로 영접하여 나 있는 곳에 너희도 있게 하리라. 내가 어디로 가는지 그 길을 너희가 아느니라"(요 14:2-3).

그러자 도마가 말합니다. "주여 주께서 어디로 가시는지 우리가 알지 못하거늘 그 길을 어찌 알겠사옵나이까"(요 14:5). 도마는 3년 동안이나 예수님과 함께 먹고 예수님께 직접 배운, 그야말로 저자 직강을 들은 사람입니다. 그런데도 "우리가 알지 못합니다"라고 말합니다.

이에 주님은 이렇게 말씀하십니다. "내가 곧 길이요 진리요 생명이니 나로 말미암지 않고는 아버지께로 올 자가 없느니라"(요 14:6).

왜 주님은 스스로를 길이요 진리요 생명이라고 말씀하셨을까요? 여기에는 깊고 깊은 신비가 있습니다. 하늘의 비밀이 있습니다.

인류 최고의 스승은 불교의 부처와 유교의 공자입니다. 그런데 그분들은 자신을 가리켜 '달을 가리키는 손가락'이라고 불렀습니다. 달은 따로 있으며, 자신은 그저 달이 어디에 있는지, 달이 무엇인지 가르칠 따름이라는 것입니다. 하나님은 따로 있으며, 자신은 하나님이 아니라는 말입니다. 그런데 예수님은 자신이 곧 길이요 진리요 생명 그 자체라고 말씀하십니다. 하나님이 직접 하시는 말씀입니다.

어디로 가는지 알지 못한다고 말했던 도마는 훗날 부활하신 주님을 만난 후 이렇게 외칩니다. "나의 주님이시요 나의 하나님이시니이다"(요 20:28).

예수님이 곧 하나님이라는 사실을 의심 많은 도마가 깨달았습니다. 역사 이래로 자신이 곧 구원자라고 주장한 사람이 여럿 있었고 현재도 있습니다. 정명석이나 문선명이 대표적인 인물입니다. 그러나 그들은 정신이상자이거나 혹세무민하는 자들입니다. 그런 이들은 얼마 가지 못해 본색을 드러냈고, 설령 그 세력이 몇 세대 지속되었더라도 결국 역사 속으로 사라졌습니다. 그러나 예수님은 아닙니다. 2천 년 동안 예수님이 곧 하나님임을 고백하는 사람들이 그 수를 더해 가고 있습니다.

예수님이 정말 구원자이거나 거짓말쟁이거나 둘 중 하나입니다. 어떤 면에서는 구원자이고, 어떤 면에서는 거짓말쟁이일 수는 없습니다.

하나님이 이스라엘 백성에게 십계명과 성막을 주신 목적을 잊어서는 안 됩니다. 시내 산 계약을 통해서 노예 출신의 이스라엘 백성을 거룩한 하나님의 제사장으로 만들기 위함입니다.

제사장은 하나님과 인간 사이를 중재하는 사람입니다. 제사장에게 가장 중요한 것은, 하나님이 누구시며 하나님께 어떻게 가야 하는지 아는 것입니다. 하나님께 가는 일을 알고 그 길을 제대로 가르쳐서 사람들이 생명을 얻을 수 있도록 하는 것이 제사장의 역할입니다.

이스라엘 백성에 이어서 크리스천들이 새로운 제사장이 되었습니다(벧전 2:9). 그러므로 제사장 역할을 제대로 하려면 길이요 진리요 생명이 되신 예수님을 올바로 알아야 합니다. 성막은 제2의 성소로서 하늘나라 성소의 모형입니다. 동시에 예수님 자체가 성소입니다. 성막과 예수님은 떼려야 뗄 수 없는 관계입니다. 그러므로 신약 백성인 우리들도 성소에 대해서 잘 알아야 합니다.

예수님이 하나님의 마음을 삶 전체에 담아내셨듯이, 성막 자체에는 하나님의 마음과 하나님께로 가는 길이 담겨 있습니다.

사실 성막의 구조는 실제 눈으로 보면 별로 복잡하지 않습니다. 그런데 간단한 집의 설계도일지라도 말로 설명하자면 복잡하기 그지없습니다. 성막은 개인이 사는 집보다는 크고 여러 가지 기구들이 있습니다. 그 기구들은 지금까지 한 번도 보지 못한 것들입니다. 그것들의 크기와 모양을 하나하나 말로 설명하려니 이해하기가 쉽지 않은 것입니다.

먼저, 성막이 어떻게 생겼는지 대충 구조부터 설명하겠습니다.

성막은 말 그대로 텐트입니다. 끝없이 이동해야 하는 유목민 이스라엘 백성들이 가지고 다닐 수 있도록 만든 이동식 성전입니다.

먼저 평평한 땅에 말뚝을 박고 주위에는 하얀 세마포로 빙 둘러 막아서, 가로 약 45m, 세로 약 23m 정도 되는 직사각형의 넓은 마당을 만듭니다. 오늘날 축구장 넓이의 5분의 1 정도 됩니다. 동쪽에는 드나들 수 있는 문을 만드는데 이것 역시 천으로 만듭니다.

그 문을 열고 마당에 들어서면 제일 먼저 제물을 태우는 '불 제단'을 만나게 됩니다. '번제단' 이라고 부릅니다. 몇 걸음 더 가면 손 씻는 큰 대야가 나오는데 '물두멍' 이라고 부릅니다. 여기서 손을 씻습니다. 몇 걸음 더 가면 네 겹으로 덧씌운 천막이 나옵니다. 길이 약 13m, 너비 약 5m 되는 이 천막이 바로 성소입니다.

성소는 휘장을 쳐서 두 칸으로 구분했는데, 앞부분에는 세 가지 중요한 물건이 있습니다. '떡상'과 '분향단'과 '금촛대'입니다. 휘장을 열고 안으로 들어가면 가장 중요한 '지성소', 곧 지극히 거룩한 곳이 나옵니다. 이 지성소에 하나님의 법궤가 놓여 있습니다.

마음속으로 그려보십시오. 넓은 직사각형 마당이 있는데 주위에는 하얀 세마포가 빙 둘러져 있습니다. 동쪽에 있는 휘장을 열고 안마당으로 들어서면 번제단이 있고 몇 걸음 더 들어가면 물두멍이 있습니다. 몇 걸음 더 가면 커다란 직사각형 텐트가 있습니다. 그 텐트는 전실과 후실로 나뉘어 있습니다. 전실에는 떡상과 금촛대와 분향단이 있고, 후실에는 하나님의 법궤가 있습니다. 그리 복잡하지 않습니다.

성막의 모든 것 하나하나에는 깊고 깊은 의미가 있습니다. 그중에서 가장 중요한 것은 '하나님의 법궤'입니다. 법궤는 곧 하나님의 임재를 의미합니다. 번제단, 물두멍, 분향단, 떡상, 금촛대는 모두 하나님의 법궤 앞으로 가기 위한 보조 기구인 셈입니다. 하나님의 법궤 앞으로 간다는 것은 곧 하나님을 만난다는 뜻입니다.

그러므로 성막에 대하여 설명하면서 가장 중요한 법궤를 가장 먼저 언급하는 것입니다.

하나님은 말씀하십니다.

"그들은 조각목으로 궤를 짜되 길이는 두 규빗 반, 너비는 한 규빗 반, 높이는 한 규빗 반이 되게 하고 너는 순금으로 그것을 싸되 그 안 팎을 싸고 위쪽 가장자리로 돌아가며 금 테를 두르고"(출 25:10-11).

법궤는 나무로 만듭니다. 한 규빗은 손을 똑바로 편 상태에서 팔 꿈치에서 손끝까지의 길이로 약 45cm 정도라고 했습니다. 그러므로 법궤의 크기는 가로 약 110cm, 세로 약 65cm, 높이 역시 65cm 정도 됩니다. 나무로 만들어 안팎에 금을 입힌 상자입니다. 이 법궤 양쪽을 긴 막대로 꿰어서 메고 다니도록 했습니다.

하나님은 이어서 말씀하십니다.

"순금으로 속죄소를 만들되 길이는 두 규빗 반, 너비는 한 규빗 반이 되게 하고 금으로 그룹 둘을 속죄소 두 끝에 쳐서 만들되 한 그룹은 이 끝에, 또 한 그룹은 저 끝에 곧 속죄소 두 끝에 속죄소와 한 덩이로 연결할지며 그룹들은 그 날개를 높이 펴서 그 날개로 속죄소를 덮으며 그 얼굴을 서로 대하여 속죄소를 향하게 하고 속죄소를 궤 위에 얹고 내가 네게 줄 증거 판을 궤 속에 넣으라"(출 25:17-21).

굉장히 복잡한 것 같지만 그다지 어려운 말이 아닙니다.

속죄소를 궤 위에 얹으라고 했는데, 속죄소는 법궤 뚜껑이라고 생각하면 됩니다. 그러므로 그 크기도 법궤의 가로 세로 길이와 동일합니다. 가로 약 110㎝, 세로 약 65㎝ 정도 됩니다. 왜 속죄소라고 했는지는 나중에 설명하겠습니다.

'그룹'이라는 말이 나옵니다. 그룹의 날개를 펴서 속죄소를 덮으라고 했으므로 그룹은 날개가 있는 무엇이라는 것을 알 수 있습니다. 그룹은 에덴동산에서 처음 등장합니다. 아담과 이브가 선악을 알게 하는 나무의 열매를 따먹고 에덴동산에서 추방될 때, 하나님은 그룹들로 하여금 두루 도는 불 칼로 그들이 생명나무에 접근하는 것을 막으셨습니다. "이같이 하나님이 그 사람을 쫓아내시고 에덴동산 동쪽에 그룹들과 두루 도는 불 칼을 두어 생명나무의 길을 지키게 하시니라"(창 3:24).

그룹은 천사들 중에서 병정 천사를 말합니다. '그룹'하면 '접근하면 발포함'이라는 말이 떠오릅니다. 얼마 전까지만 하더라도 군사 시설에 종종 그런 푯말이 붙어 있었습니다. 그룹은 하나님의 거룩성을 보존하기 위하여 죄악 된 모든 것의 접근을 막습니다.

그 그룹을 양쪽에서 서로 마주보게 하고 날개를 쭉 편 모양으로 만들라는 것입니다. 그러면 날개가 상당히 크기 때문에 그 안에 작은 공간이 생길 것입니다. 이런 모양을 금으로 만들어서 법궤 위에

덮었는데, 그 뚜껑을 '속죄소'라고 명명했습니다.

　속죄소란 '죄를 속하는 장소'를 뜻합니다. 속죄소라는 엄청난 의미를 가진 장소가 의외로 작은 공간입니다. 가로 110㎝, 세로 65㎝로서 그룹의 날개로 덮인 장소입니다. 그런데 이 작은 공간에서 세상에서 가장 중요한 일이 일어납니다. 과연 이 좁은 공간에서 무슨 일이 일어날까요?

　"거기서 내가 너와 만나고 속죄소 위 곧 증거궤 위에 있는 두 그룹 사이에서 내가 이스라엘 자손을 위하여 네게 명령할 모든 일을 네게 이르리라"(출 25:22).

　이 작은 공간에서 하나님이 이스라엘 백성을 만나주시겠다는 것입니다. 이스라엘 백성이 무엇을 해야 하는지 가르쳐주시겠다는 것입니다.

　이 구절을 읽을 때마다 가슴이 뭉클해집니다. 온 우주 만물을 창조하신 하나님, 모든 존재의 배후에 계신 큰 하나님이 우리를 만나기 위해 그 작은 공간에 웅크리고 계시기 때문입니다.

　중국 조선족들이 한국에 들어와 돈을 벌려고 밀항선을 탔습니다. 가족을 먹여 살리겠다고 그 좁고 답답한 배 밑바닥에서 수십 명이 웅크리고 견뎠습니다. 그러다 좁은 멸치 냉동 창고에서 수십

명이 동사하고 말았습니다. 이유를 막론하고 그 사람들이 당한 고통을 생각하면 가슴이 저려옵니다. 얼마나 답답했을까요? 얼마나 힘들었을까요? 몸이 서서히 얼어오는데도 소리 한 번 못 지르고 죽어간 것입니다.

물론 하나님은 무소부재하신 분입니다. 하나님을 제한할 수 있는 것은 아무것도 없습니다. 그런데도 하나님은 사랑하는 백성, 죄로 더러워진 자녀들을 구원하기 위해 스스로를 낮추어 오염된 세상에, 그 좁고 좁은 장소에 내려와 그들을 만나주십니다. 그렇게 하시는 유일한 이유는 오직 이스라엘 백성을 위해서입니다.

그래도 꼭 그렇게 웅크리실 필요가 있는지 선뜻 이해되지 않을 수 있습니다. 그러나 거기엔 다 이유가 있습니다.

하나님 앞에서는 그 어떤 죄도 자동 파기되어 버립니다. 여름날 공원에 가면 전기 살충기를 볼 수 있습니다. 불빛을 보고 날아온 곤충들은 거기에 닿자마자 '지직지직' 타서 죽어버립니다. 그와 같이 죄 많은 인간도 하나님 앞에 서기만 하면 모두 그 죄로 인하여 자동 파멸되고 맙니다. 그래서 하나님은 자신을 그룹들 안에 감추어 제한하신 것입니다.

신약 시대에는 예수님이 십자가에 달려 돌아가십니다. 십자가는 가장 낮고 천한 저주의 자리입니다. 구약에서는 오직 이 구절에서 하나님이 스스로를 낮추고 계십니다. 그렇게 하면서까지 자녀들을 만나주시는 하나님께 감사드릴 뿐입니다.

성막의 중심에는 법궤가 놓여 있습니다. 이 법궤를 언약궤, 증거궤라고도 부릅니다. 언약궤 위에는 속죄소가 얹혀 있습니다. 그 언약궤 안에는 세 가지 보물이 들어 있습니다. 세 가지 보물이 무엇인지 히브리서 9장 4절에 기록되어 있습니다. "사면을 금으로 싼 언약궤가 있고 그 안에 만나를 담은 금 항아리와 아론의 싹 난 지팡이와 언약의 돌 판들이 있고."

만나와 아론의 지팡이와 십계명 돌 판이 들어 있습니다. 왜 성막의 중심인 지성소 중앙에 언약궤가 있고 그 안에 이 세 가지를 넣으라고 하셨을까요?

사람이 살아가려면 반드시 먹어야 합니다. 그런데 사람은 떡으로만 살지 않습니다. 하나님의 말씀으로 삽니다. 하나님은 아무것도 나지 않는 광야에서 만나로 이스라엘을 먹이셨습니다. 이 만나는 하나님의 말씀에 순종할 때 얻을 수 있는 양식입니다. 떡과 하나님의 말씀을 합친 것이 곧 만나입니다. 그래서 만나를 하늘의 양식이라고 합니다. 예수님은 스스로를 가리켜 하늘에서 내려온 '생명의 떡'이라고 말씀하십니다.

"내가 곧 생명의 떡이니라. 너희 조상들은 광야에서 만나를 먹었어도 죽었거니와 이는 하늘에서 내려오는 떡이니 사람으로 하여금 먹고 죽지 아니하게 하는 것이니라. 나는 하늘에서 내려온 살아 있는 떡이니 사람이 이 떡을 먹으면 영생하리라. 내가 줄 떡은 곧 세상의 생명을 위한 내 살이니라"(요 6:48-51).

산다는 것은 길을 가는 것입니다. 먼 길을 가려면 지팡이가 필요합니다. 그런데 길에는 두 가지가 있습니다. 사망의 길과 생명의 길입니다. 아론의 지팡이에서는 싹이 났다고 했습니다(민 17:5). 싹이 났다는 것은 곧 살아 있다는 것입니다. 이 생명의 지팡이를 짚고 갈 때 생명의 길을 가는 것입니다.

십계명 돌 판은 곧 진리의 말씀으로, 어떻게 살아야 하는지 구체적으로 지시하신 하나님의 말씀입니다. 어디로 가야 할지 가르쳐 주는 이정표입니다. 그 길을 따라가노라면 천국에 이릅니다.

언약궤에 들어 있는 이 세 가지는 곧 예수님을 의미합니다.

"나는 길이요", 아론의 싹이 난 지팡입니다. "나는 진리요", 생명의 말씀이 담긴 십계명 돌 판입니다. "생명이니", 하늘의 양식 만나입니다.

언약궤가 왜 하나님의 임재를 상징하는지 이해가 됩니까? 언약궤는 예수님 자체를 뜻합니다. 예수님은 육신을 입은 하나님입니다다. 이렇게 구약과 신약은 깊은 연관 속에서 상통합니다.

이스라엘 백성들은 어디로 가든지 이 언약궤를 메고 갔습니다. 하나님과 동행한 것입니다. 예수님은 곧 언약궤입니다. 그러므로 예수님은 곧 하나님 자신입니다. 광야 같은 세상일지라도 예수님이면 충분히 살아갈 수 있습니다. 예수님으로 족합니다.

오늘날 교회에는 지성소가 없습니다. 예수님이 십자가에 달려 숨을 거두시자 하나님의 성전에 있는 지성소를 구분하던 휘장이 찢어졌습니다. 그 당시 지성소는 오직 대제사장만 들어갈 수 있는 곳이었습니다. 그 휘장이 찢어졌다는 것은 예수님의 십자가 공로로 누구나 지성소에 들어갈 수 있게 되었다는 뜻입니다. 그리고 부활한 예수님은 승천하셨습니다.

삼위일체 하나님 외에 신성한 것은 없습니다. 하나님의 거룩함을 열심히 닮아가며 살아갈 뿐입니다. 특정한 사람이나 장소나 물건을 신성하게 여긴다면 그것은 하나님의 거룩함을 오용하고 훼손하는 것입니다.

이 땅에서 중요한 것은 있어도 신성한 것은 없습니다.

교회와 목사는 중요한 것이지 신성한 것은 아닙니다. 스스로를 신성시 하거나 타인에게 신성하게 여겨지는 것, 그것은 타락 중에서도 가장 큰 타락입니다.

14강 | 출애굽기 25:30

Exodus

이 몸이라도
받으시겠습니까?

하나님이 받으시는 것은 값비싼 재물이 아니라
자녀 된 우리들의 순결한 마음입니다.
예수님이 말씀하신 대로 마음을 다하고 목숨을 다하고
뜻을 다하여 주 하나님을 사랑하는 것 입니다.

출애굽기 14강

히말라야 빙하가 녹은 맑은 물이 흐르는 냇가에서 한 사내가 21년 동안 모래로만 목욕을 합니다. 물은 그저 마시고 입을 헹구는 데만 사용합니다. 인근의 한 사내는 14년 동안 말을 하지 않고 있습니다. 이들은 힌두교의 구루guru들입니다.

구루는 힌두교 수행자를 일컫는 말입니다. 이들의 수행 방법은 독특한데 공통점이 있습니다. 자신의 신체를 괴롭히는 것입니다. 육체를 괴롭게 하여 욕망을 억제하면 정신과 영혼이 맑아지고, 그것으로 신과 통하겠다는 것입니다.

인간은 종교를 통하여 신적인 존재를 추구합니다. 신비에 싸인 신을 만나겠다는 것입니다. 그래서 신으로부터 복을 얻겠다는 것입니다. 그런데 모든 종교에는 두 줄기의 큰 오류가 있습니다.

첫째, 신을 만나는 방법이 잘못되었습니다. 사람들은 신을 만나기 위해 다양한 방법을 쓰는데, 그중에서 가장 보편적인 것이 '고행'입니다. 신은 육체와 땅의 차원을 넘어 높은 곳에 존재하므로 고행을 통해 육신의 욕망을 억제하면 그 신을 만날 수 있다고 생각하는 것입니다.

우리의 육체를 들여다봅시다. 하고 싶은 것, 먹고 싶은 것, 입고 싶은 것, 갖고 싶은 것 등 모두가 몸이 있기에 생긴 것들입니다. 우리가 무슨 생각을 하고 있는가 객관적으로 살펴보십시오. 대부분이 욕망에 근거한 나쁜 생각들입니다. 그래서 대부분의 종교에서는 육체를 열등하고 악한 것으로 규정하고 있습니다. 그런데 이런 생각은 대단히 잘못되었습니다.

하나님은 세상을 창조하시고 보기에 좋다고 하셨습니다. 인간의 육체 또한 하나님의 선물입니다. 감정, 이성, 성품, 취향 등은 모두 하나님이 주신 것입니다. 그러므로 애써 없앨 대상이 절대 아닙니다. 감사한 마음으로 하나님의 뜻에 합당하게 사용해야 할 것입니다. 이것이 기독교와 다른 종교의 중요한 차이점입니다.

사도 바울은 그 성격이 대단히 집요했습니다. 베드로는 나서기를 잘했습니다. 요한은 꼼꼼했습니다. 그런데 예수님을 만나고 거듭난 다음 이들의 성격은 변했을까요? 아닙니다. 천성은 변하지 않았습니다. 그 방향이 달라졌을 뿐입니다. 세상을 향하던 것이 하나님께로 돌아섰습니다.

기독교는 몸을 대단히 중요하게 생각하여 '성령이 계시는 전'(고전 3:16)이라고 말합니다. 자신의 몸을 괴롭히거나 자학하는 것은 하나님의 뜻에 어긋난 일임을 명심해야 합니다.

둘째, 신을 만나려는 목적이 잘못되었습니다. 그 목적은 대부분 부귀영화와 무병장수로 집약되는데, 저급한 종교일수록 여기에 집중합니다. 그러나 여호와 하나님이 원하시는 것은 소유의 극대화가 아니라 '하나님과의 관계 심화' 입니다.

자녀가 건강한 신체와 맑은 정신을 유지하기 위해 새벽마다 일어나 운동을 한다면 대견해 보일 것입니다. 반면에 몇 달 동안이나 벽만 바라보고 앉아 있거나 밥을 굶고 자기 몸을 학대한다면, 더욱이 그것이 부모의 생각을 깨닫기 위해서 하는 일이라면 이를 말리지 않을 부모는 없을 것입니다.

그 이유는 자녀를 사랑하기 때문입니다. 자녀를 사랑하는 부모의 마음은 하나님으로부터 온 것입니다. 부모의 사랑을 극대화해 보면 하나님의 마음도 이해할 수 있습니다. 부모가 원하는 것은 자녀들이 건강한 육체와 영혼을 갖고 행복하게 사는 것입니다. 자녀가 부모의 그런 사랑을 받아들일 때 '철이 들었다'고 말합니다. 철이란 곧 계절입니다. 부모의 사랑을 받아들이고 그 마음을 이해하는 것이 곧 부모와의 관계 심화입니다. 그럴 때 계절이 눈에 들어오고 세상의 이치마저 깨닫게 됩니다. 하나님도 마찬가지입니다. 하나님의 사랑을 받아들이자 그 마음을 깨닫게 되고 하나님과의 관계가 깊어집니다. 그러자 '주께서 나를 아신 것처럼' 나와 세상을 알게 됩니다.

그러므로 하나님을 만나기 위해서는, 하나님이 제시하신 방법을 따라야 하고 만나는 목적이 하나님의 뜻에 부합되어야 합니다. 그래서 성막이 중요합니다. 성막에는 하나님을 만나는 방법과 목적이 계시되어 있기 때문입니다.

〈섀도우랜드Shadow Land〉는 C. S. 루이스의 말년 생애를 그린 영화입니다. 쉰여덟 살 때 루이스는 '조이'라는 미국인 작가와 결혼합니다. 말기 암으로 고통 받던 조이와의 결혼, 이후 병세가 호전되어 보낸 몇 년간의 행복한 결혼 생활, 그리고 재발된 암과 죽음, 그 과정에서 당하는 고통 등을 그렸습니다.

섀도우랜드, 그림자 땅이란 뜻입니다. 루이스의 사상에서 매우 중요한 단어 가운데 하나입니다. 이 땅은 '하늘나라의 그림자'라는 것입니다. 성막은 '하늘에 있는 것의 모형과 그림자'(히 8:5)라고 한 것이 기억납니까? 성막에 천국이 담겨 있다는 사실을 명심하고 그것을 찾아내려고 애써야 합니다.

세마포로 성별된 성막의 마당 안에 들어가서, 놋제단에서 대속제물을 바치고, 죄 사함의 은총을 덧입습니다. 그리고 물두멍에서 손을 깨끗이 씻어 다시 한 번 몸과 마음을 성결하게 합니다. 그런 다음에야 네 겹의 덮개로 성별된, 문자 그대로 거룩한 장소, 성소로 들어가게 됩니다. 성소는 전실과 후실로 나뉘어 있는데, 전실에는 떡상과 분향단과 등대가 놓여 있습니다. 이 세 개의 기구는 하나님 앞에 나아갈 때 필요한 세 가지가 무엇인지 가르쳐줍니다.

먼저 떡상에 대하여 알아봅시다.
하나님은 모세에게 떡상 만드는 법을 가르쳐주십니다.
"너는 조각목으로 상을 만들되, 장이 이 규빗, 광이 일 규빗, 고가 일 규빗 반이 되게 하고, 정금으로 싸고 주위에 금테를 두르고 그 사면에 손바닥 넓이만한 턱을 만들고 그 턱 주위에 금으로 테를 만들고"(출 25:23-24).

떡상은 가로 90cm, 세로 4cm, 높이 68cm 정도 되는 상입니다. 조각목으로 만들어 정금으로 쌌습니다. 상 둘레에 손바닥 높이의 턱을 만들어 금테를 둘러쌉니다. 그 위에 고운 가루로 떡을 12개 구워 6개씩 두 줄로 쌓아놓습니다. 그 떡은 안식일 때마다 만들어 진설합니다.

떡상은 과연 무슨 의미를 지니고 있을까요? 그것을 알기 위해서는 레위기 24장 6절을 봐야 합니다. "여호와 앞 순결한 상 위에 두 줄로 한 줄에 여섯씩 진설하고." 이 떡상은 다른 말로 하면, '여호와 앞 순결한 상'입니다.

제사에 쓰이는 동물들은 하나님을 위한 것이 아니라 인간의 속죄를 위한 것입니다. 하나님께 바치는 유일한 제물은 떡상 위에 올려 놓은 12개의 진설병입니다. 다른 모든 종교에서의 제물은 그것이 무엇이든지 그 신에게 바치는 뇌물이라고 할 수 있습니다.

떡의 개수가 12개인 까닭은 두 가지입니다. 먼저 12개의 떡은 이스라엘의 12지파를 상징합니다. 그러므로 하나님이 받으시는 것은 값비싼 제물이 아니라 오직 이스라엘 지파의 순결한 마음입니다. 순결한 마음이란 과연 무엇일까요? 예수님이 말씀하신 대로 '마음을 다하고 목숨을 다하고 뜻을 다하여 주 하나님을 사랑하는 것'입니다.

순결한 이스라엘 전체를 하나님께 드린다는 의미가 있습니다. 누룩을 넣지 않는 것도 그것이 죄를 상징하기 때문입니다.

순결함은 돈으로 환산할 수 없는 가치를 지니고 있습니다. 우리나라 사람들이 부정직해서 입는 손해액이 한 해 250억 달러라고 합니다. 자동차 한 대를 수출하면 500달러의 이익이 남는다고 하니, 자동차 5천 만 대를 팔아서 생기는 이익과 맞먹을 만큼 큰 손해를 보는 것입니다. 그런데 이것은 외형상 나타나는 손실이며, 눈에 보이지 않는 손실은 계산할 수조차 없습니다.

얼마 전에 스물아홉 살의 경리직원이 회사 돈 32억 원을 횡령하여 탕진하는 바람에 회사가 무너진 일이 일어났습니다. 그 회사에 딸린 식구들을 생각해보십시오. 한 사람의 부정직함으로 인해 그 많은 사람들이 갑자기 불행의 늪에 빠져버렸습니다. 부정직함은 이토록 무서운 것입니다. 개인뿐만 아니라 가정, 사회, 교회, 국가를 불행하게 만듭니다.

사도 바울은 사랑하는 믿음의 아들 디모데에게 말세에 나타나는 현상을 설명하면서(딤후 3:5) "경건의 모양은 있으나 경건의 능력은 부인하니 이 같은 자들에게서 네가 돌아서라"고 충고하고 있습니다. 그들은 겉으로는 경건해 보이지만 경건의 능력은 없다는 것입니다. 경건의 능력이란 무엇일까요?

미국의 밴더빌트 대학에서 수학을 가르치던 매디슨 새럿은 존경받는 크리스천 교수였습니다. 그는 언제나 정직을 강조했고 시험을 치를 때마다 어김없이 이런 말을 했습니다. "여러분은 지금 시험을 치릅니다. 시험관은 저와 하나님 둘입니다. 그리고 지금 여러분은 두 가지 시험을 치르게 됩니다. 하나는 수학 시험이고, 다른 하나는 정직이라는 시험입니다. 두 시험 모두에 통과하도록 노력하십시오. 그런데 더 중요한 것은 정직이라는 시험입니다. 아무리 수학을 잘해도 부정직한 인생은 실패하지만, 정직한 인생은 절대로 실패하지 않기 때문입니다."

경건의 능력은 정직함에서 나옵니다. 그런데 참 정직은 오직 예수 그리스도로부터 나옵니다. 정직의 원천은 예수 그리스도입니다. 예수님이 오늘도 살아서 바라보고 계십니다. 그러므로 우리는 정직할 수밖에 없습니다. 그분은 우리의 중심까지 꿰뚫고 계십니다. 아무것도 숨길 수 없습니다. 우리가 죄를 지으면 누구보다 주님이 마음 아파하십니다. 그러므로 사랑하는 주님을 다시 십자가에 못 박지 않으려면 성결할 수밖에 없습니다. 주님은 성결을 좋아하십니다. 기뻐하십니다. 그러므로 우리는 즐겁게 정직한 길을 가며 성결한 일을 해야 합니다.

떡상을 통하여 하나님이 요구하시는 것은 바로 이 '순결함' 입니다. 정직함, 깨끗함, 순결함이 있어야 하나님 앞에 설 수 있고 하나님을 만날 수 있습니다. 하나님 앞에 차린 떡상에 성결한 자기 자신을 올려놓는 것입니다.

떡상에 오른 떡은 또 다른 소중한 의미를 내포하고 있습니다. 레위기 24장 9절 말씀입니다.

"이 떡은 아론과 그의 자손에게 돌리고 그들은 그것을 거룩한 곳에서 먹을지니 이는 여호와의 화제 중 그에게 돌리는 것으로서 지극히 거룩함이니라. 이는 영원한 규례니라."

하나님께 바친 떡은 다시 제사장들의 양식이 된다는 말입니다. 구약 시대에는 제사장만 이 특권을 누렸습니다. 그러나 신약 시대인 오늘날에는 모든 성도들이 대제사장인 예수 그리스도를 따르는 제사장이 되었습니다. 예수 그리스도가 하나님과 사람 사이의 중보자가 되심으로, 예수 그리스도를 믿는 모든 사람들이 하나님 앞에 직접 나아가 교제하는 제사장의 특권을 갖게 되었습니다. 하나님은 그 제사장들에게 12개의 떡을 먹이십니다.

이 떡을 '레헴 코데쉬*lechem qodesh*', '거룩한 떡'이라고 부릅니다. 다윗이 사울 왕에게 쫓기다가 제사장 아히멜렉에게 이르러 먹을 것을 달라고 했습니다. 그러자 아히멜렉은 이렇게 말합니다. "보통 떡은 내 수중에 없으나 거룩한 떡은 있나니 그 소년들이 여자를 가까이만 하지 아니하였으면 주리라"(삼상 21:4).

이 거룩한 떡의 숫자는 열둘입니다. 열둘은 완전함을 상징합니다. 다른 것을 먹을 필요가 없는 충분한 양식, 완전한 양식을 의미합니다. 이것이 12개의 떡에 내포된 두 번째 의미입니다.

예수님은 말씀하십니다. "나는 하늘에서 내려온 살아 있는 떡이니 사람이 이 떡을 먹으면 영생하리라. 내가 줄 떡은 곧 세상의 생명을 위한 내 살이니라"(요 6:51). 이어서 말씀하십니다. "내 살을 먹고 내 피를 마시는 자는 내 안에 거하고 나도 그 안에 거하나니."

예수님은 십자가에서 죽임을 당하셨습니다. 그리고 그 살을 우리에게 주셨습니다. 내가 예수님의 살을 먹음으로 예수님 안에 거하고, 예수님이 내 안에 거하게 되었습니다. 그래서 우리가 손으로 빚은 떡은 더 이상 세상의 떡이 아닙니다. 하나님이 기뻐 받으시는 거룩한 떡이 됩니다.

그러므로 하나님 앞에 바치는 유일한 제물인 12개의 떡도 우리 스스로 준비하는 것이 아닙니다. 아무리 정성을 다해도 인간의 손으로 만든 떡에는 더러움이 남을 수밖에 없습니다.

누군들 깨끗하겠습니까?

고행과 수행을 통해서 깨끗해지기란 불가능합니다. 허벅지를 바늘로 수없이 찔러도 인간의 욕망을 죽일 수는 없습니다. 그런 시도 자체가 어리석은 일입니다.

진정으로 사랑한다면 사랑하는 이가 마음 아파할 일은 하지 않습니다. '내가 이렇게 살면 안 되지'라는 생각을 합니다. 예수님을 진정으로 사랑한다면 무슨 일을 해서는 안 될지 저절로 알게 되고, 예수님의 마음을 아프게 하는 일로부터 점점 멀어집니다. 그것을 성화聖化라고 합니다. 우리가 깨끗해지는 길은 진정 이것밖에 없습니다.

이제 철이 들어 나 자신을 하나님께 드려야겠다는 생각이 드는 것도 하나님의 은혜이며, 그렇게 드린 형편없는 나를 순결한 떡으로 받아주시는 것도 모두 하나님의 사랑입니다.

15강 | 출애굽기 25:31-32

Exodus

불꽃을
피우리라

주님은 십자가에 달려 자신을 죽이심으로
우리가 하나님께 나아갈 길을 열어주셨습니다.
촛불이 스스로를 태우며 빛을 내듯이
우리에게 생명의 길을 보여주셨습니다.

출애굽기 15강

남을 위해서 무언가를 참아본 적이 있습니까? 생명이 타들어가는 느낌이었을 것입니다. 그래서 "석탄 백탄 타는 덴 연기가 나는데, 이 내 가슴 타는 덴 연기조차 나지 않는다"는 푸념이 나왔나봅니다. 웬 연기 타령이냐 하겠지만, 연기가 아니라 촛불 이야기를 하려고 합니다.

빛과 온기를 내기 위해서는 자신을 태워야 한다는 사실을 누구나 압니다. 그래서 어떤 시인은 연탄재를 함부로 차지 말라며 "당신은 남을 위하여 자신을 태운 적이 있는가?"라고 묻습니다.

떡상에 대하여 가르쳐주신 하나님은 이어서 모세에게 이렇게 말씀하십니다.

"너는 순금으로 등잔대를 쳐 만들되 그 밑판과 줄기와 잔과 꽃받침과 꽃을 한 덩이로 연결하고 가지 여섯을 등잔대 곁에서 나오게 하되 다른 세 가지는 이쪽으로 나오고 다른 세 가지는 저쪽으로 나오게 하며 이쪽 가지에 살구꽃 형상의 잔 셋과 꽃받침과 꽃이 있게 하고 저쪽 가지에도 살구꽃 형상의 잔 셋과 꽃받침과 꽃이 있게 하여 등잔대에서 나온 가지 여섯을 같게 할지며"(출 25:31-33).

'등대' 하면 대개 바닷가에 서 있는 등대가 연상되지만, 여기서는 '촛대'를 말합니다. 그런데 그것은 초를 꽂는 용도로 쓰이는 게 아니라 기름을 넣어 불을 밝히는 장치로 쓰입니다. 모두 일곱 가지로 뻗어 있는데, 수직으로 세워진 가지를 중심으로 좌우에 세 가지씩 대칭을 이루고 있습니다. 맨 하단부에 손잡이가 하나 있고, 좌우의 가지들은 반원을 그리며 모두 하늘을 향하여 있습니다. 삼지창을 연상하면 됩니다. 다만 성소에 놓인 등대는 그 가지가 7개입니다. 가지 끝에는 기름을 넣을 수 있도록 잔을 만들고 그 잔을 바치는 꽃받침을 살구꽃 모양으로 만들어 붙였습니다.

그런데 왜 하필이면 7개의 가지로 나눈 것일까요? 숫자 7이 완전수이기 때문입니다. 그러므로 일곱 가지로 갈라진 촛대는 '완전한 빛'을 상징합니다.

이 세상의 어떤 빛도 완전하지 못합니다. 가장 강력한 태양 빛도 언젠가는 사라져버릴 것입니다. 수소 덩어리인 태양이 아무리 거대해도 무한하지는 않기 때문입니다. 옛날 황제나 왕들은 태양의 아들임을 자처했습니다. 왕은 태양 빛을 받아 부를 창출하는 토지를 소유한 사람입니다. 부나 권력이 태양에서 비롯된 것이라고 믿는 사람이 태양을 신으로 섬기는 것은 당연한 일이겠지요. 그러나 그 빛은 완전하지 못합니다. 그러므로 태양에 의존해서, 번영과 부에 의존해서 행복을 추구하는 인생은 실패할 수밖에 없습니다.

영어 성경을 보면 금촛대를 가리킬 때 인칭대명사 His를 사용하고 있습니다. 그것이 단순한 촛대가 아니라는 의미입니다. 일곱 가지로 갈라진 촛대는 완전한 빛으로 오신 예수 그리스도를 상징합니다.

하나님을 만나러 갈 때 인간은 자력으로는 도저히 그분 앞에 나아갈 수 없습니다. 예수 그리스도의 도움 없이는 도저히 하나님을 알 수 없습니다. 그분의 계시 없이는 하나님이 누구인지 알 수 없습니다. 우리가 예배에 참여하고 하나님께 경배 드리는 것 역시 주님이 우리를 돕고 힘 주셨기 때문입니다.

주님은 "나는 세상의 빛이니"(요 8:12)라고 직접 말씀하셨습니다. 주님은 십자가에 달려 자신을 죽이심으로 우리가 하나님께 나아갈 수 있는 길을 열어주셨습니다. 촛불이 스스로를 태우며 빛을 내듯이 우리에게 생명의 길을 보여주셨습니다. 예수 그리스도의 빛은 완전한 빛입니다.

   등대를 살구꽃 문양으로 장식한 데도 깊은 뜻이 있습니다.

   하나님이 예레미야에게 나타나 물으십니다. "네가 무엇을 보느냐"(렘 1:11).

   예레미야가 대답합니다. "내가 살구나무 가지를 보나이다."

   살구나무는 히브리어로 '솨케드shaqed'라고 하는데, 그 뜻은 '잠을 안 자고 지키다'입니다. 살구나무는 하나님이 잠시도 쉬지 않고 깨어서 당신의 백성을 지켜주심을 의미합니다. 또한 살구나무는 겨울을 지나 가장 먼저 꽃을 피우는 '깨어 있는 나무'입니다.

   일곱 가지로 나뉜 살구꽃 문양의 등대는 쉬지 않고 우리를 지키시는 하나님, 완전한 빛으로서 우리를 밝혀주시는 예수 그리스도를 상징합니다. 사도 요한은 예수 그리스도를 가리켜 '생명의 빛'이라고 했습니다. 진리를 좇는 자는 그 빛으로 나아옵니다. 그것은 자신을 드러내기 위함이 아니라 그가 하나님 안에서 행함을 나타냅니다(요 3:21).

   일곱 금촛대에는 기억해야 할 중요한 의미가 있습니다.

   "몸을 돌이켜 나에게 말한 음성을 알아보려고 돌이킬 때에 일곱

금 촛대를 보았는데 촛대 사이에 인자 같은 이가 발에 끌리는 옷을 입고 가슴에 금띠를 띠고"(계 1:12-13).

일곱 금촛대 사이를 다니며 말씀하시는 주님의 모습입니다. 여기서 일곱 금촛대는 무엇일까요?

"일곱 촛대는 일곱 교회니라"(계 1:20).

일곱 촛대가 교회라면, 교회 역시 완전한 빛이 되어야 한다는 것입니다. 교회가 어떻게 완전한 빛이 될 수 있을까요? 성령이 우리 안에 계실 때, 살아 계신 주님이 우리 안에 거하실 때 비로소 우리도 일곱 촛대의 역할을 할 수 있습니다.

최후의 만찬을 마친 예수님은 제자들을 이끌고 감람산 위 겟세마네로 올라가셨습니다. 겟세마네 동산 그곳은 올리브나무가 심겨진 아름다운 동산이 아닙니다. 겟세마네는 '기름 짜는 곳'이라는 뜻입니다. 올리브열매를 기름틀에 넣고 기름을 짜는 곳입니다. 기름을 얻기 위해서는 열매를 커다란 연자 맷돌로 산산이 부수고 철저히 으깨고 갈아야 합니다.

예수님이 겟세마네 동산에 오르신 것은 바로 자신의 몸을 산산이 부서뜨리고 으깨기 위해서였습니다. 성경은 기도하시는 예수님의 모습을 이렇게 전합니다. "예수께서 힘쓰고 애써 더욱 간절히 기도하시니 땀이 땅에 떨어지는 핏방울 같이 되더라"(눅 22:44).

경주마가 혼신의 힘을 다하여 뛸 때 핏빛 땀이 난다고 합니다. 예수님이 그렇게 기도하셨습니다. 온몸에 피가 맺히도록 기도하셨습니다.

"아버지여 만일 아버지의 뜻이거든 이 잔을 내게서 옮기시옵소서. 그러나 내 원대로 마시옵고 아버지의 원대로 되기를 원하나이다"(눅 22:42).

그렇게 기도하는 예수님을 돕기 위하여 하나님은 천군 천사를 보내셨습니다.

"천사가 하늘로부터 예수께 나타나 힘을 더하더라"(눅 22:43).

사람을 구원하겠다고 피땀을 흘리며 기도하시는 예수님, 그리고 기도를 돕기 위하여 천군 천사를 보내시는 하나님. 그러나 사람들은 구원은 그렇게 해서 이루어지는 것이 아니라고 생각합니다. 천군 천사를 보내 나를 괴롭히는 사람들을 쳐부수게 하면, 나를 왕으로 세우면, 나를 부자로 만들어주면, 내 병을 고쳐주어 오래오래 건강하게 살게 해주면 구원이 이루어진다고 생각합니다. 그러나 그것은 어디까지나 내 소원이고, 내 생각입니다.

하나님이 원하시는 것은 다릅니다. "네 몸을 으깨고 갈아서 기름을 내라." "십자가에서 네 몸을 찢고 부수어 피와 물을 내라." 그것이 하나님이 독생자 예수에게 원하시는 것이었습니다. 예수님은 그것을 아주 잘 알고 계셨습니다. 그래서 그 고통과 두려움을 감당할 힘을 얻기 원하셨습니다.

왜 하나님은 예수님에게 온몸으로 기름을 짜라고 하셨을까요? 사람들을 살리기 위하여 그 일이 꼭 필요했기 때문입니다. 사람들에게 필요한 것은 지식과 능력과 돈과 명예와 권력과 건강이 아닙니다. 생명의 기름입니다. 사람들의 메마른 심령에 생명의 불, 영원히 꺼지지 않는 불을 켜기 위해서입니다. 그 외에 구원의 방법은 없습니다. 그래서 천군 천사를 보내 로마와 권세자들을 쳐부수게 하는 대신에, 모든 아픈 사람을 낫게 하는 대신에, 모든 가난한 사람을 부자로 만드는 대신에, 당신의 아들 예수로 하여금 생명의 기름 짜내는 일을 돕도록 하셨습니다.

성경은 교회를 촛대로, 성령을 기름으로 표현합니다. 촛불을 밝히기 위해서는 반드시 기름이 필요합니다. 하나님은 이스라엘 백성들에게 하나님의 성전을 세우게 하셨습니다. 하나님의 촛대를 세우신 것입니다. 그리고 그 촛대를 밝혀서 사람들에게 빛을 나누어주라고 하셨습니다. 하나님의 뜻에 합당하게 소망과 사랑과 믿음으로 살게 하라고 제사장의 귀한 사명을 주셨습니다.

교회에서 반목과 갈등이 판치고 세상의 방법이 종횡한다면 성령의 기름은 더 이상 공급될 수 없습니다. 교회의 주인이요, 촛대 사이를 거니는 예수님이 친히 말씀하십니다.

"회개치 아니하면 내가 네게 임하여 네 촛대를 그 자리에서 옮기리라"(계 2:5).

교회는 예수님이 피 값을 치르고 사셨고, 몸을 으깨어 그 기름으로 불을 밝히고 계시는 거룩한 곳입니다. 교회에 불이 꺼지면 이 세상은 더 이상 살아볼 가치조차 없는 곳이 되고 맙니다.

내가 다른 사람보다 옳다고 해서, 똑똑하고 능력이 있다고 해서 구원받는 게 아닙니다. 교회가 더 밝아지는 게 아닙니다. 하물며 내 기분대로, 내 주장대로 행하면 구원은 점점 더 멀어지고, 교회는 점점 더 그 빛을 잃으며, 예수님은 더욱 온몸을 으깨어 기름을 짜내셔야 합니다. 십자가에서 더 많은 피를 흘리고 더 깊게 살을 찢으셔야 합니다. 예수님은 우리를 사랑하기에 교회를 사랑하십니다. 교회에 불이 꺼지면 소망과 구원 또한 없어진다는 사실을 잘 아시기 때문입니다.

주님은 피땀을 흘리고 온몸을 부수어 생명의 기름을 짜내고 계시는데, 우리는 깊은 잠에 빠져 있지는 않습니까? 내 기분대로 행하거나 하나님의 불을 끄려고 찬물을 끼얹고 있지는 않습니까?

그리스도인이란 '예수님께 속한 사람'이란 뜻입니다. 나 또한 예수님처럼 내 몸을 으깨고, 내 생각을 부수고, 내 마음을 낮출 때 비로소 문제가 해결되고 교회가 밝아지기 시작합니다. 화가 나도, 마음에 들지 않아도, 억울해도, 손해를 봐도 '이제 하나님이 기름을 짜라고 하시는구나' 라고 생각하며 조용히 주님과 함께 겟세마네 동산으로 발길을 돌려야 합니다. 주님의 이름으로 내 몸을 던져 기름을 짜낼 때, 비로소 우리는 구원에 이르며 우리의 가정과 사업과 교회가 살아납니다.

"그들은 이 땅의 주 앞에 서 있는 두 감람나무와 두 촛대니"(계 11:4).

하나님이 우리를 촛대와 감람나무로 세우셨습니다. 촛대에 불을 밝히기 위해서는 감람나무의 열매, 즉 올리브기름이 필요합니다. 주님의 교회에 기름을 공급하라는 것입니다.

"그들이 굵은 베옷을 입고 천이백육십 일을 예언하리라"(계 11:3).

왜 굵은 베옷을 입으라는 것일까요? 겸손하라는 말씀입니다. 그리고 해야 할 일이 있습니다. 곧 예언預言입니다. 이 예언은 점쟁이가 하는 일과는 아무런 관계가 없습니다. 맡길 예預, 말씀 언言입니다. 하나님이 맡기신 말씀을 전하는 것입니다.

하나님의 말씀은 듣고 끝나는 것이 아니라 살아 있어야 합니다.

말씀이 육신이 되어야 합니다. 말씀이 삶에 녹아들어 종래는 스며 나와야 합니다. 그리하여 내 삶을 보고 다른 사람들이 "과연 하나님의 사람이다"라는 말을 할 수 있어야 합니다. 이것이 진짜 전도입니다.

요즈음에 사람들에게 전도를 하면 "너나 잘하세요"라는 말이 돌아옵니다. 크리스천들의 말이 신뢰를 잃었습니다. 삶으로 잃어버린 신뢰를 회복해야 합니다.

"만일 누구든지 그들을 해하고자 하면 그들의 입에서 불이 나와서 그들의 원수를 삼켜버릴 것이요 누구든지 그들을 해하고자 하면 반드시 그와 같이 죽임을 당하리라"(계 11:5).

그저 우리가 할 일은 하나님의 사명을 묵묵히 감당하는 것입니다. 한 그루의 감람나무로서, 한 알의 올리브열매로서 몸에서 기름을 내어 촛대가 활활 타도록 해야 합니다. 나머지는 하나님이 다 알아서 하십니다.

주님이 공급하시는 생명의 기름을 감사함으로 받읍시다. 이 생명의 기름이 떨어지는 모든 곳에 소망이 피어오릅니다. 행복이 흐르기 시작합니다.

이 기름이 먼저 우리의 메마른 심령에 떨어지고, 무엇보다도 교회에 흘러 넘쳐 그곳이 겟세마네 동산이 되기를 바랍니다.

다른 종교에서 섬기는 신은 영원한 타자他者입니다.

그러나 예수님은 자신의 기름을 십자가에서 짜서 우리에게 먹이고 태우십니다. 우리는 그것을 먹고 예수님과 한 몸이 되어갑니다. 우리 또한 우리 기름으로 이웃과 세상을 위하여 불꽃을 피웁니다. 그 기름은 곧 주님의 기름입니다.

16강 | 출애굽기 27:1-8

네 죄를 속하라

예배에 임하는 성도들은 가장 먼저 예수 그리스도의 십자가를 통한
죄사함의 은총을 덧입어야 합니다.
그러지 않고 드리는 예배는 죽은 예배요,
교회 마당만 밟는 행위일 뿐입니다.

출애굽기 16강

 귀국한 지 얼마 되지 않았을 때 친구의 초대를 받아 한 모임에 갔습니다. 사람들과 함께 음식을 먹으며 담소를 나누다가 자연스럽게 교회 이야기가 나왔습니다. 그런데 문득 제 귀를 의심할 만한 소리가 들렸습니다. 한 여성도가 얘기하기를 자신은 '담임목사님의 기쁨조'라는 것입니다. 저는 소스라치게 놀랐고, 눈길은 저절로 그 남편에게 향했습니다. 그런데 그의 표정이 더욱 놀라웠습니다. 아무렇지 않은 정도가 아니라 오히려 '저도 그렇습니다' 하는 표정이었습니다. 저는 망치로 뒤통수라도 맞은 것 같았습니다.
 여성도는 이어서 담임목사의 일정에 따라서 자신도 일정을 조정하여 함께 외부 집회에 참석한다고 말했습니다. 자신이 다니는 대형 교회에 대단한 자부심이 있었고, 담임목사를 가까이에서 모시는 것을 자못 자랑스럽게 생각하고 있었습니다. 두 내외는 사도 바울과 함께 평생을 선교 사업에 헌신한 브리스길라 부부라도 된 듯했습니다. 주위 사람들이 그것을 아무렇지 않게 생각한다는 점이 더욱 놀라웠습니다. 그날 저녁 모임에 참석한 사람들은 제 친구를 포함하여 모두 교회에서 칭찬받는 열성 교인들이었습니다. 당시 저는 그들과 초면인지라 목구멍까지 치밀어 오르는 말들을 계속 삼켜야 했습니다.

　이런 식의 이야기는 사이비 종교 집단에서나 있을 법한 것입니다. 우리는 어쩌다가 이렇게까지 된 것일까요?

　대부분의 대형 교회에서 그런 일들이 다반사라는 것을 그날 이후로 알게 되었습니다. 앞서 말한 이른바 기쁨조는 일종의 파워 집단으로서 그 집단에 들어가려는 교인들의 몸부림과 그에 대한 주변의 질시가 대단하다는 사실도 알게 되었습니다.

　세상 모든 사람들의 공통된 소망을 한마디로 말하면 '행복'일 것입니다. 불행하기를 원하는 사람은 없습니다. 배울 만큼 배우고 사회적 지위까지 누리고 있는 그 멀쩡한 사람들이 한 목사의 기쁨조가 되기를 자처하는 것도 복을 많이 받아 행복해지기 위해서입니다. 목사는 하나님의 대리자요, 하나님 다음으로 신성한 존재이므로 목사를 잘 모시는 것이 곧 하나님을 잘 모시는 것이라고 생각하기 때문입니다. 그래야 하나님께 복을 듬뿍 받아 행복하게 살 수 있다고 믿으니까요.

신성한 것과 중요한 것은 서로 다릅니다. 반드시 구별해야 합니다. 목사는 중요하지만 신성한 존재는 아닙니다. 삼위일체 하나님 외에 신성한 것은 없습니다. 신성의 특징은 절대성에 있습니다. '상대적 신성'이라는 말 자체가 모순입니다.

가톨릭교가 이단이냐는 질문을 많이 받습니다. 가톨릭교는 왜곡된 기독교라고 할 수 있습니다. 교황의 예를 들어봅시다. 가톨릭교는 교황을 베드로의 후계자로 여깁니다. 베드로가 거룩한 예수님의 수제자로서 그분의 신성을 받았을 테니 그 역시 신성한 존재라고 생각하는 것입니다. 그래서 교황이나 신부들 역시 신성한 존재라고 생각합니다. 하지만 교황도 사람이므로 한계가 있고 상대적입니다. 그러니 신성화 작업이 필수적일 수밖에요. 그 결과 교황 무오설까지 등장했습니다.

성모 마리아는 삼위일체 하나님과 동격이 아닙니다. 하지만 성자 예수님을 낳은 둘도 없이 중요한 존재입니다. 그럼에도 마리아 역시 사람입니다. 그러니 그녀 역시 신성화 작업이 필요했겠지요.

그래서 예수님의 육친 동생들이 엄연히 있는데도 마리아를 영원한 동정녀로 남게 하려는 무리한 시도를 할 수밖에 없었습니다. 마리아 승천설이 그 결과입니다.

마음에 단단히 새기십시오. 상대적 신성이란 있을 수 없습니다. 사람이나 사물에 신격을 부여하려다보면 반드시 그 종교는 왜곡되고 맙니다. 기독교도 예외가 아닙니다.

오늘날의 가톨릭교는 세계에서 가장 큰 조직을 이루고 있습니다. 그래서 가톨릭교를 흔드는 사상이나 집단이 생기면 즉각 철저한 검증이 실시됩니다. 그런데 기독교의 경우는 그렇지 못합니다. 교단이 개 교회를 통제할 수 없습니다. 제재를 받을 경우 그 교단을 탈퇴하면 그만입니다. 그러니 개 교회 목사는 자신들이 하고 싶은 대로 할 수 있습니다. 목사인 자신을 잘 모시는 것이 곧 하나님을 잘 모시는 것이라고 교인들에게 가르칠 수 있습니다. 그러므로 기독교가 왜곡될 위험이 훨씬 높고, 실제로 그런 경우가 비일비재합니다.

목사는 중요하지만 신성하지는 않습니다. 교회는 중요하지만 신성하지는 않습니다.

여기에 반론을 제기할 사람들이 굉장히 많을 것입니다. 그렇다면 질문을 하나 하겠습니다. 예루살렘에 있던 하나님의 성전이 중요할까요, 아니면 각 지역에 세워진 교회들이 중요할까요? 하나님의 성전은 '하나님 자신의 이름을 두실 장소로서'(신 12:11) 지으라고 하신 곳입니다. 그러나 그 성전은 돌 위에 돌 하나가 남지 못할 정도로 철저히 파괴되었습니다. 에베소 교회는 당시 가장 중요한 교회 중 하나입니다. 그러나 현재는 흔적도 남지 않았습니다. 모두 하나님이 하신 일들입니다.

  신성은 오직 삼위일체 하나님만의 전유물입니다. 그것을 나눠 가지려고 해서는 절대 안 됩니다. 스스로 주장해서도 절대 안 됩니다. 그렇게 하는 사람이나 조직은 반드시 타락하고 부패합니다.

  하나님이 모세를 가나안 땅에 들어가지 못하게 하신 이유와 바울로 하여금 로마 교회를 세우지 못하게 하신 이유가 동일합니다. 위대한 지도자들이 신성시 되는 것을 막기 위해서였습니다. 모세나 바울은 자신의 신성을 주장한 적이 한 번도 없습니다. 그럴 의도가 티끌만큼도 없는 사람들입니다. 그럼에도 그렇게 하신 이유는 추종자들이 모세나 바울을 교주로 신성시할 것이 분명했기 때문입니다. 광야에 높이 세워졌던 놋뱀도 신성시되었음을 기억하십시오.

  한국 교회에서는 목사가 스스로를 높이고 추종자들도 목사를 떠받듭니다. 그러니 왜곡과 부패가 가속화될 수밖에 없습니다.

하나님이 이 세상을 창조하고 나서는 "좋다"고 말씀하시고, 사람들을 창조하고 나서는 "심히 좋다"고 말씀하셨습니다. 그러니까 '하나님의 뜻에 합당하게' 살면 저절로 행복해지도록 이 세상을 창조하셨다는 것입니다.

부활한 주님이 제자들에게 나타나 물으십니다. "평안하냐?" 이어서 "너희에게 평강이 있을지어다"라고 말씀하시고, 제자들을 향하여 숨을 내쉬며 "성령을 받으라"고 하셨습니다. 여기서 평강은 '에이레네*eirene*' 또는 '샬롬*shalom*'으로 외적 행복과 내적 평안을 아우르는 최고의 축복을 의미합니다.

예수님이 제시하시는 행복의 길은 사람들이 찾는 행복의 길과는 전혀 다릅니다. 성경이 중요한 이유는 진정으로 행복해지는 하나님의 방법이 거기에 담겨 있기 때문입니다.

아브라함과 롯 중에서 비옥한 토지를 차지한 '유능한' 롯은 불행해졌고, 황량한 벌판에 남았던 늙고 '무능한' 아브라함은 행복을 누렸습니다. 무엇이 이들의 인생을 갈라놓은 것일까요? 한 아버지의 몸에서 태어난 이삭과 이스마엘은 무엇이 그토록 달라서 한 사람은 생명의 길을 가고, 한 사람은 파멸의 길을 갔을까요? 튼튼하고 건장한 에서는 왜 불행해졌고, 유약하고 약삭빠른 야곱은 오히려 행복해졌을까요?

늙고 무능한 아브라함이 행복해진 이유를 성경은 다음과 같이 말하고 있습니다.

"거기서 벧엘 동쪽 산으로 옮겨 장막을 치니 서쪽은 벧엘이요 동쪽은 아이라. 그가 그곳에서 여호와께 제단을 쌓고 여호와의 이름을 부르더니"(창 12:8).

어눌하고 무능한 이삭이 성공한 이유는 다음과 같이 기록하고 있습니다.

"이삭이 그곳에 제단을 쌓고, 여호와의 이름을 부르며 거기 장막을 쳤더니"(창 26:25).

유약하고 약삭빠른 야곱이 성공한 이유는 다음과 같이 기록하고 있습니다.

"야곱이 아침에 일찍이 일어나 베개로 삼았던 돌을 가져다가 기둥으로 세우고 그 위에 기름을 붓고"(창 28:18).

성경에서 말하는 진정으로 행복해지는 길, 사는 길, 생명의 길은 하나님께 제단을 바르게 쌓는 것입니다. 한마디로 하나님께 올바른 예배를 드리는 것입니다.

이스라엘 백성이 이집트의 노예가 되어 430년을 보냅니다. 그동안 예배를 드리지 못했습니다. 절망 중에 탄식하며 괴로워했습니다. 모세가 바로를 찾아가 뭐라고 말하면서 이스라엘 백성들을 내놓으라고 했습니까? "내 백성을 보내라. 그들이 나를 섬길 것이니라"(출 9:1). 하나님을 섬기는 것, 그것이 곧 예배입니다. 예배를 통하여 하나님을 섬기는 것입니다.

하나님이 이스라엘 백성을 구원하신 증거가 무엇이라고 했습니까?

"하나님이 이르시되 내가 반드시 너와 함께 있으리라. 네가 그 백성을 애굽에서 인도하여 낸 후에 너희가 이 산에서 하나님을 섬기리니 이것이 내가 너를 보낸 증거니라"(출 3:12).

그 산이 어디입니까? 바로 시내 산입니다. 지금 이스라엘 백성들은 어디에 있습니까? 시내 산기슭에 있습니다. 여기서 하나님이 십계명과 성막을 주셨습니다. 그 목적을 한마디로 말하자면, 이스라엘 백성으로 하여금 예배드리게 하기 위해서입니다.

성막은 예배드리는 곳입니다. 믿음의 조상들은 스스로 제단을 쌓았지만, 이제 하나님은 이스라엘 백성의 예배를 받기 위하여 성막을 지으라고 직접 말씀하십니다.

우리의 예배를 받고, 우리와 만나고, 우리에게 모든 것을 말씀하기 위해서 성막을 지으라고 말씀하십니다. 이스라엘 백성이 시내 산기슭에서 하나님을 만나는 것은 구원의 증거인 동시에 행복의 문입니다.

이스라엘의 성막은 바로 오늘날의 교회입니다. 우리에게 교회를 주신 이유는 우리의 예배를 받으시기 위해서입니다. 예배를 드리고 있다는 것이 바로 우리가 구원받았다는 증거입니다. 바른 예배는 곧 평강의 통로입니다.

바른 예배를 드리기 위해서는 성막의 구조를 잘 알아야 합니다. 성막의 구조 자체가 하나님의 구원 계획이 무엇이며, 바른 예배가 무엇인지 가르쳐줍니다.

머리에 깊게 새기기 위해서 다시 반복합니다. 지겹다고 생각하지 말고 머릿속에서 그려보십시오.

휘장으로 둘러서 만든 넓은 마당에 들어서면, 제일 먼저 만나는 것이 동물들을 태우는 '번제단' 입니다. 몇 발자국 가면 커다란 '물두멍' 이 마련되어 있습니다. 거기서 몇 발자국 가면 네 겹 장막으로 덮여 있는 '성소' 가 있습니다. 이 성소의 전실에는 '떡상' 과 '분향단' 과 '금촛대' 가 놓여 있고, 그룹이 그려진 두꺼운 휘장으로 구분된 후실에는 '하나님의 법궤' 가 놓여 있습니다.

번제단의 크기는 장이 오 규빗, 광이 오 규빗, 높이는 삼 규빗, 다시 말해서, 길이는 2.25m, 폭은 2.25m, 높이는 1.35m 됩니다. 번제단은 희생 제물로 드리는 동물을 태우는 장치입니다. 아카시

아 나무로 만들고 겉에는 불에 타지 않도록 놋으로 덧씌웠습니다. 가운데는 놋으로 만든 그물을 만들고, 위에는 동물을 올려놓고 태울 수 있게, 아래에는 재가 떨어지게 만들었습니다. 네 귀퉁이에 놋으로 만든 뿔이 있고, 그 번제단 전체를 들고 다닐 수 있도록 운반용 채를 꿸 수 있는 고리를 단 하단에 만들어 붙였습니다.

가장 중요한 것은 번제단이 놓여 있는 위치입니다. 제일 먼저 번제단, 물두멍, 이어서 금촛대와 떡상과 분향단, 그리고 맨 마지막에 법궤의 순서로 놓여 있습니다. 이 순서는 기독교가 다른 모든 종교와 다른 점이 무엇인지, 그 차이점이 무엇을 의미하는지 드러내기 때문에 아주 중요합니다.

다른 모든 종교에서는 신에게 제물을 바치는 제단이 맨 마지막에 놓여 있습니다. 제물의 내용과 형식은 각 종교마다 다르지만 그것이 놓이는 위치는 언제나 맨 마지막입니다.

설날이나 추석 때 조상신을 위하여 지내는 제사를 생각해보면 알 수 있습니다. 조상신에게 제사를 지내는 이유는 제물을 받고 어여삐 여겨서 흉은 물리치고 길과 복을 달라는 데 있습니다.

그런데 하나님의 종교에서는 정반대입니다. 맨 먼저 번제단을 놓게 하셨는데, 번제단의 목적은 오직 인간의 죄를 대속하기 위함입니다. 아무리 정성을 다하고 귀한 제물을 가지고 온다고 하여도 죄가 있으면 하나님 앞에서 그 즉시 죽기 때문입니다.

다른 종교에서의 번제단은 '신을 위한 장치'지만, 기독교에서의 번제단은 '인간을 위한 것'입니다. 이것이 기독교와 다른 모든 종교와의 결정적인 차이점입니다.

왜 하나님만 죄를 중시하십니까? 오직 하나님만이 진정한 하나님, 참 하나님이기 때문입니다. 성경은 하나님 외에 모든 신들은 '악한 영'이라고 한마디로 규정합니다. 너무 독선적이라고 생각할 수도 있습니다. 그런데 다른 신들은 죄를 별로 중시하지 않습니다. 하등 종교일수록 그 현상은 두드러집니다. 예를 들어, 무당이 자신을 찾아온 사람의 죄를 묻는 경우는 없습니다. 다만 그의 정성, 복채를 얼마나 바치는가에 관심을 둡니다. 복채만 두둑하다면 남을 해하는 방책까지도 가르쳐줍니다.

물론 다른 종교에서도 성결을 중시합니다. 무당도 굿을 할 때면 목욕재계를 하고 자신을 성결케 합니다. 그런데 이 모든 것은 인간의 머리에서 나왔습니다. 신이 지시한 게 아니라 인간이 생각해낸 것입니다. 본질상 죄인인 인간의 머리에서 나온 생각이므로 스스로 최대 약점인 죄 문제를 거론하거나 중시하지 않는 게 당연합니다. 또한 탐욕에서 자유롭지 못한 인간은 신들도 뇌물을 좋아할 것이라고 여겨서 제단을 맨 마지막에 놓습니다.

그러나 하나님은 스스로 계신 분입니다. 다른 존재의 도움이 필요 없는 분입니다. 더욱이 하나님의 생각은 그 차원과 방향과 깊이가 인간의 생각과 차이날 수밖에 없습니다.

다른 종교에서도 선행을 강조합니다. 기독교와 비슷한 점이 있습니다. 그것은 당연한 일입니다. 이 세상은 하나님이 창조하셨기에 부분적으로 하나님을 경험할 수 있습니다. 그러나 인간의 경험과 이성만으로는 결코 하나님이 원하시는 본질과 핵심을 볼 수 없습니다. 오직 성령만이 하나님의 깊고 깊은 것까지 통달케 하시기 때문입니다.

기독교는 하나님의 생각에서 나왔습니다. 사람들은 하나님 앞에 나갈 때 최대 문제가 '정성'이라고 말하지만, 하나님은 '죄'라고 말씀하십니다.

하나님은 이 죄 문제를 해결하기 위하여 대속 제사법을 명령하셨습니다. 죄의 삯은 사망입니다. 죄 값을 치르기 위해서는 하나님의 가장 사랑하는 자녀인 사람들이 죽어야 했습니다. 그래서 동물로 하여금 대신 죽게 하신 것입니다.

대속 제사법을 들으며 사람들은 "나 대신 동물을 죽이면 내 죄가 용서된다고? 그러면 살인을 해도 동물이 대신 벌을 받으면 되겠네"라고 말하며 이를 무시합니다. 사람의 상식, 내 생각과는 다르다는 이유로 그렇게 합니다. 그러나 죄 가운데서 신음하다가 하나님이 열어놓으신 대속 제물을 통한 죄 사함에 대하여 듣게 됩니다. 정말 용서받고 죄 짐을 내려놓고 인생을 다시 시작하고 싶어집니다. 그래서 그대로 시행합니다. 자기 대신 죽어서 불에 타는 동물을 바라보며 자신의 죄가 불에 소멸되는 것을 한편으로는 가슴 아프게, 한편으로는 하나님께 감사하며 바라봅니다.

대속 제사법은 하나님이 마련하신 하나님의 법입니다. 인간이 고안한 것이 아닙니다. 그러므로 구약의 제사법을 수용하느냐 마느냐는 역시 믿음의 문제입니다.

번제단에서는 사람의 죄를 대신할 동물, 주로 흠 없는 1년 된 양을 잡아 태웠습니다. 이 일이 얼마나 중요한지, 하나님은 속죄 제사 규정을 레위기에 따로 자세히 적어놓게 했습니다. 십계명의 시행 세칙을 신명기에 따로 적게 하신 것과 마찬가지입니다. 다시 한번, 십계명과 성막의 중요성을 마음에 새겨야 합니다.

그 핵심을 놓칠 때 우리 기독교는 본질에서 벗어나 다른 종교와 같은 천박한 차원으로 전락할 것입니다.

하나님을 만나기 위해서는 우선 규정에 따라 대속 제물인 동물, 소나 양, 비둘기 등을 가지고 나와야 합니다. 제사장이 그 제물에 안수를 하는데, 안수를 통하여 사람의 죄가 동물에게 전이되고, 그 동물을 사람 대신에 불에 태워서 하나님께 바칩니다. 이것이 대속제물입니다. 이러 과정을 거쳐 깨끗한 상태가 된 다음에야 제사장은 성소로 들어갈 수 있습니다.

이러한 구약의 희생 제사는 예수 그리스도가 십자가에서 돌아가신 다음에 폐지되었습니다. 히브리서 기자는 이러한 사실을 다음과 같이 설명하고 있습니다.

"염소와 송아지의 피로 하지 아니하고 오직 자기의 피로 영원한 속죄를 이루사 단번에 성소에 들어가셨느니라. 염소와 황소의 피와 및 암송아지의 재를 부정한 자에게 뿌려 그 육체를 정결하게 하여 거룩하게 하거든 하물며 영원하신 성령으로 말미암아 흠 없는 자기를 하나님께 드린 그리스도의 피가 어찌 너희 양심을 죽은 행실에서 깨끗하게 하고 살아 계신 하나님을 섬기게 하지 못하겠느냐"(히 9:12-14).

번제단에서 속죄 의식을 치르지 않고는 법궤가 놓인 지성소로 나아갈 수 없습니다. 그러므로 예배에 임하는 모든 성도들은 가장 먼저 예수 그리스도의 십자가를 통한 죄 사함의 은총을 덧입어야 합니다. 이 일이 선행되지 않고 드리는 예배는 죽은 예배일 수밖에 없습니다. 그저 교회 마당만 밟고 온 것에 지나지 않습니다.

어느 교회당이나 중앙에는 십자가가 걸려 있습니다. 그 십자가가 바로 구약의 번제단입니다. 예수님은 그 십자가에서 자신을 희생 제물로 드렸습니다. 우리가 하나님께 가까이 갈 수 있게 된 것은 오직 예수 그리스도가 희생하신 공로 덕분입니다. 그 십자가를 바라보며 먼저 내 죄를 대신하여 돌아가신 예수님께 감사하며, 한 주간 동안 지은 죄를 십자가 앞에 내려놓고 그 죄를 용서받아야 합니다.

사도 바울은 이렇게 말합니다.

"그러므로 형제들아 내가 하나님의 모든 자비하심으로 너희를 권하노니 너희 몸을 하나님이 기뻐하시는 거룩한 산 제물로 드리라. 이는 너희가 드릴 영적 예배니라"(롬 12:1).

목사만 제사장이 아닙니다. 모든 성도들이 왕 같은 제사장들입니다. 목사는 이러한 사실들이 기록된 성경을 교인들에게 잘 가르쳐서, 그들이 하나님이 기뻐하시는 거룩한 산 제물을 잘 드리는 제사장으로 살도록 돕는 영적 교사입니다.

영적 의존증에서 벗어나십시오. 오직 대제사장 예수님과 삼위일체 하나님만 거룩하며 절대적입니다.

17

강 | 출애굽기 30:7-8

Exodus

매일 드리는 기도

우리 자신을 위한 기도와 말씀 생활은 매일매일 이루어져야 합니다.
기도의 향이 하나님을 향해 끊이지 않고 올라갈 때
우리는 비로소 하나님의 자녀로 합당하게 살아갈 수 있습니다.

출애굽기 17강

한 음악회에서 흔치 않은 감동과 함께 하나님의 큰 은혜를 받았습니다. 그 감동과 은혜는 한 시각장애인을 통해서 온 청중에게 임했습니다. 그녀의 이름은 김선영. 온몸으로 부르는 노래에 깊은 울림이 있었지만, 무엇보다도 노래를 부르며 간간이 보여준 제스처가 감동적이었습니다.

   팔을 넓게 펼치기도 하고, 손을 높이 들어서 춤추기도 하며, 치마를 살짝 들어 올려 흔들기도 했습니다. 보통 사람이라면 쉽게 연출할 수 있는 작은 행동이었지만, 장애인인 그녀의 행동은 조금 부자연스러워 보였습니다. 하지만 최선을 다하는 모습에 모두 더 깊은 감동을 받았습니다.

그런데 그게 전부가 아니었습니다. 마지막 앙코르 곡에서 그 모든 감동을 합친 것보다 더 큰 감동을 받았습니다. 노래를 부르기에 앞서 그녀는 이렇게 말했습니다. "연약하기 짝이 없는 저를 넘어질 때마다 일으키고 붙잡아주신 하나님을 이 노래를 통해 높여드리고 싶습니다."

그리고 부른 노래는 주기도문이었습니다.

"하늘에 계신 우리 아버지, 이름 거룩하사 주님 나라 임하시며 뜻이 이루어지이다. 우리에게 일용할 양식 주옵시고, 우리들의 지은 죄 용서하시고, 우리를 시험에 들게 마시고, 다만 악에서 구하옵소서. 대개 주의 나라 주의 권세 주의 영광…"

평소 별다른 감흥 없이 수없이 중얼거렸던 주기도문입니다. 그러나 그날은 한 구절 한 구절이 마음에 와서 꽂혔습니다.

'우리 하나님 아버지, 그 거룩한 이름을 우리에게 알려주심을 감사합니다. 하나님의 뜻이 진정 이 땅에 이루어지기를 소원합니다. 일용할 양식 먹이시며, 이 죄인을 목사로 삼아 하나님을 섬기게 하시고, 교인들을 돌보는 귀한 사명을 주셔서 감사합니다. 무엇보다도 저의 죄를 용서해주십시오. 사악하고 연약하고 어리석은 저를 그 많은 시험으로부터 보호해주시고, 악에서 건져주시며… 평생 주의 나라와 주의 영광을 위하여 살겠습니다.'

저도 모르게 눈물이 주르르 흘러내리며 하나님의 나라가 제 마음에도 조용히 임했습니다.

김선영 씨가 리허설을 할 때 청중을 향하여 똑바로 서는 일이 가장 어려웠다고 합니다. 그 일이 그렇게 힘들 줄 누가 알았겠습니까? 노래에 열중하다보면 얼마든지 일어날 수 있는 일입니다. 그런데 그녀는 사람들을 향해 똑바로 서는 것은 힘들었을지 몰라도, 하나님을 향해서 만큼은 똑바로 서 있었습니다.

하나님이 이스라엘 백성에게 성막을 짓도록 하신 것은 그들을 하나님 앞에 바로 세우기 위해서였습니다. 성막은 하나님을 위한 것이 아니라 이스라엘 백성을 위한 것이었습니다. 노예의 절망적인 삶에서 끌어올려 제사장의 존귀한 삶으로 만들어주시기 위해서였습니다. 제사장의 존귀한 삶은 오로지 하나님 앞에 바로 섰을 때 이루어집니다.

성막의 모든 것은 죄인인 인간이 하나님 앞으로 나아갈 수 있도록 고안된 것입니다. 다시 성막의 구조를 반복합니다. 마음과 머리에 새기십시오.

인간의 죄를 다른 동물로 대속시키는 번제단, 잔여의 죄를 마저 씻게 만든 물두멍, 거기에 담긴 하나님의 뜻을 깨닫고 온전히 수행할 때 비로소 성소 안으로 들어갈 수 있습니다. 성소는 전실과 후실로 구분되어 있습니다. 그 사이에는 그룹이 그려진 두꺼운 휘장이 쳐 있습니다. 전실에는 12개의 거룩한 떡이 진설된 떡상과 일곱 가지로 나뉜 금등대와 분향단이 놓여 있습니다. 후실은 가장 거룩한 장소인 지성소로서 하나님의 법궤가 놓여 있습니다.

성소 전실에 놓인 떡상과 금등대와 분향단은 하나님을 만나러 가기 위해서 최종적으로 갖추어야 하는 것이 무엇인지 가르쳐줍니다.

누룩 없이 빚어 떡상 위에 진설한 12개의 떡은 이스라엘 백성들의 성결한 헌신을 상징합니다. 누룩이 없다는 것은 죄가 없다는 것입니다. 그러나 그 누구도 죄가 없을 수는 없습니다. 다만 죄 없는 주님의 몸을 덧입을 때에만 그 일이 가능합니다. 그러므로 12개의 떡은 하늘에서 내려온 '생명의 만나' 예수님 자신이기도 합니다. 그 떡을 먹음으로 비로소 완전한 헌신을 드릴 수 있습니다.

일곱 가지로 나뉜 금등대는 조금도 부족함이 없는 완전한 빛, '완전한 계시'를 의미합니다. 인간이 아무리 신에게 계시를 받았다고 하더라도 그것이 완전한 계시일 수 없습니다. 완전한 계시는 오직 성령의 감동으로 기록된 성경과 그 말씀이 오롯이 성취된 예수 그리스도 외에는 없습니다.

마지막으로 남은 것은 분향단입니다.

분향단은 가로 세로 각각 45㎝, 높이 90㎝ 정도 되는 작은 상입니다. 조각목으로 만들어 정금을 입혔습니다. 여기에 향기로운 향을 매일 살라야 했습니다. 분향단은 한마디로 말해서 성도들이 올리는 '기도'를 의미합니다.

그러므로 하나님 앞에 서기 위한 세 가지 필수 조건은 '말씀'과 '온전한 헌신'과 '기도'인 셈입니다.

여기서 주목해야 할 구절은 출애굽기 30장 7절입니다.

"아론이 아침마다 그 위에 향기로운 향을 사르되 등불을 손질할 때에 사를지며."

향을 어떻게 살라야 하는지 가르치는 말씀입니다. 아론은 이스라엘의 대제사장입니다. 우리는 각 가정의 제사장들입니다. 향을 언제 사르라고 하셨습니까? '매일 아침마다'입니다. 그 말은 곧 각 가정의 제사장들이 아침마다 기도해야 한다는 뜻입니다.

또 하나 주목해야 할 것은 향을 사를 때 등불도 정리한다는 사실입니다. 등불은 바로 금등대, 금촛대를 말합니다.

떡상은 안식일에만 차려냅니다. 그러나 분향단과 금촛대는 매일매일 챙겨야 합니다. 무슨 뜻입니까? 주를 위한 헌신은 일주일에 한 번만 해도 족하지만, 기도와 말씀 생활은 매일 해야 한다는 뜻입니다. 헌신은 하나님을 위한 것이라고 할 수 있습니다. 좋으신 하나님은 자신을 위한 헌신은 일주일에 한 번으로 족하다고 하십니다. 그러나 우리 자신을 위한 기도와 말씀은 매일매일 시행하라고 명하십니다. 기도의 향이 매일 하나님을 향하여 끊이지 않고 올라갈 때 우리는 비로소 하나님의 자녀로서 합당하게 살아갈 수 있습니다.

사람들은 죄 앞에서 모두 무력합니다. 고의로 지은 죄든 실수로 지은 죄든 상관없이 자신이 저지른 잘못에 대하여 자유로울 수 없습니다. 죄를 지으면 반드시 찾아오는 것이 있습니다. 바로 죄책감과 열등감, 그리고 자괴감과 두려움입니다.

다시 김선영 씨를 생각해봅니다. 그녀는 태어날 때부터 녹내장을 앓았다고 합니다. 그 사실을 알게 된 부모들은 어땠을까요? 하늘이 무너지는 느낌이었을 것입니다. 가장 먼저 '내가 무엇을 잘못했나?' 하는 생각이 들었을 것입니다. 아무것도 모르는 이 아이에게 이런 일이 생긴 것은 내가 지은 죄 때문이라고 생각했을 것입니다. 만약 부모의 부주의로 아이가 그렇게 되었다면, 그 부모는 평생 씻을 수 없는 죄책감을 가지고 살 것입니다.

김선영 씨는 어땠을까요? '나는 왜 눈이 멀었는가, 왜 남들처럼 볼 수 없는가' 하는 생각에 괴로웠을 것입니다. 부모를 원망하고, 하나님을 원망하고, 깊은 열등감을 가졌을 것입니다. 김선영 씨는 자신의 전공과목이 절망이었다고 고백합니다.

이것은 비단 김선영 씨만의 문제는 아닙니다. 우리 자신을 들여다보십시오. 고의로 그랬건 실수로 그랬건 잘못을 저질러서 나와 다른 사람이 어려움에 빠집니다. 또한 다른 사람 때문에 내게 원치 않는 일이 생깁니다. 그래서 큰 곤경에 빠집니다. 이런 상황에서, 아무리 자기 자신을 합리화하고 달래고 다른 사람에게 책임을 전가해도, 그 죄책감과 열등감과 두려움과 자괴감과 억울함에서 자유로울 수 없을 것입니다. 그 문제를 근본적으로 해결할 길도 없습니다.

어느 날 예수님과 제자들이 길을 가다가 한 소경을 만났습니다. 제자들이 예수님께 여쭈었습니다.

"이 사람이 맹인으로 난 것이 누구의 죄로 인함이니이까 자기니이까 그의 부모니이까"(요 9:2).

누구의 죄 때문에 눈이 멀었느냐는 질문입니다. 그 당시 제자들은 아직 성령을 받지 못한 상태였기 때문에 보통의 세상 사람들과 같은 생각을 하고 있습니다. 모든 원치 않는 일은 죄의 결과라고 생각하는 것입니다. 불구라든가, 가난이라든가, 실패라든가, 불행이라든가, 죽음이라든가 그 무슨 일이든지 원치 않는 일은 나를 포함한 누군가의 죄로 인해 생기는 것이라는 생각입니다.

그렇게 생각한 결과 어떻게 됩니까? 여전히 그 불행 가운데서 자책하거나 피해 준 사람을 원망하며 살아갑니다.

과연 소경이 눈을 떴다고 하여 제대로 바르게 살아갈까요?

누구보다도 자신의 건강을 자신하는 사람이 있습니다. 그는 평생 건강할 것을 확신하며 무절제하게 살아갑니다. 그 사람의 문제를 해결하는 방법은 더 큰 건강이 아닙니다. 그러면 그는 오히려 더 무절제하게 살아갈 것입니다.

많이 배웠다고 자만하는 사람이 있습니다. 그 사람의 문제를 해결하는 방법은 더 많은 학위가 아닙니다. 그것 때문에 그는 오히려 더 큰 오류에 빠지고 말 것입니다.

어릴 때부터 인정받지 못하고 자라난 사람이 있습니다. 그는 본능처럼 다른 사람들의 인정과 주목을 갈구합니다. 인정과 주목을 받기 위해 평생 몸부림치며 살아갑니다. 그러나 그 사람의 문제를 해결하는 길은 결코 모든 사람들의 인정이 아닙니다.

김선영 씨도 앞을 볼 수 있게만 된다면 무슨 일이든지 할 수 있다고 생각한 적이 있을 것입니다. 그런데 과연 그녀가 눈이 성했다면 그런 영혼의 목소리를 낼 수 있었을까요?

예수님은 조용히 대답하셨습니다.

"이 사람이나 그 부모의 죄로 인한 것이 아니라 그에게서 하나님이 하시는 일을 나타내고자 하심이라"(요 9:3).

그런데 "하나님이 하시는 일을 나타내고자 하심이라"는 말씀을 듣고 많은 사람들이 이렇게 외칠 것입니다. "하나님이 정말 살아계시다면 어떻게 이런 일이 생길 수 있나요!" "하나님의 권능을 드러내기 위해서 멀쩡한 사람을 눈멀게 하시다니요?"

하나님이 전지전능하다면 그 어떤 원치 않는 일도 생기지 말게 해야 한다고 보통 사람들은 생각합니다. 그래서 나쁜 일이 생기면 하나님의 전지전능함을 의심합니다. 이때 미처 생각지 못한 엄청난 부작용이 일어납니다. 유일한 해결책인 하나님 앞에 나가기를 거부하게 된다는 것입니다.

넉넉지 못한 집안의 일곱 형제 중 막내인 김선영 씨는 여러 사람들의 도움으로 미국 유학길에 올랐습니다. 그러나 그 길이 어찌 쉬웠겠습니까? 김선영 씨는 크리스천으로서 언제나 기도에 힘썼습니다. 기도로 지금까지의 힘겨운 삶을 버텨왔습니다.

처음에는 유학 생활이 너무나 힘들어 매일 죽을 생각만 했다고 합니다. 그러다가 처음으로 성경책을 읽어내려 갔습니다. 점자로 된 성경을 짚어가면서 읽는데 그녀의 손끝에 나타난 것이 있었습니다. 바로 예수님이었습니다.

눈으로 볼 수 없었던 예수님이 자기 앞에 서 계신 것을 보았습니다. 그 사랑의 예수님이 눈이 멀어 아무것도 볼 수 없는 그녀가 무엇을 해야 하는가를 가르쳐주셨습니다. 그리고 그 일을 하는 동안 지켜주며, 인도하며, 능력 주겠다는 약속도 하셨습니다. 김선영 씨는 그 약속을 믿고 다시 일어섰습니다. 그리고 그 길을 갔습니다.

김선영 씨는 하나님이 하고자 하시는 일을 본 사람입니다. 예수님이 말씀하신 대로 하나님이 하고자 하시는 일이 김선영 씨를 통하여 나타났습니다.

더 이상 김선영 씨는, 자신의 실명이 부모의 죄 때문인가 자신의 죄 때문인가 하는, 해답도 없는 질문을 하지 않게 되었습니다. 그 이후 그녀는 기도와 말씀으로 하루를 시작하고 있습니다. 기도와 말씀은 헬리콥터의 두 프로펠러처럼 그녀를 하늘로 떠오르게 하고 방향을 잡아줍니다.

출애굽기 30장 9절 말씀에 주목하십시오.

"너희는 그 위에 다른 향을 사르지 말며."

다른 향이란 무엇입니까? 기도가 아닌 다른 것, 한숨과 원망과 탄식, 분노와 의심 같은 것입니다. 살다보면 어려운 일이 생기기 마련입니다. 그때 당신은 무엇을 사릅니까? 다른 향, 곧 원망과 탄식과 분노와 의심의 향은 하나님이 거부하십니다. 그래서 문제가 해결되지 않는 것입니다.

"또 다른 천사가 와서 제단 곁에 서서 금향로를 가지고 많은 향을 받았으니 이는 모든 성도의 기도와 합하여 보좌 앞 금 제단에 드리고자 함이라. 향연이 성도의 기도와 함께 천사의 손으로부터 하나님 앞으로 올라가는지라. 천사가 향로를 가지고 제단의 불을 담아다가 땅에 쏟으매 우레와 음성과 번개와 지진이 나더라"(계 8:3-5).

땅에 있는 분향단으로부터 성도들의 기도가 하늘로 올라갑니다. 천사들이 그 기도를 받아다가 무엇인가를 합하여 하나님께 드립니다. 천사들이 성도들의 기도와 합하는 것이 무엇일까요?

"이와 같이 성령도 우리의 연약함을 도우시나니 우리는 마땅히 기도할 바를 알지 못하나 오직 성령이 말할 수 없는 탄식으로 우리를 위하여 친히 간구하시느니라"(롬 8:26).

우리의 기도는 언제나 부족합니다. 온전하지 못합니다. 그러나 그 부족한 기도를 성령님이 친히 간구하심으로 온전한 것이 되게 하십니다. 그렇게 온전하게 된 기도가 하나님께 드려집니다. 하나님은 기도의 응답으로 단 위의 불을 주십니다. 천사는 향로에 그

불을 담아다가 땅에 쏟았습니다. 그러자 땅에서 놀라운 일이 일어났습니다. 우레와 음성과 번개와 지진이 났습니다.

모든 두려움과 자책감과 열등감과 억울함을 깨뜨려버리는 우레입니다. 모든 무기력과 절망을 몰아내는 번개입니다. 새 힘과 능력을 주시는 음성입니다. 모든 것을 뒤집어 인생을 역전시키는 지진입니다.

"너는 내게 부르짖으라. 내가 네게 응답하겠고 네가 알지 못하는 크고 은밀한 일을 네게 보이리라"(렘 33:3).

예레미야의 입을 통해 주신 하나님의 약속입니다.

하도 큰일을 당해 기도조차 못할 때가 있습니다. 깊은 회의와 무기력에 빠져 기도가 나오지 않을 때도 있습니다. 그래도 하나님 앞으로 나가야 합니다. 억울하고 원망스럽고 모든 것을 그만두고 싶을 때에라도 하나님 앞으로 나가야 합니다. 할 말이 없어 멍하니 십자가만 바라볼 수밖에 없을 때에라도 하나님 앞으로 나가야 합니다.

"하나님께서 구하시는 제사는 상한 심령이라. 하나님이여 상하고 통회하는 마음을 주께서 멸시하지 아니하시리이다"(시 51:17).

상한 심령이지만 주 앞에 나와서 토로하는 나를 보고 떨 듯이 기뻐하시는 하나님 모습을 그려보십시오. 방에 틀어박혀 눈물만 흘리던 자녀를 만난 부모의 심정일 것입니다. 하나님은 그 사랑하는 자녀에게 그가 상심했던 일과는 비교할 수도 없는 큰일을 보여주십니다. 그 일은 모든 것을 잊게 하기에 충분합니다.

   기도하고 계십니까? 그렇다면 이미 잘 하고 있는 것입니다.

18강 | 출애굽기 30:20

한 번 더 씻어라

주님은 제자들의 발을 씻기며 '계속적인 씻음',
곧 회개와 섬김의 중요성을 일깨워주셨습니다.
비천한 노예일지라도 매일 행하는 회개와 섬김을 통해
존귀한 하나님의 제사장이 되어갑니다.

출애굽기 18강

요즈음에는 좀처럼 볼 수 없지만 1970년대만 하더라도 집집마다 찾아다니며 구걸하는 거지들이 많았습니다. 그들이 구걸할 때 하는 말이 있습니다. "적선합쇼." 불쌍한 자기에게 돈이나 먹을 것을 달라는 말입니다. 적선積善은 불교에서 유래한 말인데, 나를 위하여 자비를 베푸는 것이 아니라 네 자신을 위해 선을 많이 쌓고 극락왕생하라는 말입니다.

무당들이 굿을 하면서 반드시 하는 말이 있습니다. "어허, 정성이 부족하구나!" 그것도 꼭 질타의 목소리로 합니다. 그렇게 인색해서 귀신을 감동시킬 수 있느냐는 것입니다. 그 말을 들은 사람들은 두둑한 복채를 제상에 올려놓습니다.

저는 과천에서 산 적이 있는데 과천에는 관악산이 있고, 그 산 정상에는 연주암이라는 암자가 있습니다. 족히 두 시간은 땀 흘리며 올라가야 연주암에 이를 수 있습니다. 저녁에 관악산으로 산책을 나갔는데, 날이 어둑해질 때면 연주암에 오르는 사람들이 꽤 많습니다. 치성을 드리러 가는 사람들입니다.

두 아낙이 오르며 주고받는 말이 들렸습니다. "이렇게 매일 올라가서 치성을 드리는데 뭐 하나라도 잘 되겠지." 그러자 다른 아낙이 묻습니다. "너는 뭘 비는데?" "남편이 시작한 사업 잘 되고, 아이들 학교 잘 들어가고… 뭐 그런 거지."

그렇게 먼 길을 하루도 빠지지 않고 오르는데 부처님도 감동하여 복을 주시지 않겠느냐고 기대하며 하는 말이었습니다.

요즈음 한국 교회에 일천번제라는 것이 생겼습니다. 천 일 동안 매일 새벽기도회에 나와서 일정한 금액을 정하여 하나님께 바치고 복을 비는 것입니다. 솔로몬 왕이 하나님의 성전을 건축하고 일천번제 드린 것을 성경적인 근거로 들고 있습니다.

이 일천번제에 대한 이야기를 듣고 불교에서 행하는 천일기도가 가장 먼저 생각났습니다. 많은 목사들이 나태한 교인들에게 "그렇게 해서 하나님을 기쁘시게 할 수 있겠습니까?"라는 말을 꽤 자주 합니다. 그런 말을 들으면 저는 불경스럽게도 '무당도 그렇게 말하는데' 하는 생각이 저절로 스치고 지나갑니다.

　기독교는 인간의 노력으로 구원 얻는 것에 극심한 반감을 보입니다. 구원은 오직 하나님의 은총으로 주어지는 것이라고 가르쳐 왔습니다.
　그렇다면 인간의 노력은 필요 없느냐, 인간의 정성은 무용지물이냐 반론을 제기하는 사람들이 굉장히 많습니다. 어쩌면 거의 대부분이 그렇게 생각할지도 모릅니다. '그렇다면 감나무에서 감 떨어지기를 기다리듯 하나님의 은총이 내려올 때까지 하늘만 바라보고 있어야 하는가? 그것도 인내가 많이 필요한 일인데' 하는 생각을 합니다.
　기독교 역사상 이런 논쟁은 끊이지 않았습니다. 소위 '공적功績 사상' 논쟁입니다. 이 논쟁은 16세기 종교개혁 때 극에 달했습니다. 가톨릭교는 인간의 공적을 인정했고, 기독교는 '오직 말씀', '오직 믿음', '오직 은혜'를 주창하며, 인간의 어떤 행위도 구원에 영향을 미치는 것을 거부했습니다. 그 이후로 기독교와 가톨릭교는 각각 제 갈 길로 갔습니다.
　그런데 16세기 종교개혁의 단초를 제공한 것은 교황청에서 발행한 면죄부였습니다. 면죄부를 사면 이미 죽은 사람도 죄 사함을 받아 천국에 가게 된다는 취지였습니다. 어떻게 이런 생각이 나오게 되었을까요? 이런 발상은 인간의 공적 사상과 밀접한 관계가 있습니다.

가톨릭교에서는 성자聖者를 인정합니다. 살아 있을 때 하나님의 뜻에 합당한 삶을 살아서 공적을 많이 쌓은 사람들을 성자로 추대하는 것입니다. 이들의 공적 정도면 자신을 구원하고도 남는다고 생각합니다.

예를 들어봅시다. 프란시스라는 사람이 훌륭한 일, 선한 일을 많이 하고 죽었습니다. 그가 쌓은 공적이 1000명을 충분히 구원할 수 있는 양이라고 가정한다면, 자신의 구원에 필요한 한 사람의 몫을 제외하고도 999명에게 구원이 돌아갈 여력이 있습니다. 남는 그 공적을 관리할 권한은 오직 교회에만 있고, 교회가 그것을 면죄부로 만들어 판 것입니다. 왜 돈을 받고 팔았을까요? 인간의 노력을 돈으로 산출할 수 있다고 보았기 때문입니다. 액수가 많으면 큰 정성이라고 생각한 것입니다.

가톨릭 교인들이 성모 마리아를 통하여 기도하는 것도 같은 이치입니다. 마리아는 성자 예수님을 이 땅에 태어나게 했으니 최고의 공적을 이룬 존재입니다. 그 공적의 힘으로 인간의 기도를 성자 예수님께 올려달라는 것입니다.

다른 종교를 비난하자는 것이 결코 아닙니다. 가톨릭 교인들의 깊은 이해를 구합니다. 기독교의 신뢰가 땅에 떨어지고 있는 마당에 타 종교를 비판할 힘이 없습니다. 우리가 갈 길도 바쁩니다. 그저 종교개혁 때 주창된 '오직 믿음, 오직 은혜, 오직 말씀'이 의미하는 바가 무엇인지, 그 본질과 핵심을 바로 알자는 것입니다.

예수님이 이 땅에 오셨을 때 가장 격렬하게 논쟁하고 끝내는 예수님을 십자가에 달아버린 이들이 바리새인들입니다. 예수님은 이들에게 상상할 수 없는 비난을 퍼부었습니다. '독사의 자식'이라고 하셨습니다. 독사는 인간을 에덴동산에서 쫓겨나게 만든 장본인으로서, 유대인들에게 가장 저주스러운 욕입니다.

이것은 예수님이 반대에 부딪힌 나머지 화가 나서 던지신 말씀이 아닙니다. 예수님은 그들을 '회칠한 무덤'이라고 부르면서 자신도 천국에 들어가지 못하고, 다른 사람도 못 들어가게 막는 가장 악한 존재라고 규정하셨습니다. 그렇게까지 말씀하신 것은, 바리새인들이 하는 일이 실제로 그런 결과를 낳기 때문입니다.

바리새인들의 결정적인 오류는 바로 인간의 공적에 있었습니다. 그들은 가장 열심히, 정성스럽게, 철저히 율법을 지키며 공적을 쌓았습니다. 그렇게 하여 자신들은 천국에 들어가고도 남는다고 생각했습니다.

동전의 양면처럼 공적과 항상 붙어 다니는 것이 있습니다. 바로 교만입니다. 교만은 떼어낸다고 떨어지는 것이 아닙니다. 가만 놔두면 언제나 드러나게 되어 있습니다. 바리새인들은 오히려 자신들이 쌓은 공적을 자랑했습니다. 교만을 죽인 것이 아니라 드러낸 것입니다. 하나님이 그런 사람들을 보고 "교만하다니 벌을 받아라" 하며 그들을 치신 것이 아닙니다.

교만의 무서운 점은 "내가 무엇인가를 해냈구나" 하고 자신의 공적을 드러내는 순간, 눈앞에 하나님은 사라져버리고 오직 자기 의義만 나타난다는 것입니다. 그들이 아무리 하나님의 것으로 치장하고, 율법을 주야로 묵상하고 철저히 지켜도 그것은 이미 하나님이 아닌 그들 자신만을 위한 일이 되고 맙니다.

더 많은 규율을 만들어내는 것이 교만의 특징입니다. 자신들이 보다 더 두드러져야 하기 때문입니다. 그래야 다른 사람들과 차별화 되고, 더 많은 공적을 쌓을 수 있기 때문입니다. 그러다가 점점 더 깊은 올무에 걸려들고 맙니다.

그래서 예수님은 "이 백성이 입술로는 나를 공경하되 마음은 내게서 멀도다. 사람의 계명으로 교훈을 삼아 가르치니 나를 헛되이 경배하는도다"(마 15:8-9)라고 탄식하셨습니다.

공적 사상의 또 다른 무서운 점은 두려움과 죄책감입니다. 하지 못한 것, 지키지 못한 것이 있으면 불안해집니다. 무슨 일이 생기면 가슴이 덜컥 내려앉습니다. 드디어 올 것이 왔다는 생각이 듭니다. 아무리 "괜찮아" 하고 호기를 부려도 두려움과 불안은 가중됩니다. 그 와중에 율법들은 더욱 높은 곳에서 나를 내려다보며 힐난하고, 나는 더욱 주눅이 들어 움츠러듭니다.

"종교란, 땅의 존재가 하늘의 것을 얻기 위해 드리는 일체의 행위"라는 정의에 비추어볼 때, 기독교는 일반 종교와 차원을 달리합니다. 일체의 행위란, 구원을 얻기 위해 행하는 모든 치성과 적선과 공적과 수행과 고행 등을 말합니다.

온 인류가 신을 찾아 많은 노력과 정성과 시간을 들이며 몸부림치는 것은, 나뭇가지 위에 놓인 보석을 찾겠다고 온 땅을 파고 강바닥을 샅샅이 뒤지는 것과 같이 헛된 일입니다. 신앙생활은 보물찾기가 아닙니다.

우리는 그럴 필요가 없습니다. 구원의 은총은 이미 이 땅에 충만하게 내려와 있기 때문입니다. 이스라엘 백성들에게는 시내 산 계약을 통하여, 우리들에게는 예수 그리스도의 십자가를 통하여 이미 내려와 있습니다.

구원의 은총은 십계명과 성막에 담겨 이스라엘 백성들 손에 쥐어졌고, 우리들에게는 성경과 교회를 통하여 이미 주어졌습니다.

그 은총을 받기 위해서 해야 할 첫 번째 일은, 하나님이 살아 계심을 믿고 그 앞에 나아가는 것입니다.

하나님은 그 구원의 은총을 주기 위하여, 열 가지의 재앙과 홍해의 기적으로 이스라엘 백성들을 출애굽 시키셨습니다. 그리고 아무도 없는 시내 광야, 시내 산 앞까지 인도하고 그들 앞에 나타나셨습니다.

최대 강대국 이집트의 노예였던 이스라엘 백성이 스스로의 힘으로는 절대로 여기까지 올 수 없었습니다. 올 생각도 하지 못했겠지요. 그저 하루하루 남보다 더 많이 먹고, 남보다 더 편하면 잘 사는 것이라고 생각했을 그들입니다.

그래서 구원의 은총은 오직 하나님으로부터 시작된다고 하는 것입니다. 모든 사람들이 호의호식, 부귀영화만 생각하고 그것을 얻기 위해 동분서주하고 있습니다. 신조차, 나아가 하나님조차 그것을 얻기 위한 방편으로 여깁니다.

그런데 그것보다 더 중요한, 가장 중요한 것이 있음을 알게 하신 분이 여호와 하나님입니다.

그 하나님은 육안으로는 볼 수 없습니다. 아무리 좋은 안경을 써도, 아무리 눈을 크게 떠도, 아무리 찾으려고 애써도 보이지 않습니다. 오직 영적 생명이 살아나 영혼의 눈이 밝아져야 영이신 하나님을 볼 수 있습니다. 죽은 영적 생명을 살리시고 영혼의 눈을 뜨게 하시는 분도 역시 하나님입니다.

영혼의 눈으로 하나님을 본 사람은 '모든 것이 하나님의 은총'임을 드디어 알게 됩니다. 나를 불러 십자가 앞에 앉히시고, 말씀을 듣게 하시고, 성경을 읽게 하시고, 예수 그리스도를 알고 믿고 사랑하게 하신 것이 모두 하나님의 은혜임을 알게 됩니다.

율법을 그토록 어기고, 일천번제를 드리지도 않았는데 나를 지금까지 살려주시고, 눈에 보이지 않는 하나님을 보게 하시고, 예수 그리스도의 십자가 은총을 깨닫게 하시고, 감히 온 천하 만물을 지으신 창조주 하나님의 사랑을 가장 많이 받는 존재로, 하나님의 자녀로 삼아주신 것은 전적으로 하나님의 의지요 결단이자 은혜임을 알게 됩니다. 그래서 내 노력과 정성을 내세워 아무런 권리 주장도 할 수 없음을 깨닫게 됩니다.

대신에 예수님을 사랑하게 됩니다. 하나님이 원하시는 일이 무엇인지 알게 됩니다. 그래서 성도들은 그 일을 하느라 더욱 바빠집니다. 그러나 많은 일을 했다고 해서 나를 내세우지 않습니다. 사랑하는 분이 기뻐하시는 것이 가장 큰 보상이기 때문입니다. 그 일을 하는 동안 다른 사람들도 나를 통하여 하나님을 보게 되고, 사랑하게 됩니다. 그렇게 하나님나라가 이 땅에 조용히 눈에 보이지 않게 임합니다.

하나님은 이스라엘 백성들에게 그런 은총을 허락하기 위하여 성막을 주셨습니다. 성막의 모든 구조와 기구와 작은 문양에도 그런 하나님의 구원의 은총이 담겨 있습니다.

그래서 하나님은 성막을 지으라고 명하며 처음에 이렇게 말씀하셨습니다.

"내가 그들 중에 거할 성소를 그들이 나를 위하여 짓되 무릇 내가 네게 보이는 모양대로 장막을 짓고 기구들도 그 모양을 따라 지을지니라"(출 25:8-9).

"내가 그들 중에 거할 성소"라고 말씀하십니다. 장막은 하나님이 거하시는 장소입니다. 하나님이 이스라엘 백성 중에 거하시겠다는 것은 하나님 자신을 위함이 아니라, 전적으로 이스라엘 백성을 위함입니다. 그들에게 생명과 기쁨과 행복을 주시기 위해서입니다.

"그들이 나를 위하여 짓되."

물론 이스라엘 백성들이 성소를 짓습니다. 그러나 그에 필요한 물품들은 이미 이집트를 떠날 때 하나님이 마련해주셨습니다. 열 번째 재앙 후에 이집트 백성들의 집으로 가서 물품들을 요구하게 하셨고, 그들이 선뜻 내주게 만드셨습니다.

"내가 네게 보이는 모양대로 장막을 짓고."

성소는 인간이 신을 위해 짓는 다른 종교의 신전과는 차원이 전혀 다릅니다. 다른 종교의 신전은 '이렇게 지으면 신이 좋아하겠지'라고 인간이 추정하며 지은 건물입니다. 주인 생각은 전혀 고려하지 않고 건축업자의 생각대로 짓는 것과 같습니다. 그러나 하나님은 성막을 짓기 위해 친히 내려오셨습니다. 그러므로 성막은 전적으로 하나님이 원하시는 대로 지어야 합니다. 그곳은 주인인 하나님이 거하실 장소이기 때문입니다.

지금까지 법궤와 번제단에서 배웠습니다. 하나님의 구체적인 임재인 법궤 또한 하나님이 대접받으려는 게 아니라 거기서 '이스라엘 백성들을 만나고 그들을 위한 말씀을 들려주기 위해서' 만들라고 하십니다. 번제단 역시 인간이 바치는 제물을 받기 위함이 아니라, 인간의 죄를 대속하기 위해 마련하라고 이르십니다. 모두 죄인인 우리를 위함입니다.

이제 물두멍에 대해서 설명할 차례입니다. 물두멍은 손 씻을 커다란 대야를 말합니다. 성막에 들어가 번제단에 이어 두 번째로 만나는 것이 물두멍입니다. 여기에서 제사장들은 손을 씻고 성소 안으로 들어갔습니다. 자신의 더러움을 한 번 더 씻었습니다.

성경에는 두 가지 씻음이 있습니다. '일회적인 씻음'과 '계속적인 씻음'입니다.

일회적인 씻음은 오늘날의 세례라고 할 수 있습니다. 예수 그리스도를 구세주로 영접하고 세례를 받음으로 그의 피로 죄 씻음을 받습니다. 세례를 통하여 옛 사람을 물에 수장시켰다가 다시 태어나게 하는 것입니다.

하나님의 아들인 예수님도 요단 강에서 세례 요한에게 세례를 받으셨습니다. 본을 보이시기 위해서였습니다. 주님이 우리들에게 마지막으로 주신 명령도 '세례를 주라'는 것입니다.

"그러므로 너희는 가서 모든 민족을 제자로 삼아 아버지와 아들과 성령의 이름으로 세례를 베풀고 내가 너희에게 분부한 모든 것을 가르쳐 지키게 하라. 볼지어다. 내가 세상 끝 날까지 너희와 항상 함께 있으리라"(마 28:19-20).

그만큼 세례는 핵심적이고, 본질적이며, 중요합니다. 일회적인 씻음은 곧 세례입니다.

계속적인 씻음은 '회개'입니다. 그 의미를 주님은 구체적으로 가르쳐주셨습니다. 예수님은 최후의 만찬을 마치고 제자들의 발을 씻겨주셨습니다. 이 계속적인 씻음이 얼마나 중요한지 "내가 너를 씻어주지 아니하면 네가 나와 상관이 없느니라"(요 13:8)고 말씀하십니다. 제자들의 발을 씻어준 다음에는 이렇게 말씀하십니다.

"내가 주와 또는 선생이 되어 너희 발을 씻었으니 너희도 서로 발을 씻어주는 것이 옳으니라"(요 13:14).

서로 섬기는 일, 다른 사람을 도와주고 섬기는 일을 강조하신 것입니다.

'회개와 섬김' 이 물두멍에 담아놓으신 주님의 가르침입니다. 회개와 섬김이 있어야 비로소 하나님 앞으로 한 발 더 나아갈 수 있습니다. 비천한 노예라 할지라도 매일 행하는 회개와 섬김을 통하여 존귀한 하나님의 제사장이 됩니다.

우리나라 기독교 성도들인 우리가 무엇보다도 해야 할 일이 바로 '회개와 섬김' 입니다.

The Story of Heaven

4

아직도 가야 할 길

구름이 성막 위에서 떠오를 때에는
이스라엘 자손이 그 모든 행진하는 길에 앞으로 나아갔고
구름이 떠오르지 않을 때에는 떠오르는 날까지 나아가지 아니하였으며(출 40:36-37).

19강 | 출애굽기 28:4

에봇이 뭐예요?

우리는 하나님의 보석들입니다.
제사장은 그 보석들을 가슴에 안고 하나님 앞에 나가는 사람입니다.
오늘 우리는 가족과 교우들, 가정과 기업의 이름을 안고
하나님 앞에 나가는 제사장들입니다.

출애굽기 19강

 어떤 사람은 하는 일마다 순조롭게 척척 풀리는가 하면, 어떤 사람은 때마다 꼬여 힘겹게 살아갑니다. 사람들은 그것을 '팔자'라고 말합니다. 팔자는 그렇게 살라고 정해진 운명이므로 사람들은 자신이 타고난 팔자를 알아보려고 애씁니다.
 교회에도 소위 '예언하는 사람'들이 있어서 이들에게 감사 헌금이라는 명목으로 돈을 바치고 자신의 미래를 알아보려는 교인들이 있습니다. 통탄할 일입니다. 성경에서 말하는 예언은 절대로 그런 것이 아닙니다. 성경에서 말하는 예언은, 하나님이 말씀을 맡겼다(롬 3:2)는 의미의 예언預言이지, 점쟁이들의 예언豫言과는 아무런 관계가 없습니다.

에봇이 뭐예요?

과연 하나님은 사람들의 운명을 미리 정해놓으셨을까요? 절대로 그렇지 않습니다. 그렇다면 여호와 하나님은 사랑의 하나님이 절대로 아닙니다. 여호와 하나님이 그런 분이라면 저는 믿지 않을 것입니다. 하나님이 각 사람마다 차등을 두어 창조하여 어떤 사람은 아무리 애써도 코 빠뜨리며 살게 하시고, 어떤 사람은 놀고먹어도 떵떵거리며 살도록 만드셨다면 결코 공평의 하나님이 아닙니다. 그렇다면 하나님은 거짓말쟁이입니다. 그런 하나님을 믿어서 뭐하겠습니까?

사실 사람마다 차등은 있습니다. 태어날 때부터 그렇습니다. 그러나 사랑의 하나님이자 공평의 하나님은 분명 구원을 결정하는 다른 무언가를 두셨고, 그 무언가는 누구나 할 수 있는 일입니다.

잠깐 곁길로 들어섭니다.

미의 기준은 시대마다, 나라마다 다릅니다. 요즈음 소위 S라인 미인은 당나라 시대에 가면 못생겼다는 소리를 들을 것입니다. 동양의 최고 미인인 양귀비는 통통하다 못해 뚱뚱했습니다. 당시 조각들을 보면 왕의 여인들은 모두 이중턱을 하고 있습니다.

테레사 수녀도 사실 여자로서 볼품없는 축에 듭니다. 신장은 150㎝ 남짓, 공산 치하 동유럽의 가난한 시골 태생입니다. 못생겼습니다. 배운 것도 변변치 않습니다. 가진 것이라고는 그저 남을 불쌍히 여기는 욕심 없는 마음과 성실성뿐입니다. 하나님께 받은 것이 별로 없습니다. 그런 그녀가 가장 좋은 일을 가장 많이 했습니다. 노벨상이 그녀를 영광스럽게 한 것이 아니라 그녀가 노벨상을 영예롭게 했습니다.

기독교를 믿고 성경을 연구하는 이유는, 테레사 수녀가 찾았던 그 무엇을 우리도 찾아내어 살고 누리는 데 있습니다. 무병장수 부귀영화 만사형통이 결코 기독교의 목적이 될 수 없습니다.

출애굽기가 중요한 이유는, 하나님이 주고 싶어 하시는 그 무언가를 똑똑히 보여주기 때문입니다.

이스라엘 백성들은 이집트의 노예였습니다. 그것도 자그마치 430년 동안 노예였습니다. 우리 민족은 불과 36년간 일제 치하에 있었을 뿐인데도, 그때 스며든 이른바 '엽전 근성'과 그 잔재를 아직도 다 청산하지 못하고 있습니다. 사실 430년 동안 다른 나라의 노예로 있었던 것은 그 유래를 찾기 힘든 일입니다. 그들은 영혼마저 노예근성으로 찌들어 있었을 것입니다. 소망, 자존심은 그 흔적도 찾을 수 없었을 것입니다.

그런 그들을 가장 존귀한 하나님의 가장 존귀한 제사장으로 만들겠다는 것이 하나님의 계획이었습니다. 혹자는 이스라엘이 그런

운명을 타고난 게 아니냐고 반문할지 모르겠습니다. 그런데 하나님이 이스라엘을 택하신 이유는, 그들이 가장 낮고 천했고 소망이 전무했기 때문입니다. 뭐라도 남아 있었다면 그들은 자기 능력으로 그런 일을 이루었다고 생각했을 것입니다. 아니나 다를까, 훗날 그들은 그렇게 생각했습니다. 모든 인간은 예외 없이 올챙이 시절 생각을 못하는 본질상 불순종의 자녀이기 때문입니다.

그러므로 하나님의 구원은 마지막 순간까지 믿음과 순종과 감사로 이루어집니다. 나아가 그 믿음과 순종과 감사 역시 하나님이 주시는 것임을 아는 사람들이라면, 그가 누구이든 상관없이 하나님의 구원이 은혜로 임합니다.

바로 이런 점에서 하나님의 구원은 공평합니다. 또한 그 길을 가는 동안 하나님의 사랑을 만끽하게 됩니다. 할렐루야!

하나님은 오합지졸 노예들을 광야로 따로 구별하시고, 시내 산에서 계약을 맺으시고, 존귀한 제사장으로 만들기 위한 구체적인 작업에 들어가셨습니다. 여기서 가장 기본이 되는 것이 십계명과 성막입니다. 십계명과 성막은 하나님의 구원을 생생하게 보여주는 시청각 자료입니다.

그러므로 십계명을 몸에 익히고, 성막에 담긴 하나님의 뜻을 잘 수행하면 누구나 존귀한 제사장이 됩니다. 제사장 하면 목사가 생각나겠지만 목사만 제사장이 아닙니다. 모든 성도들이 각자의 영역에서 제사장이 되어야 합니다.

그동안 성막의 구조와 골격에 대하여 배웠는데, 이제는 제사장이 입는 옷에 대하여 생각해봅시다. 제사장의 옷에는 제사장이 어떤 마음을 가져야 하는지, 어떤 태도로 제사장 직분을 수행해야 하는지 그 뜻이 담겨 있습니다.

먼저 옷의 구조를 살펴봅니다.

제사장 중 우두머리는 대제사장입니다. 대제사장은 특별히 제작된 옷을 입어 구별되었습니다. 제사장의 옷에 대한 설명이 출애굽기 28장 5-30절에 길고 자세하게 나옵니다. 그 대략을 설명하겠습니다. 외울 것까지는 없지만 마음에 그려볼 필요는 있습니다.

먼저 하체가 드러나지 않도록 속바지를 입고, 그 위에 긴 팔이 달리고 길이가 발목까지 오는 하얀 세마포 속옷을 입습니다. 이 옷은 발목까지 내려오는 통으로 된 서양 잠옷과 비슷하게 생겼습니다. 그 위에 청색으로 된 옷을 입습니다. 그 모양은 군대에서 병사들이 사용하는 판초와 비슷합니다. 그 끝은 방울과 석류로 장식되어 있습니다.

청색 옷 위에는 '에봇'을 입었습니다. 에봇은 금실과 청색, 자색, 홍색실과 가늘게 꼰 베실로 만들었는데, 그 모양은 품이 넉넉한 앞치마와 비슷합니다. 에봇은 대제사장의 의복 중 가장 중요한데, 제사장 옷 전체를 그냥 에봇이라고 부르기도 합니다.

에봇에는 특이한 점이 몇 가지 있습니다. 목에 두르는 견대, 즉 어깨끈에 호마노 보석을 깎아 달았는데, 그 보석에 이스라엘 12지파의 이름을 새겼습니다.

그 위에는 흉패를 달았습니다. 흉패란 '가슴받이'를 말하는데, 아기들이 이유식을 먹을 때 하는 턱받이를 연상하면 쉽게 이해할 수 있습니다. 다만 끈을 더 길게 하여 가슴 앞까지 내려오게 한 것이 다를 뿐입니다. 이 흉패에는 이스라엘의 12지파를 상징하는 12개의 보석을 3개씩 4줄로 일정한 간격으로 달아 장식했습니다. 이 역시 이스라엘을 대표하여 하나님 앞에 나아가는 것을 의미합니다. 흉패에는 특이한 점이 있습니다. 흉패는 주머니처럼 만들어서 그 안에 '우림과 둠밈'이라는 것을 넣었습니다.

마지막으로 모자를 썼는데, 그 모양은 일정한 형태 없이 풍성하게 생긴 주방장의 모자를 연상하면 이해하기 쉽습니다. 중요한 것은, 모자 앞에 정금으로 만든 패를 달았는데, 거기에 '여호와께 성결'이라고 새겨놓았다는 점입니다.

"너는 무릇 마음에 지혜 있는 모든 자 곧 내가 지혜로운 영으로 채운 자들에게 말하여 아론의 옷을 지어 그를 거룩하게 하여 내게 제사장 직분을 행하게 하라"(출 28:3).

　에봇의 목적에 대해 말씀하고 있습니다. 즉 제사장 옷의 목적은 거룩함에 있습니다. 구별입니다. 사람이 어떤 옷을 입느냐에 따라 태도가 달라집니다. 제사장에게 무엇보다도 요구되는 것은 '거룩'입니다.

　왜 청색으로 된 에봇 받침 겉옷에 방울과 석류를 달았을까요?

　석류는 풍요를 상징합니다. 그런데 방울에는 특별한 의미가 있습니다. 하나님의 법궤가 놓여 있는 지성소에는 오직 대제사장만 들어갈 수 있었습니다. 설혹 대제사장이 지성소 안에서 사고를 당하여 움직일 수 없어도 다른 사람들이 절대로 들어갈 수 없었습니다. 그러므로 방울 소리로 대제사장의 움직임을 확인할 수 있게 한 것입니다. 대제사장은 지성소에 들어갈 때 발목에 끈을 달고 들어갔습니다. 그래서 한동안 방울소리가 나지 않으면 죽은 것으로 알고 그 끈을 잡아당겨 대제사장을 지성소 밖으로 끌어내고자 한 것입니다.

　이것은 두렵고 떨리는 마음으로, 경외하는 마음으로 하나님 앞에 나아가라는 뜻입니다. 요즈음 우리가 예배를 드릴 때 얼마나 준비 없이, 가볍고 경박한 마음으로 나가는지 깊이 반성해야 합니다.

에봇의 어깨끈에 달린, 이스라엘 지파 이름이 새겨진 호마노 보석은 제사장이 하나님 앞에 나아갈 때, 자기 이익을 위해서가 아니라 이스라엘 전체를 대표해서 나간다는 것을 의미합니다. 모든 백성들의 짐을 감당하겠다는 마음입니다. 이것은 훗날 예수님의 십자가 지심을 예표합니다.

예수님은 "누구든지 나를 따라오려거든 자기를 부인하고 자기 십자가를 지고 나를 따를 것이니라"(마 16:24)고 말씀하셨습니다.

흉패 앞의 12개 보석은 하나님이 사랑하시는 이스라엘 백성을 가슴에 품고 나아가라는 뜻입니다. 하나님 앞으로 나가는 제사장에게 자기 자신은 없습니다. 제사장은 자신의 이득을 구하지 말아야 합니다. 그러면 굶으란 말일까요? 아닙니다. 하나님이 다 알아서 채워주십니다. 그것도 30배, 60배, 100배로 채워주십니다. 자신의 욕심을 죽이면 죽일수록 하나님의 보상은 점점 커집니다.

"아버지 저들을 사하여 주옵소서. 자기들이 하는 것을 알지 못함이니이다"(눅 23:34).

예수님은 그렇게 자신을 핍박하는 이들마저 가슴에 품고 기도하셨는데, 그들은 예수님의 옷을 나누는 데 정신이 팔려 있었습니다. "그의 옷을 나눠 제비 뽑을새."

흉패 안에 있는 우림과 둠밈. 우림과 둠밈은 분실되어 어떻게 생겼는지 모르지만 주사위처럼 생겼을 것으로 추정됩니다. 이것은 하나님의 뜻을 묻는 데 사용되었습니다.

사무엘상 30장 7절 이하에 이런 기록이 있습니다.

"다윗이 아히멜렉의 아들 제사장 아비아달에게 이르되 청컨대 에봇을 내게로 가져오라. 아비아달이 에봇을 다윗에게로 가져오매 다윗이 여호와께 묻자와 가로되 내가 이 군대를 쫓아가면 미치겠나이까. 여호와께서 대답하시되 네가 쫓아가라. 네가 반드시 미치고 정녕 도로 찾으리라."

다윗과 그 군대가 없는 틈을 노려 아말렉 군대가 이스라엘 진을 초토화시켰습니다. 그래서 그 아말렉 군대의 처리를 놓고 하나님께 여쭤보는 장면입니다. 하나님께 즉각 답이 왔습니다. 에봇 위에 걸치는 흉패 주머니 속의 우림과 둠밈으로 점을 쳐본 것입니다.

믿는 사람이 어떻게 점을 칠 수 있느냐고 반문할 수 있겠으나 당시에는 그런 일을 인정했습니다. 자살한 가룟 유다를 대신할 사도를 뽑을 때에도 투표한 게 아니라 제비를 뽑아 결정한 것을 보면 얼마든지 수긍할 수 있는 일입니다. 하지만 기억해야 할 점은, 결코 개인의 사사로운 이득을 위하여 점을 친 게 아니라는 것입니다.

모자 중앙의 황금패에 새겨진 '하나님 앞에 성결'이라는 글귀는 제사장에게 요구되는 것이 무엇인지 한마디로 말해줍니다. 백성들을 대표하여 하나님 앞에 나가는 제사장인 만큼 무엇보다도 거룩하고 깨끗해야 한다는 것입니다.

모든 성도에게는 '공통된 부르심'이 있습니다. 하나님은 우리를 불러 교회로 삼으시고 모두 제사장이 되라고 하셨습니다. 이것이 성도의 공통된 부르심입니다.

제사장으로서 활동하는 분야는 각각 다릅니다. 목사는 교회의 제사장입니다. 부모는 가정의 제사장입니다. 선생은 학급의 제사장입니다. 교장 선생은 학교의 제사장입니다. 과장은 그 과의 제사장입니다. 친목회에 소속된 성도는 그 친목회의 제사장입니다.

스티븐 롱구라는 사람이 있습니다. "내 새끼가 아니다"라는 말을 입에 달고 살던 아버지와 술로 세월을 보내던 어머니 사이에서 태어난 그는 부모에게 버림을 받습니다. 장로였던 아버지는 가족을 버렸고, 어머니는 일곱 살 난 롱구를 시내 한가운데 데려다 놓고 "여기서 꼼짝 말고 있어라"는 말을 남기고 다시는 나타나지 않았습니다. 그 후 그는 쓰레기통을 뒤지며 끼니를 때웠고 다리 밑에서 자야 했습니다. 그에게 남은 것은 증오와 원한뿐이었습니다.

그는 10대 때 도시 갱단 '검은 그림자'에 가입하여 절도와 강도를 일삼으며 세상에 복수를 하기 시작했습니다. 흑인좌파 청년 동맹에 가입하여 백인 전용 음식점과 공공집회 장소, 각종 시설물을 파괴하는 테러리스트가 되었습니다.

1962년 초 어느 주일 밤, 그는 은행을 폭파하러 가다가 전도 집회가 열리고 있는 대규모 천막을 보았습니다. 은행보다는 예수쟁이들로 꽉 찬 천막을 폭파하는 것이 더 낫겠다고 생각한 그는 부하들을 밖에 대기시키고 천막 안으로 들어갔습니다.

설교가 한창이었습니다. "죄의 값은 사망입니다. 오직 예수 안에 생명이 있습니다. 하나님의 아들 예수 그리스도가 여러분들을 부요케 하기 위하여 가장 낮은 십자가를 지셨습니다."

롱구는 이상하게 그 설교 말씀에 빠져들었습니다. 자신이 여태껏 생각해온 기독교와 실제 기독교가 많이 다름을 깨달았습니다.

밖에서 기다리던 부하들은 롱구가 나오지 않자 천막 안으로 화염병을 던졌습니다. 작은 폭발과 함께 여기저기서 비명이 들렸습니다. 그러나 연단 쪽에 있던 찬양대원들은 흔들리지 않고 찬양을 부르기 시작했습니다.

"어린 양 예수의 보혈 가운데 신비한 능력이 있네."

그날 이후 롱구는 완전히 달라졌습니다. 그리고 자수했습니다. 그는 말했습니다. "저는 주님께 체포당했습니다. 바깥의 소용돌이와 달리 천막 안에는 잔잔한 찬송이 울려 퍼졌습니다. 나는 그 찬송에 완전히 사로잡혔습니다." 그는 천막 집회를 찾아다니며 믿음을 키웠습니다. 갱단 친구들의 집요한 회유와 협박이 있었지만 예전으로 돌아가지 않았습니다.

전도 활동을 시작한 그는 문맹이라는 벽에 부딪혔습니다. 그래서 기도했습니다. "주님, 눈을 열어 성경을 읽게 해주시면 평생 예수님을 섬기겠습니다." 그는 한 선교사의 도움으로 소테리아 성경학교의 첫 학생이 되었고, 자신을 위하여 목숨을 버리신 예수 그리스도의 복음을 전파하는 일에 목숨을 걸었습니다.

그는 어느 천막 집회에서 20년 전 자신을 버렸던 어머니를 만났고, 그 후 어머니는 잠비아 선교사로 파송되는 기적이 일어났습니다. 이후에 만난 아버지도 독실한 크리스천으로 회복되었습니다. 아버지 역시 현재 아프리카뿐만 아니라 캐나다, 미국, 남미, 유럽 등 세계 전역을 돌며 선교 활동을 하고 있습니다.

테러리스트 롱구가 예수님을 만나서 선교사 롱구가 되는 엄청난 일이 일어났습니다. 어부 베드로가 예수님을 만나서 하나님의 반석이 되었고, 우레의 아들 요한이 예수님을 만나서 변화되어 2천 년 후 우리들에게 최고의 증언을 전해주고 있습니다.

사도 바울이 말합니다.

"우리 주 예수 그리스도의 하나님, 영광의 아버지께서 지혜와 계시의 영을 너희에게 주사 하나님을 알게 하시고 너희 마음의 눈을 밝히사 그의 부르심의 소망이 무엇이며 성도 안에서 그 기업의 영광의 풍성함이 무엇이며 그의 힘의 위력으로 역사하심을 따라 믿는 우리에게 베푸신 능력의 지극히 크심이 어떠한 것을 너희로 알게 하시기를 구하노라"(엡 1:17-19).

하나님은 성도들에게 지혜와 계시의 정신, 즉 성령을 주셨습니다. 그 목적은 첫째, 하나님을 알게 하고, 둘째, 부르심의 소망이 무엇인지 깨닫게 하고, 셋째, 우리가 하나님으로부터 받은 것이 얼마나 풍성한 것인지 알게 하고, 넷째, 우리에게 베푸신 능력이 얼마나 큰 것인지 알게 하기 위해서입니다.

매튜 폭스라는 사람이 이런 말을 했습니다.

"게으름을 치유하는 처방은 부지런함이 아니다. 부지런하겠다고 결심한다고 해서 될 일이 아니다. 게으름에 가장 적절하고 유일한 처방은, 오직 당신 안에 있는 불꽃을 발견하는 것이다."

그 불꽃이 바로 소명입니다. 부르심의 소망입니다. 하나님의 부르심을 인지할 때, 그 부르심에 응답할 때, 왜 하나님이 나를 부르셨는지, 왜 이 땅에 보내셨는지 알 때 인생이 전혀 달라 보입니다.

"나는 제사장이다." 그렇게 결단하십시오. 그렇게 자신을 부르십시오. "하나님이 나를 이 가정에 제사장으로 보내셨다", "이 부서에 제사장으로 보내셨다", "이 가게에 제사장으로 보내셨다"라고 자신을 부르는 순간, 자신에게 그 일을 수행하기에 충분한 은사와 능력과 물자가 있음을 알게 됩니다.

하나님의 축복은 여기서 끝나지 않습니다. 제사장의 일을 수행하다가 지혜가 부족하고, 능력이 모자른 것을 느낄 때면 구하십시오. 하나님이 반드시 채워주십시오. 제사장으로서 사업을 하다가 자금이 모자라면 기도하십시오. 하나님이 공급해주십니다.

제사장의 옷에 대한 내용은 다 잊어도 한 가지만은 기억해야 합니다. 가슴 부위에 12개의 보석이 박혀 있다는 것입니다. 그것은 멋있으라고, 화려하라고, 위엄 있게 보이라고 단 것이 아닙니다.

그 보석들은 이스라엘의 12지파를 상징합니다. 사람들이 보기에는 이스라엘이 노예 출신 오합지졸들이지만, 하나님이 보시기에는 모두 귀중한 보석들입니다. 우리는 하나님의 보석들입니다. 제사장은 그 보석들을 가슴에 안고 하나님 앞으로 나가는 사람입니다. 우리들은 가족과 교우들의 이름을 안고, 가정과 기업의 이름을 안고 하나님 앞으로 나가는 제사장들입니다.

출애굽기 32:8 | **20강**

한심하기 짝이 없는 리더

그 어느 때보다 존경받는 영적 지도자,
사람을 기쁘게 아니하고 하나님의 뜻을 정확히 올바로 전하며,
공동체를 위해 기꺼이 목숨을 버릴 각오로 사는
하나님의 제사장들이 절실합니다.

애굽기 20강

요즈음 나라 경제가 대단히 어렵습니다. 이런 경제 난국을 타개하기 위해서 무엇이 가장 필요할까요? 울산 앞 바다에 석유가 펑펑 쏟아지면 형편이 나아질까요? 수출이 아주 잘 되어 달러를 많이 벌어들이면 문제가 해결될까요?

경제전문가 전성철 박사는 이런 말을 합니다. "하나님이 경제난국을 타개하기 위해서 한 가지 소원을 들어주신다면, 펑펑 솟아나는 석유도, 잘 나가는 수출도 아니고, 유능한 CEO를 열 사람만 보내달라고 빌겠습니다."

CEO, 기업의 최고경영자를 말합니다. 80억 달러의 적자를 보였던 IBM이 새로운 경영자를 만나자 2년 만에 흑자로 돌아섰습니다. 12조 원의 적자에 허덕이던 닛산 자동차가 새로운 경영자를 영입하고 나서 2년 만에 3조 원의 흑자로 돌아섰습니다. 문제는 돈이 아니라 사람입니다.

모세가 하나님의 명령에 따라 시내 산에 오른 지 40일이 지났습니다. 그동안 산 밑에서는 큰 사고가 일어나고 있었습니다. 모세가 없자 백성들이 불안해하기 시작한 것입니다.

"백성이 모세가 산에서 내려옴이 더딤을 보고 모여 백성이 아론에게 이르러 말하되 일어나라. 우리를 위하여 우리를 인도할 신을 만들라. 이 모세 곧 우리를 애굽 땅에서 인도하여 낸 사람은 어찌 되었는지 알지 못함이니라"(출 32:1).

백성들이 불안해합니다. 지도자인 모세가 오랫동안 자리를 비웠기 때문입니다. 그래서 그들은 아론을 깨웁니다. 아론에게 "일어나라"고 명령합니다. 일어나서 모세를 찾으란 게 아니라 자신들을 인도할 신을 만들라고 합니다.

여기서 우리가 분명히 보아야 할 것이 두 가지 있습니다.

첫째, 인간은 어쩔 수 없이 '의존적인 존재'라는 것입니다. 그들은 비록 명령을 하고 있으나 모세와 아론에게 의존하고 있습니다.

둘째, 인간은 어쩔 수 없이 '종교적인 존재'라는 것입니다. 불안을 해소하기 위한 여러 방안이 있겠지만 그것들은 다 미봉책입니다. 인간은 궁극적으로는 초월적인 존재를 찾고 거기에 의지하게 됩니다. 그래서 시대와 인종, 문화에 관계없이 다양한 종교가 생긴 것입니다. 여기에는 예외가 없습니다.

   종교에 대한 이야기를 잠깐 할 필요가 있습니다.

   첫 번째, 인간은 자신이 나약한 존재라는 것을 잘 알고 있습니다. 그래서 의지할 대상을 찾습니다. 신을 찾는 것입니다. 하지만 신은 눈으로 볼 수 없습니다. 그래서 자신보다 세고 우월한 존재에 그 신이 들어가 있다고 생각합니다. 봄이 되면 어디선가 나타나 수많은 알을 낳는 개구리는 인간이 보기에는 부활과 다산의 신입니다. 엄청 오래 사는 거북은 인간의 눈에 장수의 신입니다. 이것이 가장 초보적이고 손쉽게 신을 찾는 방법입니다.

   두 번째, 인간은 스스로 신적인 존재가 되려고 합니다. 수행하거나 도를 닦아서 신선이 되고 부처가 되는 것입니다. 현대의 뉴에이지에서도 그런 주장을 합니다. 인간에게 있는 엄청난 잠재력을 개발하면 인간 또한 신적인 존재가 된다는 것입니다.

   세 번째, 신과 인간과 사물을 각각 개별적인 존재로 봅니다. 여기서 유일신 사상이 나옵니다. 가장 대표적인 유일신은 이슬람교의 알라신과 기독교의 여호와 하나님입니다. 유일신의 가장 큰 특징은 신에게 받은 계시에 있습니다. 문제는 각각의 관계를 어떻게 보는가에 있습니다. 이슬람교의 알라신은 인격적인 신이지만 인간과는 별 상관없는 '절대적 타자'입니다. 그저 인간이 알라를 섬기고 높일 따름입니다. 기독교의 가장 결정적인 특징은 여호와 하나님이 인격적인 하나님이며, 사랑으로 만물과 인간을 지으셨고 통치하신다는 것입니다. 사랑은 가장 밀접하고도 친밀한 관계를 말합니다.

그래서 하나님은 노예인 이스라엘 백성을 불러 제사장으로 삼으시려고 합니다. 제사장이란 인간과 사물을 하나님과 연결시켜주는 존재입니다. 그래서 하나님은 모세를 시내 산으로 불러 성막과 십계명을 주고자 하신 것입니다.

그런데 아직 이스라엘 백성은 여호와 하나님과 사랑의 관계, 인격적인 관계를 맺는 것의 의미를 모르고 있습니다. 그래서 자신들을 인도할 신을 만들라고 요구합니다. 이에 아론은 다음과 같은 명령을 내립니다. "너희의 아내와 자녀의 귀에서 금 고리를 빼어 내게로 가져오라"(출 32:2).

그러고는 그 금을 모아 금송아지를 만든 후 외칩니다. "이스라엘아 이는 너희를 애굽 땅에서 인도하여 낸 너희의 신이로다"(출 32:4).

왜 하필이면 금송아지일까요? 그것은 가장 어리석고 초보적인 신관에서 비롯된 결과입니다.

더욱 가관인 것은, 그들이 금송아지 앞에서 화목제를 드리며 먹고 마시며 일어나 춤을 추었다는 것입니다. 화목제를 드렸다는 것은 이제 금과 화목하게 되자는 뜻입니다. 이제 금 덩어리가 있으니 마음 놓고 살자는 것입니다. 하나님 없이 사는 사람들, 번영을 최고의 가치로 여기며 살고 있는 현대인들의 모습입니다.

여기서 아론을 눈여겨보아야 합니다. 그는 백성들의 요구에 영합하고 있습니다.

옥성호 씨가 쓴 《심리학에 물든 부족한 기독교》와 《마케팅에 물든 부족한 기독교》라는 책이 있습니다. 그는 이 책에서 현대인들의 욕구에 영합하는 싸구려 기독교, 복음의 위험스러운 왜곡, 사탄에게 놀아날 가능성에 무방비로 노출되어 있는 교회를 심도 있게 파헤치고 있습니다. 그렇습니다. 오늘날 우리나라 기독교의 신뢰 추락은 교회가 사람들의 요구에 영합한 결과입니다.

예레미야 선지자 때 이스라엘은 가장 어려운 시기였습니다. 나라가 그 뿌리부터 흔들리고 있었습니다. 그러나 백성들을 제대로 인도해야 할 종교 지도자들은, 예루살렘은 하나님의 도성이므로 하나님이 지켜주신다며 사람들이 듣기 좋은 말만 늘어놓고 자신들은 특권을 누렸습니다.

영적 지도자가 갖추어야 할 태도가 무엇인지 모세와 아론을 비교하면서 살펴봅시다.

먼저, '행동 동기' 입니다. 영적 지도자를 움직이는 힘은 세속의 지도자들과는 근본적으로 다릅니다.

아론은 백성들의 요구에 따랐습니다. 불안해진 이스라엘 백성이 자신들을 위한 신을 만들어 달라고 요구하자 아론은 금송아지를 만듭니다. 그러나 모세는 전혀 달랐습니다.

시내 산에 머물던 모세가 하나님의 급박한 말씀을 듣습니다.

"너는 내려가라. 네가 애굽 땅에서 인도하여 낸 네 백성이 부패하였도다. 그들이 내가 그들에게 명령한 길을 속히 떠나 자기를 위하여 송아지를 부어 만들고 그것을 예배하며 그것에게 제물을 드리며 말하기를 이스라엘아 이는 너희를 애굽 땅에서 인도하여 낸 너희 신이라 하였도다"(출 32:7-8).

그 말을 들은 모세는 즉각 하나님께 다음과 같이 아룁니다.

"주의 종 아브라함과 이삭과 이스라엘을 기억하소서. 주께서 그들을 위하여 주를 가리켜 맹세하여 이르시기를 내가 너희의 자손을 하늘의 별처럼 많게 하고 내가 허락한 이 온 땅을 너희의 자손에게 주어 영원한 기업이 되게 하리라 하셨나이다"(출 32:13).

하나님이 패역한 이스라엘을 진멸코자 할 때 모세는 간청합니다. 모세의 간청은 자신의 의견에 따른 것이 아닙니다. 그는 하나님의 약속을 붙잡고 간청합니다. "하나님, 약속하지 않으셨습니까? 직접 약속하지 않으셨습니까? 그러니 이번만 용서해주십시오." 모세는 이스라엘 백성들이 벌인 광경을 아직 보지 못했지만 하나님의 말씀을 믿었습니다. 그것이 얼마나 심각한 문제인지 즉각 깨달았습니다. 그리고 하나님께 매달렸습니다.

그렇게 하나님의 약속에 매달리는 모세를 보고 하나님은 뜻을 돌이키셨습니다.

"여호와께서 뜻을 돌이키사 말씀하신 화를 그 백성에게 내리지 아니하시니라"(출 32:14).

하나님의 약속을 기억하고, 굳게 믿으며, 세게 붙잡을 때 하나님의 진노마저 가라앉았습니다. 하나님의 약속을 굳게 붙잡으십시오. 그리하면 여든 살의 노인 모세가 위대한 지도자가 되었듯이 우리도 위대한 하나님의 지도자가 됩니다.

두 번째, '책임의 문제'입니다.

아론은 백성들에게 책임을 전가했습니다. 모세가 산에서 내려와 형 아론을 힐난합니다.

"이 백성이 당신에게 어떻게 하였기에 당신이 그들을 큰 죄에 빠지게 하였느냐"(출 32:21).

그러자 아론은 이렇게 변명합니다. "내 주여 노하지 마소서. 이 백성의 악함을 당신이 아나이다"(출 32:22). 백성의 악함에 핑계를 대고 있습니다.

더욱 가증스러운 핑계가 있습니다. "내가 그들에게 이르기를 금이 있는 자는 빼내라 한즉 그들이 그것을 내게로 가져왔기로 내가 불에 던졌더니 이 송아지가 나왔나이다"(출 32:24). 백성들이 금을 가져왔고 거기서 송아지가 저절로 나왔다는 것입니다. 자신은 아무런 잘못이 없다는 것입니다.

책임 전가! 그것은 에덴동산에서부터 있었던 일입니다. 범죄한 아담은 이브에게 책임을 전가합니다. 이브는 뱀에게 책임을 전가합니다. 화가 난 가인은 자신의 더러움을 보지 못하고 동생 아벨에게 책임을 전가합니다. 그리고 돌로 내리칩니다. 이제 이스라엘의 대제사장 아론은 백성들에게 책임을 전가합니다.

그러나 모세는 다릅니다. 어떻게 다를까요?

"그런즉 내가 하는 대로 두라. 내가 그들에게 진노하여 그들을 진멸하고 너를 큰 나라가 되게 하리라"(출 32:10).

하나님은 범죄한 아론과 백성을 다 없애고 모세로 하여금 큰 나라가 되게 하겠다고 말씀하십니다. 그러나 모세는 이를 단호히 거절합니다. 그가 백성을 얼마나 사랑했는지 그의 간절한 기도에 나타나 있습니다.

"그러나 합의하시면 이제 그들의 죄를 사하시옵소서. 그렇지 않사오면 원컨대 주의 기록하신 책에서 내 이름을 지워 버려 주옵소서"(출 32:32).

백성을 벌하신다면 차라리 자신도 그들과 함께 죽겠다는 것입니다. 생명책에서 자기 이름도 삭제해 달라는 것입니다.

공동체를 위하여 기꺼이 목숨까지 버릴 각오로 사십시오. 이 시대에 하나님은 그런 사람을 애타게 찾고 계시며, 그런 사람을 들어 크게 쓰십니다.

풀러신학교 교수인 로버트 클린턴은 《리더의 요건 Making of a Leader》이라는 책에서, 하나님이 지도자를 키우시는 과정을 6단계 모델로 제시합니다.

1단계는 '주권적 기초 단계'입니다.

사람이 태어나면서 결정되는 것들이 있습니다. 출생 순서, 부모의 사랑과 관심 정도, 빈부 조건, 건강 상태 등 자신이 통제할 수 없는 요인들입니다. 대부분의 인생이 이런 것들에 의해 좌우됩니다. 여기서 좀처럼 벗어나지 못합니다. '우리 집안은 가난해', '난 부모 복이 별로 없어', '난 어릴 때부터 몸이 약하고 머리가 좋지 않았어'라고 한탄하며 살아갈 뿐입니다. 그러나 성공하는 인생을 살려면 여기서 벗어나 두 번째 단계로 진입해야 합니다.

2단계는 '내면생활 성장 단계'입니다.

영적 생활과 성품이 개발되는 시기입니다. 예수 그리스도를 만나 나의 주인으로 모시는 시기입니다. 성령이 내주하는 시기입니다. 성령이 임하면 그리스도를 닮아가기 시작하고, 비로소 운명의 장난에 끌려 다니는 일을 청산하게 됩니다. 성령의 이끌림을 받기 시작합니다.

3단계는 '사역의 성숙 단계'입니다.

영적 리더십을 위하여 이런저런 시도를 하는 단계입니다. 예를 들어, 사업하는 사람이 그동안 자기 경험에 의존하는 방식을 청산하고 예수님의 방식을 따라 사업을 합니다. 처음에는 잘 되지 않고 많은 실패와 좌절을 겪습니다. 그러면서 자신의 장단점을 구체적으로 알게 됩니다. 사역에서 성공을 거두기보다는 자신이 어떤 사람인가, 장점은 무엇이고, 단점은 무엇인가 등 자신을 알아가는 단계입니다.

4단계는 '삶의 성숙 단계'입니다.

자신의 장점에 주력하면서 최고의 역량을 발휘할 기회를 찾는 시기입니다. 그동안 하나님이 한 사람 안에서 역사하셨다면 이제 그 사람을 통하여 일하기 시작하십니다.

5단계는 '수렴 단계' 입니다.

하나님이 키워주신 역량을 최고로, 제대로 발휘하는 단계입니다. 가장 활발하게 일하며, 인생이 꽃피는 시기입니다. 역사상 가장 뛰어난 지도자들 중에는 인생의 후반에 가서야 두각을 나타내는 사람들이 많습니다.

윈스턴 처칠은 수많은 실패와 좌절을 딛고 노년에 비로소 영국 수상이 되었습니다. 이것은 최고의 악한 히틀러에 맞설 수 있는 최고의 역량을 갖추도록 하나님이 섭리하신 결과입니다. 역사상 최고의 군인으로 존경받는 조지 마셜 장군은 쉰아홉 살에 비로소 장군으로 승진했으며, 전후 유럽을 부흥시켰습니다. 그에게 노벨평화상을 안겨준 마셜 플랜은 그가 예순일곱 살 때 내놓은 것입니다.

마지막 6단계는 '축하 단계' 입니다.

하나님이 내 안에, 또 나를 통하여 이루신 일을 축하하면서 하나님께 영광 돌리고 사람들에게 존경받으며 사는 인생의 마무리 시기입니다.

당신은 어느 단계에 와 있습니까?

존경받는 지도자들을 찾기 어려운 때입니다. 그러나 그 어느 때보다도 존경받는 영적 지도자, 사람을 기쁘게 아니하고 하나님의 뜻을 정확히 올바로 전하며, 공동체를 위하여 기꺼이 목숨을 버릴 각오로 사는 하나님의 제사장들이 절실한 때입니다.

21강 | 출애굽기 40:37-38

Exodus

구름기둥, 불기둥

이스라엘 백성이 구름기둥과 불기둥을 따라갔듯이
우리는 말씀과 기도로 매일 성령의 인도를 받아야 합니다.
그래야 온갖 위험과 유혹이 도처에 깔려 있는 세상에서
살아남을 수 있습니다.

출애굽기 21강

수많은 그리스도인들이 하는 말이 있습니다. 열심히 기도했으나 하나님으로부터 응답이 없다는 것입니다. 갈 길을 가르쳐 달라고 매달리며 기도했으나 침묵하신다는 것입니다. 오랜 침묵과 무응답으로 인해 하나님의 존재마저 의심하는 지경에 이릅니다.

  과연 매일 매일 하나님의 구체적인 인도를 받으며 살면 좋을까요? 좋고 나쁨을 떠나 과연 사람들이 견뎌낼 수 있을까요?

  이스라엘 백성들은 40년 동안 하나님의 구체적인 인도를 받았습니다. 그런데 그 인도에 끝까지 감사한 사람은 모세, 여호수아, 갈렙 단 세 명뿐이었습니다. 대제사장 아론도, 미리암도 끝까지 감사하지 못했습니다. 200만 명의 이스라엘 백성들은 원망과 불평만 늘어놓다가 광야에서 다 죽고 말았습니다.

　사람들이 여러 가지 질문을 들고 예수님을 찾았습니다. 그 수가 189개에 이릅니다. 그런데 예수님이 직접 분명하게 대답해주신 경우는 불과 3개에 불과합니다. 왜 그러셨을까요?

　한 유명 학원 강사가 대학 입시를 앞둔 학생들에게 이런 말을 했습니다. "먼저 원리를 잘 이해해야 한다. 그러고 나서 문제를 풀더라도 늦지 않다."

　그것은 크리스천들에게도 해당하는 말입니다. 하나님의 마음을 충분히 이해한다면 그분이 원하시는 일들이 무엇인지 저절로 알게 됩니다. 고난은 기도와 인내로 이겨내고, 형통은 감사한 마음으로 누리게 됩니다.

　그런 마음가짐으로 출애굽기를 총정리 해봅시다.

　구약에서 가장 중요한 책은 바로 출애굽기입니다. 창세기도 왜 하나님이 이스라엘 백성을 출애굽 시키셔야 했는지 그 기원을 거슬러 올라가 설명한 책입니다. 레위기와 신명기는 출애굽의 가장 중요한 사건인 시내 산 계약에서 주신 성막과 십계명의 시행 세칙을 설명한 책입니다. 예수님의 생애를 여러 복음서에서 다른 각도로 서술했듯이, 민수기는 출애굽기에 대한 다른 서술입니다. 여호수아서는 출애굽기에서 주신 가나안 정복 사명을 이스라엘이 어떻게 수행했는지 다룹니다. 사사기는 그 사명을 망각했을 때 필연적으로 일어나는 사건들을 다룹니다. 사무엘서, 열왕기, 역대기, 그 밖의 예언서들은 출애굽 역사의 회복을 외치고 있습니다.

출애굽기의 핵심을 한마디로 요약하면 '제사장'입니다. 제사장은 모든 피조물을 대표하여 하나님 앞에 서는 사람입니다. 하나님을 대신하여 모든 피조물들을 다스리고 인도하는 사람입니다.

하나님이 아브라함을 부르시고, 이삭과 야곱과 요셉 등 믿음의 조상들을 고난 가운데서 지키며 인도하고 연단하신 것도, 이스라엘 백성들을 430년 기나긴 세월 동안 이집트의 노예로 신음하게 하신 것도, 모세를 불러 열 가지 재앙과 홍해의 기적을 통해 이스라엘 백성을 출애굽 시키신 것도 모두 이스라엘을 하나님의 제사장 나라로 부르시기 위함이었습니다.

비천한 노예였던 이스라엘 백성들을 광야 한가운데 시내 산기슭까지 인도하신 하나님은 시내 산 계약을 통해 그들을 제사장 나라로 세우고 훈련에 들어가셨습니다. 그 훈련에 꼭 필요한 두 가지를 주셨습니다. 십계명과 성막입니다. 귀에 못이 박이도록 말했으니 이제는 잊지 못할 것입니다.

구약의 가장 중요한 책인 출애굽기는 그 절반이 십계명과 성막을 설명하는 데 할애되고, 성막 완성으로 그 끝을 맺습니다.

마지막 장인 40장에 계속해서 반복되는 말씀이 있습니다. "여호와께서 모세에게 명령하신 대로 되니라." 이 말씀이 모두 일곱 번에 걸쳐서 반복됩니다. 모세가 하나님이 거하실 성막을 주인인 하나님의 명령대로 지었다는 것입니다. 이 모든 것을 보고 하나님이 흡족해 하셨습니다.

"모세가 그 마친 모든 것을 본즉 여호와께서 명령하신 대로 되었으므로 모세가 그들에게 축복하였더라"(출 39:43).

이 말씀을 읽으며 떠오르는 장면이 있습니다.

천지만물을 지으시고 하루가 지날 때마다 "여호와 보시기에 좋았더라"고 흡족해 하시는 하나님의 모습입니다. 하나님 보시기에 좋았던 그 아름다운 세상을 우리 인간들이 사탄의 하수가 되어 파괴해버렸습니다. 하나님은 너무나 마음 아파하며 그것을 다시 회복할 계획을 마련하셨습니다. 그래서 이스라엘 백성들로 하여금 성막을 짓게 하고는 천지창조 때처럼 흡족해 하셨습니다.

성막은 작지만 사탄의 궤계를 분쇄하는 사령부입니다. 만물을 회복시키는 지휘 본부입니다. 그곳에서 이스라엘은 사령관인 하나님을 만나며, 하나님의 새 능력과 지혜로 새 힘을 얻으며, 그분의 명령을 하달 받습니다. 성막이 있는 한, 그리고 하나님의 명령을 받고 그 명령에 순종하는 한 그들에게 두려울 것은 없습니다.

제사장에게 요구되는 것은 오직 '순종' 입니다.

비행 중에 전투기 조종사들에게 가장 위험한 것이 착시현상이라고 합니다. 그냥 일직선으로 날아가는 여객기와는 달리 전투기는 각종 곡예비행을 해야 하는데, 뱅글뱅글 돌다보면 동서남북 방향 감각이 상실됩니다. 남쪽을 향해서 날아가는 것 같아도 정작 북을 향해 날아가는 경우가 있습니다. 비행기가 뒤집혀 날아가는 것도 모를 때가 있다고 합니다. 일반인들은 상상하기 어려운 일입니다. 엄청난 속도로 날아가기 때문에 압력을 받아 조종사는 자신의 머리가 아래를 향하고 있는 것도 모릅니다. 특히 바다 위를 날 때 그 위험이 더욱 커지는데, 바다가 꼭 하늘 같고, 하늘은 바다처럼 느껴진다고 합니다. 그래서 하늘로 치솟아 오른다는 것이 바다로 돌진하여 사고가 나는 경우가 있습니다.

그래서 비행술을 가르치는 교관이 끝도 없이 강조하는 말이 있습니다. "네 자신을 믿지 말고 계기판을 믿어라." 계기판이 북을 가리키고 있으면 자신의 판단을 무시하고 남으로 기수를 돌려야 합니다. 전투기가 뒤집혀 있다고 계기판이 신호를 보내오면 자신의 판단을 버리고 그 신호를 신뢰해야 합니다. 그래서 자기 눈에 바다처럼 보이는 곳으로 돌진해야 합니다. 그래야 삽니다.

　우리는 혼돈의 시대를 살아가고 있습니다. 동서남북이 혼란스럽고, 위아래가 바뀐 정도면 그나마 중심을 잡기가 쉬울 텐데, 그동안 믿어 왔던 가치관이 아예 무너지고 너무 많은 전문가들이 서로 자기 말을 믿으라고 하니 도대체 무엇을 믿고 따라가야 할지 모릅니다. 더욱이 갑작스럽게 어려움을 당하거나 오랫동안 시련을 겪을 때 사람의 판단력은 더욱 혼란에 빠집니다.

　하나님은 이러한 혼돈과 흑암의 세계에 빛을 밝히라고 이스라엘에게 성막을 짓게 하셨으며, 우리들에게 교회를 주셨습니다. 교회에서 하나님의 뜻을 배우며, 하나님의 보호와 인도를 받아야 이 혼돈과 흑암의 시대에서 살아갈 뿐만 아니라 승리할 수 있습니다.

　공산국가 동독은 1985년도에 동베를린 장벽 근처에 세워진 '화해의 교회'를 안보상의 이유로 폭파시켜 해체했습니다. 그러고 나서 5년 후 국가 자체가 붕괴되고 말았습니다. 사람도 마찬가지입니다. 교회를 멸시하는 인생은 멸망합니다. 그러므로 교회를 주님의 몸으로 사랑하는 것이 성도들의 1차적인 책임입니다. 나아가 교회를 교회답게 만들어야 합니다.

　교회는 우리가 돈을 모아 세운 건물이 아닙니다. 교회는 하나님의 진리를 보존하고 그 진리를 가르치기 위하여 예수님이 피 값을 치르고 사신 주님의 몸입니다. 하나님의 교회입니다. 교회는 하나님의 진리, 하나님의 말씀을 담는 그릇입니다. 그리스도의 생명과 부활의 능력이 흐르는 생명관입니다. 교회가 살면 사람이 살고, 가정이 살고, 사회와 국가가 삽니다.

성막, 곧 하나님의 집이 세워진 그날에 그전에는 볼 수 없었던 현상이 나타났습니다. 그 현상을 성경은 이렇게 전하고 있습니다.

"구름이 회막에 덮이고 여호와의 영광이 성막에 충만하매"(출 40:34).

여기서 회막은, 네 겹 앙장으로 덮여 있는 성소, 하나님의 법궤와 떡상과 분향단과 금촛대가 있는 성소를 지칭합니다. 성경에서는 이 회막을 '증거막'이라고 부르기도 합니다. 그 회막에 구름이 내려와 덮였습니다. 하나님의 영광이 성막 전체에 가득했습니다. 이러한 현상이 구체적으로 어떤 것인지 알 수 없습니다. 모세조차도 회막 안으로 들어갈 수 없었습니다. 이스라엘 백성들은 두려움에 떨며 그 신비한 현상을 놀란 눈으로 바라보았습니다.

그런데 이 신비한 구름이 하는 일을 곧 알게 되었습니다. 그것은 하나님이 보낸 길 안내자였습니다.

"구름이 성막 위에서 떠오를 때에는 이스라엘 자손이 그 모든 행진하는 길에 앞으로 나아갔고 구름이 떠오르지 않을 때에는 떠오르는 날까지 나아가지 아니하였으며 낮에는 여호와의 구름이 성막 위에 있고 밤에는 불이 그 구름 가운데에 있음을 이스라엘의 온 족속이 그 모든 행진하는 길에서 그들의 눈으로 보았더라"(출 40:36-38).

낮에는 구름으로, 밤에는 불로 모든 백성들이 고개만 들면 언제나 하나님의 임재하심을 볼 수 있게 하셨습니다.

민수기는 이 구름기둥과 불기둥에 따라 움직이는 이스라엘 백성들을 구체적으로 설명하고 있습니다.

"혹시 구름이 저녁부터 아침까지 있다가 아침에 그 구름이 떠오를 때에는 그들이 행진하였고 구름이 밤낮 있다가 떠오르면 곧 행진하였으며 이틀이든지 한 달이든지 일 년이든지 구름이 성막 위에 머물러 있을 동안에는 이스라엘 자손이 진영에 머물고 행진하지 아니하다가 떠오르면 행진하였으니"(민 9:21-22).

광야는 한낮에 뜨거운 태양이 작열하여 기온이 40도를 넘어 50도까지 육박합니다. 그러나 태양이 서산에 넘어가는 한밤에는 기온이 영하로 떨어집니다. 특별한 보호와 인도가 없으면 모두가 죽을 수밖에 없는 환경입니다.

구름이 성막 위에 떠오릅니다. 그러면 이스라엘 백성은 짐을 꾸리고 떠날 채비를 했습니다. 구름을 따라가다가 구름이 멈추면 그 자리에 짐을 부리고 천막을 치고 머물렀습니다. 밤이 되면 그 구름은 불이 되어 이스라엘 백성들을 불빛으로 지켜줍니다.

그런데 진행하던 구름이 머무는 기간이 일정치 않았습니다. 하루 만에 움직이는가 하면 일주일, 때로는 한 달, 어떤 때에는 1년 내내 움직이지 않기도 했습니다. 이스라엘 백성들은 그 기간에 맞추어 움직였습니다.

그때의 생활을 마음속에 그려봅시다. 그때나 지금이나 짐 싸는 것처럼 번거로운 일도 없을 것입니다. 며칠을 걸어 피곤한 몸으로 한 곳에 도착했습니다. 제법 나무도 있고 샘도 있습니다. 그곳에 오래 머물고 싶습니다. 기분 좋게 잠자리에 듭니다. 여기서 며칠 피곤한 심신을 쉬게 하고 싶습니다. 그런데 이게 웬일입니까? 아침에 일어나 성막 쪽을 바라보니 구름이 움직이기 시작합니다. 그러니 싫지만 짐을 쌀 수밖에 없습니다.

반대의 경우도 있을 것입니다. 도무지 머물 곳이 못 되는 곳에 왔습니다. 물도 없이 황량하고 이민족들이 자주 출몰합니다. 보다 더 안전하고 쾌적한 곳으로 가고 싶은데 구름이 움직일 생각을 하지 않습니다. 그러면 환경이 아무리 어려워도 다른 곳으로 갈 수 없습니다.

그러다 보니 더 이상 구름을 따라가지 않겠다는 사람이 나타납니다. 실제로 떠나지 않고 남습니다. 그러나 그는 광야에서 홀로 살아남지 못합니다. 반대로 구름이 움직일 생각을 않자 더 이상 참지 못하고 반발하여 홀로 떠나는 사람도 있을 것입니다. 그러나 그도 얼마 지나지 않아 어딘가에 쓰러져 죽을 수밖에 없습니다.

이러한 일이 반복되면서 이스라엘 백성들은 아침에 일어나 가장 먼저 구름부터 바라보게 되었습니다. 그것이 바로 하나님이 원하시는 일입니다. 구름을 통해 하나님의 지시를 확인하고 따라야 합니다. 그래야 살 수 있습니다.

이스라엘 백성을 인도하던 구름기둥과 불기둥은 곧 오늘의 성령입니다. 우리는 매일 매일 성령의 인도를 받아야 합니다. 그래야 광야 같은 세상, 온갖 위험과 유혹이 지뢰처럼 도처에 깔려 있는 세상에서 살아남을 수 있습니다.

사도 바울은 이렇게 말합니다.

"무릇 하나님의 영으로 인도함을 받는 사람은 곧 하나님의 아들이라"(롬 8:14).

이스라엘 백성이 매일 아침 일어나 성막의 구름을 살폈듯이, 우리들도 성령의 인도를 받아야 합니다. 그래야 노예인 이스라엘 백성들이 존귀한 제사장이 되듯이, 사탄의 하수였던 우리들이 영광스러운 하나님의 자녀가 될 수 있습니다.

성령의 인도를 어떻게 받을 수 있을까요? 기도와 말씀을 통해서입니다. 기도를 통하여 하나님과 교통할 수 있습니다. 말씀을 통하여 하나님의 뜻을 알 수 있습니다.

다윗은 "주의 말씀은 내 발에 등이요 내 길에 빛이니이다"(시 119:105)라고 고백합니다. 주의 말씀은 흑암을 밝히는 등불이요, 혼돈을 물리치는 빛입니다.

기도와 말씀을 반드시 병행해야 합니다. 환자가 의사에게 아픈 증상을 자세히 이야기하고 나서는 처방도 안 받고 "바빠서 이만 가봐야겠습니다" 하며 일어나는 경우가 있을까요? 그런데 의외로 그런 사람들이 많습니다. 그저 자기 문제만 죽 늘어놓고는 "하나님 아셨죠? 제가 무슨 일을 하든지 알아서 미리미리 길을 열어놓으세요" 하고는 자리에서 일어납니다.

예배도 그런 마음으로 드립니다. 예배당에 앉아 있지만 머릿속에는 다른 생각과 걱정들이 가득합니다. 예배 드렸으니까 잘 되겠지, 봉사했으니까 잘 되겠지 하며 얼른 일어나 발길을 재촉합니다. 하나님이 붙잡을 틈도 없습니다. 이것이 바로 '교회 마당만 밟는 일'입니다.

조급한 마음, 분주한 마음을 가라앉히고 마음의 중심을 하나님께 맞춰야 합니다. 성령의 지시가 내려올 때까지 기다려야 합니다. 그리고 마지막으로 해야 할 중요한 일이 있습니다. 그것이 하나님으로부터 내려온 지시인지 점검하는 것입니다.

사도 요한은 다음과 같이 당부하고 있습니다.

"사랑하는 자들아 영을 다 믿지 말고 오직 영들이 하나님께 속하였나 분별하라. 많은 거짓 선지자가 세상에 나왔음이라"(요일 4:1).

어떻게 영들을 분별할 수 있을까요?

첫째, 내 마음에 감지된 것이 성경과 일치하는지 확인해야 합니다. 그러므로 기도와 말씀을 반드시 병행해야 합니다.

둘째, 그것이 사랑을 키우는 것인지 확인해야 합니다. 하나님은 사랑입니다. 그러므로 사랑 안에 거하는 자는 하나님 안에 거하고 하나님도 그 안에 거하십니다(요일 4:16).

셋째, 그것이 덕을 세우고 위로하고 격려하는 것인지 확인해야 합니다(고전 14:3). 자신이 받은 계시가 사람들 사이에 분란을 일으키고 마음을 상하게 하는 것이라면, 아무리 신비한 상황에서 분명히 체험한 것이라도 그것은 악한 영으로부터 온 것입니다.

넷째, 그런 결정을 내렸을 때 하나님의 평강이 있는지 확인해야 합니다. 사도 바울이 말합니다. "그리스도의 평강이 너희 마음을 주장하게 하라. 너희는 평강을 위하여 한 몸으로 부르심을 받았나니 너희는 또한 감사하는 자가 되라"(골 3:15). 나의 희생과 헌신을 요구하는 계시를 받았을지라도 마음이 평안하다면 그것은 하나님으로부터 온 계시가 맞습니다.

하나님은 분명한 의도를 가지고 구름을 움직이십니다. 구름이 머무는 날이 짧으면 '열심과 성실'을, 길면 '인내와 복종'을 가르치시는 것입니다.

하는 일마다 부모의 간섭을 받는다면 천하의 효자라도 마음이 불편할 것입니다. 하나님의 침묵은 오히려 마음껏 살아보라는 하나님의 넓디넓은 마음일지도 모릅니다.

하나님의 뜻이 무엇인지 감지하는 영적 통찰력을 가지고, 하나님의 뜻이라면 무조건 순종하는 태도로 살아가십시오. 그럴 때 하나님으로부터 응답이 없는 것 같은 때라도, 아무리 복잡한 현대 사회에서라도 구름에 달 가듯 유유자적하게 살아갈 수 있습니다.

맺는 말

　출애굽의 여정은 사람들이 가보지 못한 전혀 새로운 길을 가는 것이었습니다. 새로운 길이라고 하여 사람들이 전혀 다니지 않은 전인미답의 길은 아닙니다. 양을 치는 유목민들이나 낙타를 몰고 가는 대상隊商들이 이미 다녔던 길입니다. 하지만 모세를 포함한 200만 명의 이스라엘 백성들이 40년 동안 밟았던 그 광야 길은 전혀 다른 차원의 길이었습니다.

　출애굽, Exodus는 '길hodos에서 벗어나다ex'는 뜻이라고 하였습니다. 그러므로 출애굽은 곧 '새로운 길 찾기'입니다.

　출애굽을 인간의 시각에서 한번 생각해봅시다.

당시 최강대국 이집트에서 무려 430년간의 노예 생활을 하던 이스라엘이 집단적으로 탈출했습니다. 아무리 그 수가 많다고 하여도 오합지졸 노예 200만 명을 어쩌지 못할 이집트가 아닙니다. 노예는 곧 부와 권력의 더 없이 좋은 수단입니다. 더군다나 출애굽 당시는 파라오 람세스에서 시작된 이집트 문명의 최고 전성기였습니다. 그럼에도 파라오는 속수무책으로 당할 수밖에 없었습니다.

노예들의 반란은 역사상 끝없이 이어졌습니다. 가장 유명한 것이 BC 73년 로마에서 일어난 스파르타쿠스 반란인데, 그들은 몰락농민들까지 끌어들여 이탈리아 남부 전역을 점령했지만 결국은 성공하지 못했습니다. 그런데 이스라엘은 성공했습니다. 이 사건은 인류 역사상 전무후무한 일입니다.

혹자는 미국의 노예 해방을 거론할 것입니다. 그러나 전혀 다른 이야기입니다. 당시 미국 상황은 그럴 수밖에 없었습니다. 시대의 흐름이 그랬고, 링컨이라는 위대한 인물이 주도했으며, 그 이후 노예제도는 종말을 고했습니다. 하지만 이스라엘의 출애굽 이후에도 노예제도는 여러 세기 동안 지속되었습니다.

더군다나 이스라엘의 노예 생활은 장장 430년이었습니다. 불만을 품어 이집트에 대항하려 했다면 벌써 했을 것입니다. 당시 그들은 자유나 권리를 포기한 지 이미 오래되었습니다. 430년간의 노예 생활 역시 인류 역사상 전무후무한 일일 것입니다.

세상에서 약한 자는 강한 자를 이길 수 없습니다. 이것은 누구나 알고 있는 '가장 오래된 길'입니다. 그런데 가장 그럴 수 없는 상황에서 그런 일이 실제로 일어났습니다. 인류가 한 번도 가보지 못한 전혀 '새로운 길'이 열린 것입니다.

누가 그런 것일까요?

홍해에 허우적거리는 이집트 파라오의 최정예 군단을 바라보면서 모세의 누나 미리암은 이렇게 노래합니다. "너희는 여호와를 찬송하라. 그는 높고 영화로우심이요 말과 그 탄 자를 바다에 던지셨음이로다"(출 15:21)

'미리암의 노래'로 알려진 이 짧은 노래는 인류의 가장 오래된 노래 중 하나입니다.

'말 탄 자'를 훈련도 안 된 노예들이 이길 수 없습니다. 더군다나 이집트 군단은 당시 탱크인 병거로 무장되어 있었습니다. 그 수는 왕실 소유 육백 대와 애굽의 모든 병거를 동원한(출 14:7) 것으로 셀 수 없을 정도였습니다.

그 엄청난 수의 병거가 바다에 수장되는 것을 두 눈으로 똑똑하게 본 미리암은 청아한 목소리로 여호와 하나님께서 그 일을 하셨다고 노래했습니다.

    누구나 '말 탄 자'가 되고 싶어 합니다. 하다못해 말고삐라도 끌려 합니다. 그렇게 된 사람들은 모두 목에 힘이 들어갑니다. 말에 올라 세상을 내려다보며 가는 길은 모든 사람들이 염원하는 '가장 오래된 길'입니다. 그런데 모세를 포함한 모든 사람들이 시내 광야를 그냥 걸었습니다. 이 또한 '새로운 길'입니다.

    시내 산에 당도하자 하나님이 음성으로 나타나셨습니다. 그런데 놀라운 말씀을 하십니다. 이스라엘 백성들을 제사장으로 삼으시겠다는 것입니다.

    종교 국가에서는 제사장이 가장 높은 계급입니다. 유능한 왕이나 스스로 신神의 아들을 자처할 정도로 제사장은 신의 대리자요 자녀로서 가장 높은 신분입니다. 이 또한 동서고금을 막론하고 '가장 오래된 길'입니다. 한번 노예는 영원한 노예입니다. '이 또한 가장 오래된 길'입니다. 그런데 430년 동안 노예였던 그들을 가장 존귀한 제사장으로 세우시겠다는 것입니다. 이것 역시 인간의 머리로는 생각해낼 수 없는 '새로운 길'입니다.

그런데 하나님은 왜 그런 생각을 하신 것일까요?

하나님께서 창조하신 세상은 원래 그런 것이기 때문입니다.

하나님은 우리를 우주에서 가장 아름다운 별, 지구에 각자 다른 모습으로 보내셨습니다. 잠깐 여행하고 돌아오라는 것입니다. 각자 다른 모습을 주신 것은 절대로 차별이 아닙니다. 달라야 재미있고 보기에도 좋습니다. 달라야 서로 돕고 어울려 살 수 있습니다. 하나님을 아버지로, 때로는 통치자로 모시고 모든 사람들이 각자의 천성대로, 색깔대로 활짝 꽃 피우며 행복하게 살라고 그렇게 하신 것입니다.

하나님은 세상과 인간을 창조하고 나서 좋다는 말을 연발하셨습니다.

앞서 말씀드렸듯이 '좋다'는 '조화롭다'에서 나온 말입니다. 좋은 세상에서는 강하고 약하고, 높고 낮고, 크고 작고 하는 것이 전혀 문제가 되지 않습니다. 서로 조화로울수록 더 좋아집니다. 그런데 나쁜 세상에서는 문제가 심각해집니다. '나쁘다'는 말은 '나뿐이다'에서 나온 말입니다. 나쁜 세상에서는 강해야 하고, 높아야 하고, 커야 합니다. 그래야 오직 나뿐이 될 확률이 높아지기 때문입니다.

이 나쁜 세상을 다시 좋은 세상으로 만들기 위해서 가장 약하고 작고 낮은 이스라엘을 택하여 가장 강하고 크고 높은 이집트 파라오를 굴복시키고 구원하셨습니다. 그리고 그들을 존귀한 제사장으로 삼으셨습니다.

제사장이 되기 위해서는 교육과 훈련이 필수적입니다.

출애굽기는 십계명과 성막에 많은 지면을 할애하고 있습니다. 그만큼 중요하기 때문입니다. 하나님은 성막을 짓게 하고 나서 이렇게 말씀하셨습니다. "거기서 내가 너를 만나고… 네게 명할 모든 일을 네게 이르리라"(출 25:22)

좋은 세상을 어떻게 만들어야 할지 가르쳐주시겠다는 것입니다. 그런데 이스라엘 백성들은 하나님의 깊은 뜻을 이해하지 못했습니다. 올챙이 적 생각은 까마득히 잊어버리고는 오만한 선민의식으로 왜곡되어버렸습니다. 하나님을 모르는 이방인들이나 어쩔 수 없이 이방인의 피가 섞인 사마리아인들을 개로 여겼습니다. 정말 소가 웃을 일입니다. 또 하나 있습니다. 그들은 기복신앙에 빠졌습니다. 제사장 나라인 자신들은 누구보다도 하나님의 복을 듬뿍 받아 잘 먹고 잘 살아야 된다고 생각한 것입니다. 그들은 우여곡절 끝에 보여주신 하나님의 '새로운 길'을 버리고 다시 인간의 '가장 오래된 길'로 돌아가버렸습니다.

오늘 우리 모습은 어떻습니까?

교회 건물은 점점 커지고 높아집니다. 동네 땅들을 사들여서 담을 높이 둘러치고는 주일에만 주차장으로 사용합니다. 물론 소수 대형 교회의 행태지만 기회가 없어서 그렇지 대부분의 목사님들은 그렇게 하고 싶어할 것입니다.

목사님들만이 제사장이라고 생각합니다. 어떤 목사님은 목사 가운의 어깨주름이 부목사의 것과 같이 세 개라고 해서 다시 만들어 오라고 했답니다. 다섯 개의 주름이 잡힌 가운으로요. 주름이 계급장인가요? 그분에게는 그런가 봅니다.

그래서 교회로 인하여 세상이 좋아지는 것이 아니라 점점 나빠집니다. 교인들은 목사까지 섬기고 교회에서 할당한 임무를 완수하기 위하여 더욱 바빠지고 곤고해집니다. 바리새인들이 만든 셀 수도 없이 많은 율법에 가난한 이스라엘 백성들이 쩔쩔매는 것과 별로 다르지 않습니다.

예수님께서 이 땅에 와서 열심히 하신 일은 율법을 거스르는 일이었습니다. '고의로' 그렇게 하셨는지 '일부러' 그렇게 하셨는지는 모르겠습니다. 하여간 말도 안 되는 율법으로부터 불쌍한 백성들을 구해내고 잃어버렸던 '새로운 길'을 가게 하셨습니다.

오죽 했으면 예수님께서, "나는 길이요 진리요 생명이니 나로 말미암지 않고는 하나님께로 올 수 없다"(요 14:6)고 하셨겠습니까? 진리는 시대와 상황을 초월해서 적용되는 것입니다. 그래서 성경이 중요하고 예수님의 가르침이 중요합니다. 부디 출애굽기를 통하여 우리가 가야 할 길을 발견하셨기를 간절히 바랍니다. 그리고 우리가 걷는 곳마다 함께하셨던 하나님을 체험하셨기를, 그래서 그 땅에 가득 찬 하나님나라를 만끽하셨기를 바랍니다.

앞으로 출간될 레위기에서는 이 '새로운 길'이 어떤 의미를 담고 있는지 보게 될 것입니다.